Landschaftsverband Rheinland (Hrsg.)

Jakobswege

WEGE DER JAKOBSPILGER IM

RHEINLAND

BAND 2

in Verbindung mit
der Deutschen St. Jakobus-Gesellschaft e. V.
der Sankt-Jakobusbruderschaft Düsseldorf e. V.
der St. Jakobusbruderschaft Trier e. V.
und dem Rheinischen Verein für
Denkmalpflege und Landschaftsschutz

Landschaftsverband Rheinland (Hrsg.)

Jakobswege

WEGE DER JAKOBSPILGER IM
RHEINLAND

BAND 2

In 13 Etappen von Köln und Bonn
über Trier nach Perl/Schengen am
Dreiländereck von Deutschland,
Luxemburg und Frankreich

Annette Heusch-Altenstein
Karlheinz Flinspach
Gabriele Harzheim
Heinrich Wipper

Mit einem Beitrag von
Jutta Grimbach

J.P. BACHEM VERLAG

Wichtiger Hinweis zur Benutzung der Strecke:
Die Autoren und der Bachem Verlag übernehmen für die Nutzung der
ausgeschilderten und beschriebenen Wege in den Karten und im Text
keine Haftung hinsichtlich der Gefahren oder persönlichen Schäden auf
dem Weg und entlang des Weges. Die Pilger benutzen diesen ausschließlich auf eigene Gefahr und müssen Radfahrverbote beachten.

Alle Daten und Informationen im vorliegenden Buch sind sorgfältig recher-
chiert worden. Autoren und Verlag können jedoch keine Gewähr für die
Richtigkeit der Angaben übernehmen. Eventuelle Änderungen nach Druck-
legung sind leider möglich. Sollte es versehentlich zu Fehlern gekommen
sein, wären wir für einen Hinweis dankbar.

Kartengrundlage:
© Kommunale Geodaten (S. 27) Stadt Köln, Amt für Liegenschaften, Vermessur̄
und Kataster KT 2011/049 © Geobasisdaten: Land NRW, Bonn, 1178/2002
© Geobasisdaten: Land Rheinland-Pfalz Az: 26722-1.401
Übersichtskarte Umschlagklappe: Reprowerkstatt Wargalla, Köln

Bibliografische Information der Deutschen Nationalbibliothek
Die Deutsche Nationalbibliothek verzeichnet diese Publikation in der
Deutschen Nationalbibliografie; detaillierte bibliografische Daten sind
im Internet über **http://dnb.d-nb.de** abrufbar.

5., aktualisierte Auflage 2016
© J.P. Bachem Verlag Köln, 2002
© Landschaftsverband Rheinland Köln, 2002

Lektorat: Frauke Severit, Berlin
Umschlaggestaltung und Innenlayout: Barbara Meisner, Düsseldorf
Reproduktionen: Reprowerkstatt Wargalla, Köln
Druck: Grafisches Centrum Cuno, Calbe
Printed in Germany

ISBN 978-3-7616-2443-2 Buchausgabe
ISBN 978-3-7616-2577-4 EPUB
ISBN 978-3-7616-2578-1 PDF
ISBN 978-3-7616-3162-1 MOBI

Auch als
eBook
erhältlich

Aktuelle Programminformationen
finden Sie unter
www.bachem.de/verlag

MIX
Papier aus verantw̄
tungsvollen Quell
FSC® C0431C

INHALT

VORWORT

Santiago de Compostela, der Überlieferung nach der Ort der Entdeckung der sterblichen Überreste des Apostels Jakobus d. Ä., zählt seit dem 10. Jh. neben Jerusalem und Rom zu den drei großen Pilgerzielen der Christenheit. So zieht es seit Jahrhunderten Pilgerinnen und Pilger aus ganz Europa und mittlerweile auch aus der ganzen Welt nach Spanien zu seiner Grablege.

Mit dem Projekt „Wege der Jakobspilger im Rheinland" haben der Landschaftsverband Rheinland und die Deutsche St. Jakobus-Gesellschaft bereits 1999 begonnen, dem Aufruf des Europarats von 1987 folgend, die Wege der Jakobspilger im Rheinland zu erforschen, zu sichern, zu kennzeichnen und zu beschreiben. Als Bestandteil eines europaweiten Wegenetzes dienten die „Wege der Jakobspilger im Rheinland" auch stets dem Transfer von Ideen, Kunst und Kultur zwischen den Regionen und Nationen.

Das Ziel, diese bedeutenden Kulturstraßen Europas wieder ins öffentliche Bewusstsein zu rücken, wurde inzwischen rheinlandweit erreicht, wie die große Resonanz zeigt.

Die Publikation der fünften, neu bearbeiteten Auflage des Bandes 2 wurde durch die finanzielle Unterstützung der Regionalen Kulturförderung des Landschaftsverbands Rheinland ermöglicht.

Nach 17 Jahren intensiver Erforschung und wissenschaftlicher Dokumentation der „Wege der Jakobspilger im Rheinland" beendet der Landschaftsverband Rheinland mit der fünften, aktualisierten Auflage des zweiten Bandes dieses überaus erfolgreiche Projekt.

Mögen Sie auf dem Weg der Jakobspilger Besinnung, aber auch Freude und Erholung finden und bereichert nach Hause zurückkehren.

Prof. Dr. Jürgen Wilhelm
Vorsitzender der Landschaftsversammlung Rheinland

Ulrike Lubek
Direktorin des Landschaftsverbands Rheinland

Prof. Dr. Heinz Günter Horn
Vorsitzender des Rheinischen Vereins für Denkmalpflege und Landschaftsschutz

Prof. Dr. Gerd Gellißen
Vorsitzender der Sankt Jakobusbruderschaft Düsseldorf e. V.

Dr. Hubertus Schnabel
Brudermeister
St. Jakobusbruderschaft Trier e. V.

DER JAKOBSWEG UND DIE WEGE DER JAKOBSPILGER IM RHEINLAND

Jakobspilger-muschel aus dem Kölnischen Stadtmuseum

Jakobus d. Ä., Bruder des Apostels Johannes und Sohn des Zebedäus und seiner Frau Salome, wurde gemeinsam mit seinem Bruder vom Fischerboot aus zum Jünger Jesu berufen (Mk 1, 16–20; Mt 4, 18–22). Zusammen mit Petrus und Johannes gehörte er zu den näheren Vertrauten Jesu. Wegen ihres stürmischen Temperaments erhielten die Brüder von Jesus den Beinamen „Donnersöhne" (vgl. Mk 3, 17). Als erster Apostel erlitt Jakobus unter König Herodes Agrippa I. im Jahr 44 den Märtyrertod durch Enthauptung.

Während die Überlieferung, Jakobus habe in Spanien missioniert, historisch nicht haltbar ist, gibt es glaubhafte Berichte, dass im 7. Jh. Reliquien des Apostels nach Spanien gelangten, deren Grab um 830 in Galicien wiederentdeckt wurde. Die Verbreitung dieser Nachricht löste in der christlichen Welt die zeitweise größte europäische Pilgerbewegung aus. Jakobus wurde zum Schutzheiligen der Christen im Kampf gegen die auf der spanischen Halbinsel vorherrschenden Araber, zum Patron Spaniens und Portugals, der Winzer und besonders der Pilger.

Um die von Alfonso II. (791–842) erbaute Grabkirche entwickelte sich schnell der Ort Compostela, dessen Name wohl auf Compostum (Friedhof) zurückgeht. Kamen die Pilger im 9. Jh. noch fast ausschließlich aus dem spanischen Norden, so sind seit dem 10. Jh. auch französische Pilger belegt. Der nach ihnen benannte Camino Francés entwickelte sich im 11. Jh. zur Schlagader des Handels und Handwerks, politischer und liturgischer Neuerungen, der Literatur und der bildenden Künste. Aus der einen Route durch den Norden Spaniens wurden in Frankreich schon vier Hauptwege, die sich mit der Entfernung vom Zielort immer weiter verzweigten, sodass ein ganzes Wegenetz der Jakobspilger entstand. Durch das verkehrsmäßig günstig gelegene Rheinland, für das die älteste Nachricht eines Jakobspilgers aus dem Jahre 1076 stammt, führten somit viele Wege der Jakobspilger.

Detail aus „Südliche Landschaft mit Hirten und Herde" von Nicolaes Berchem (Wallraf-Richartz-Museum, Köln)

Wer von Norden durch das Rheintal oder über den Fernweg von Osten kam, musste sich in Köln entscheiden, ob er weiter Richtung Aachen zog, wo die sogenannte Niederstraße über Paris ihren Anfang nahm, oder ob er den Weg über Trier fortsetzte, um dann in Metz zwischen der Via Limovicensis über Vezelay und der Via Podensis über Le Puy zu wählen. Fiel die Entscheidung zugunsten der Stadt Trier aus – was auch davon abhing, ob in Aachen gerade das Jahr der Heiligtumsfahrt war –, bot sich einerseits die längere, aber bequemere Route durch die Täler des Rheins und der Mosel, andererseits der kürzere, aber beschwerlichere Weg durch die Eifel an.

Der Pilgerstrom des Mittelalters, der infolge der Reformation und der französisch-habsburgischen Kriege einen starken Einbruch erlitt, erlebte im 17. Jh. den ersten Neubeginn. Nach einem Rückgang in den beiden folgenden Jahrhunderten ließ die Wiederentdeckung der Reliquien im Jahr 1879 die Zahl der Besucher erneut ansteigen, bis in unsere Tage.

Obwohl die Mehrzahl der heutigen Santiago-Pilger ihr Ziel mit modernen Verkehrsmitteln erreicht, gibt es immer noch – und auch immer mehr – solche, die den Weg ganz oder teilweise aus eigener Kraft zurücklegen. Sie kommen überwiegend aus Spanien, gefolgt von Franzosen und Deutschen. Besonders zahlreich sind die Besucher in den sogenannten Heiligen Jahren, in denen der Festtag des Apostels, der 25. Juli, auf einen Sonntag fällt, was 2004 und 2010 zutraf und 2022 wieder der Fall sein wird.

Wer sich für den Weg nach Santiago als Pilgerreise entschließt, legt die 2.600 km ganz oder teilweise zu Fuß, zu Pferd oder per Rad zurück.

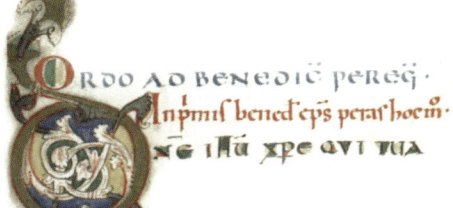

Pilgersegen

Unter den Handschriften der Kölner Diözesanbibliothek finden sich zwei lateinische Texte zur Segnung ausziehender Pilger (Codex 141 und 241). Der „Ordo ad benedicionem peregrinorum" aus dem Pontificale cameracense des 11. Jh. stammt aus dem Benediktinerkloster Saint Vaas (Arras), das „Liber ordinarius" des 12./13. Jh. aus St. Gereon in Köln. Es sind Riten der Trennung, da der Pilger vom Aufbruch bis zur Rückkehr aus seiner Gemeinde ausgegliedert war und in einen neuen Stand, den „ordo" der Pilger, eintrat.

Buchschmuck der Ordo zur Segnung der Pilger (Codex 241)

In einem feierlichen Gemeindegottesdienst erbaten die Pilger den Segen der Kirche, nachdem der Ehepartner sein Einverständnis zur Reise gegeben hatte, alle häuslichen Angelegenheiten geordnet waren bis hin zur Versöhnung mit den Feinden und zum Testament. Am Ende der Messe legten sie Stab und Tasche vor dem Altar ab, und der Priester sprach die Gebete, die je nach Zielort leicht abgewandelt wurden.

Stab und Tasche übergab er ihnen mit den Worten: „Nehmt diese Stäbe und diese Taschen und zieht zu den Schwellen der Apostel im Namen des Vaters und des Sohnes und des Heiligen Geistes. Dank der Fürbitten der Gottesmutter Maria, aller Apostel und aller Heiligen möget ihr in dieser Welt den Nachlass eurer Sünden und in der künftigen Welt die Gemeinschaft mit allen Guten gewinnen."

Pastor Stoffels in Blankenheim stempelt den Pilgerpass.

Den Höhepunkt bildete der Segen über die Pilger, die sich vor dem Altar niederknieten oder auf den Boden legten: „Allmächtiger, ewiger Gott, der du das Menschengeschlecht ge-

gründet und erneuert hast, du hast deinen Knecht Abraham geheißen, aus dem Land seiner Geburt fort und in das Land seiner Verheißung zu ziehen; das Volk Israel hast du unter vielen Wundertaten durch die Wüste ziehen lassen, damit es dich anbete. Du mögest die, die zu den Schwellen des heiligen Jakobus ziehen, um dich dort zu verehren, aus allen Gefahren befreien und aus den Verschlingungen der Sünden und Sünder lösen. Gott, der du denen, die auf dich vertrauen, der wahre Weg bist, ebne ihren Weg, damit sie inmitten der Wirren dieser Welt durch deinen Schirm geschützt werden. Herr, sende deinen Engel, den du dem Tobias, deinem Knecht, als Begleiter zugesellt hattest, damit sie in ihm auf ihren Wegen einen Verteidiger gegen die Nachstellungen aller sichtbaren und unsichtbaren Feinde haben." *(aus Norbert Ohler: Pilgerstab und Jakobsmuschel, Düsseldorf 2000)*

Der Pilgerpass

Pilger, denen die Wallfahrt auferlegt war, mussten das Absolvieren der Strecke in Form von Bescheinigungen nachweisen. Um dem Missbrauch des Sozialnetzes des Pilgerweges durch Wegelagerer und Arbeitsscheue entgegenzuwirken, führten die Pilger neben Geleit- und Schutzbriefen, die ihnen in der Not helfen und Unterstützung verleihen sollten, einen Pilgerbrief mit sich, auf dem sie sich den Besuch der einzelnen Stationen bestätigen ließen. Während in der Vergangenheit weltliche Herrscher und kirchliche Stellen die Pilgerbriefe ausstellten, werden sie heutzutage von den Jakobusbruderschaften und -vereinigungen ausgegeben (→ S. 228). Durch diese Briefe soll einerseits der Zweckentfremdung der Pilgerherbergen vorgebeugt, andererseits der Weg dokumentiert werden.

Die Stempel der Herbergen, Kirchen und Klöster im „credencial de peregrino" dienen am Ende des Weges im Pilgerbüro von Santiago de Compostela dem Nachweis der zurückgelegten Strecke, denn dort wird denen, die anhand des Pilgerpasses nachweisen können, dass sie mindestens die letzten 100 km zu Fuß oder die letzten 200 km mit dem Fahrrad oder zu Pferd zurückgelegt haben, die Pilgerurkunde Compostela ausgestellt.

Teil des selbst gestalteten Pilgerpasses von Hans L. Vielhauer, Pfarrer i. R.

HOSPITÄLER ENTLANG DER PILGERWEGE ZWISCHEN KÖLN, BONN UND TRIER

Kanzelrelief im Trierer Dom

Die Gastfreundschaft gegenüber Pilgern bildete eine wesentliche Grundlage der mittelalterlichen Wallfahrt. Ohne eine hinreichende Infrastruktur an Beherbergungsmöglichkeiten wäre die Entwicklung hin zu einer regelrechten Massenwallfahrt, wie sie sich in Westeuropa im Verlauf des Mittelalters bis in die frühe Neuzeit hinein vollzog, nicht denkbar gewesen. Eine besondere Form der Gastfreundschaft gegenüber Reisenden stellte dabei die christliche „hospitalitas" dar, die unentgeltliche Beherbergung und Bewirtung hilfsbedürftiger Fremder, die in den mittelalterlichen Hospitälern verwirklicht wurde.

Betrachtet man die im vorliegenden Band dargestellte Pilgerstrecke zwischen Köln–Bonn und Trier, so lassen sich bereits für das 9. Jh. in vielen Etappenzielen Klosterhospitäler nachweisen. Die Benediktinerabtei in Echternach unterhielt ebenso wie das St.-Cassius-Stift in Bonn bereits seit dem 7. Jh. ein Hospital, in Prüm und Münstereifel liegen erste Belege für die Mitte des 9. Jh. vor. In Köln und Trier, den beiden bedeutendsten Städten – und Wallfahrtsstätten – des hier betrachteten geografischen Raums, entstanden bis zum 13. Jh. ebenfalls zahlreiche Kloster- und Stiftshospitäler. Für das Trierer Hospitalwesen ist dabei zunächst der Blick auf die außerhalb des eigentlichen Stadtgebietes gegründeten großen Benediktinerabteien St. Maximin und St. Eucharius-St. Matthias zu richten: Das Hospital des östlich der Stadt gelegenen Klosters St. Maximin ist bereits 893 urkundlich bezeugt. Für die Existenz eines Armenhospitals bei dem im Westen gegründeten Kloster St. Eucharius-St. Matthias fehlen für diese frühe Zeit eindeutige Quellenbefunde, ein Hospital ist hier erst im 12. Jh. belegt. Nach 1124, als man glaubte, die sterblichen Überreste des heiligen Matthias gefunden zu haben, entwickelte sich der Ort zu einer überregional bedeutenden Wallfahrtsstätte. Weitere Kloster- und Stiftshospitäler bestanden in Trier seit dem 12. und 13. Jh. beim Domstift (St. Marien- bzw. Bantus-Hospital, 1136 gegründet), beim Nonnenkloster Oeren (1210 bezeugt), bei den Klöstern St. Maria ad Martyres und St. Martin (beide in der ersten Hälfte des 13. Jh. bezeugt) sowie beim Stift St. Simeon (1240 erstmals belegt). In Köln, wo bis zum Hochmittelalter eine Vielzahl von Klöstern und Stiften gegründet worden war, standen den Pilgern ebenfalls zahlreiche kirchliche Hospitäler zur Verfügung. Nachweise existieren für St. Pantaleon (10. Jh.), St. Martin (1144/47), St. Andreas (1149/65), St. Georg (1188), St. Gereon (1236), St. Maria im Kapitol (Anfang des 13. Jh.) sowie für die Benediktinerabtei in Deutz (1260).

Mit der beträchtlichen Zunahme des Reise- und Pilgerverkehrs am Übergang vom hohen zum späten Mittelalter konnten die bestehenden allgemeinen Hospitäler vielerorts dem gesteigerten Bedarf an Unterkünften nicht mehr gerecht werden. Daher kam es besonders in den großen Städten – aber auch in ländlichen Gegenden, die regelmäßig von durchreisenden Wallfahrern frequentiert wurden – zur Gründung zahlreicher Fremdenherbergen, wobei diese nicht mehr allein durch die Kirche, sondern in wachsender Zahl durch die Stadtgemeinden oder einzelne wohlhabende Bürger getragen wurden.

In Köln wurden im 14. Jh. auf Initiative einzelner Bürger spezielle Pilgerhospitäler gestiftet. So entstanden 1321 eine Pilgerherberge in der Breite Straße und zwei Jahrzehnte später eine weitere private Gründung in der Schmierstraße, die allerdings langfristig keinen Bestand hatte. Als größte und wichtigste Einrichtungen, die bis ins 18. Jh. hinein genutzt wurden, sind die von Kölner Bürgern gegründeten Hospitäler Ipperwald und St. Johann Baptist zu nennen. Ersteres wurde um die Mitte des 14. Jh. durch Albrecht von Zelle im Bereich des Ipperwaldgrabens, des ehemaligen Befestigungsgrabens der Stadt, gestiftet. Das Spital St. Johann Baptist, das Peter van der Hellen ebenfalls in der Breite Straße eingerichtet hatte, ist erstmals 1393 bezeugt.

Betrachten wir die bis 1500 entwickelte Infrastruktur an Hospitälern entlang der Straßen, die die Jakobspilger auf ihrem Weg in Richtung Trier nutzten, so zeigt sich ein verhältnismäßig dichtes Netz der Institutionen (s. Übersichtskarte).

Den von Köln aus in südlicher Richtung weiterreisenden Pilgern bot sich als nächste Hospitalstation die Stadt Brühl, deren unter kirchlicher Trägerschaft entstandenes Gasthaus 1496 erstmals bezeugt ist. In Bonn waren neben dem erwähnten Stiftshospital bis zur Mitte des 15. Jh. zwei weitere Hospitäler gegründet worden, über deren Aufgaben bislang keine eindeutigen Informationen vorliegen: das Heilig-Geist-Haus, erstmals 1381 bezeugt, sowie das St. Jakobs-Hospital, das 1454 von Bürgern der Stadt gestiftet wurde. Ob es sich hierbei – wie aufgrund des Jakobspatroziniums vermutet werden könnte – um eine spezielle Pilgerherberge handelte, ist fraglich. Als weitere Hospitalorte sind entlang der Nordeifelstrecke Euskirchen und Münstereifel belegt.

Hospitäler-karte

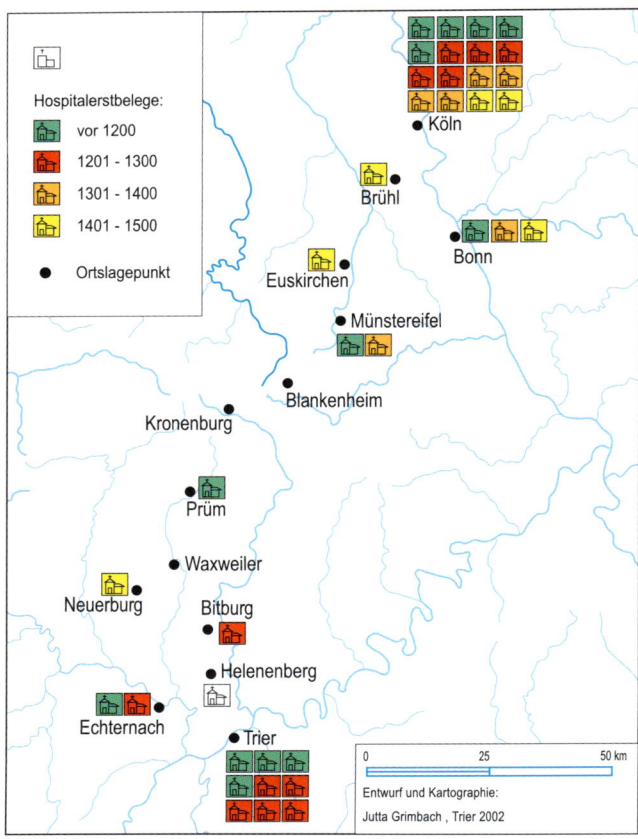

Nach Erreichen des Etappenziels Prüm standen den Pilgern auf ihren weiteren Routen, die beispielsweise entlang der alten Römerstraße über Bitburg oder weiter westlich über die Abteistadt Echternach nach Trier führen konnten, wiederum allgemeine Hospitäler in Bitburg und auf dem Helenenberg sowie in Neuerburg und Echternach offen. Das Bitburger Spital ist erstmals 1295 bezeugt und bestand bis zum Ende des 18. Jh. Hinweise auf die Existenz eines Hospitals auf dem Gelände des im späten 15. Jh. gegründeten Kreuzherrenklosters Helenenberg gibt lediglich der aus dem Jahr 1485 überlieferte Flurname „zum Hospital". Zu dieser Zeit bestand die Einrichtung, die vermutlich um die Mitte des 14. Jh. gegründet worden war, bereits nicht mehr. Auch das Hospital in Neuerburg, mit dessen Errichtung 1443 begonnen worden war, musste nach wenigen Jahrzehnten nach einem Brand aufgegeben werden; erst um die Mitte des 16. Jh. wurde mit dem Wiederaufbau begonnen.

In Echternach war 1207 ein zweites Hospital gegründet worden. Es stand, obgleich von privater Hand gestiftet, unter der Trägerschaft des Benediktinerklosters und widmete sich der allgemeinen Armenfürsorge. Möglicherweise löste es hierbei die frühmittelalterliche klostereigene Hospitalgründung in ihrer Funktion ab.

Das Trierer Hospitalwesen schließlich umfasste insgesamt neun Institutionen. Neben den kirchlichen Einrichtungen, zu denen auch das 1298 erstmals belegte Johanniterhospital zu zählen ist, bestand seit spätestens 1186 ein Hospital, das möglicherweise durch die Trierer St. Jakobsbruderschaft gegründet worden war, wie es die ältere historische Forschung annimmt. Demnach wäre das Spital insbesondere im Hinblick auf die Jakobspilger errichtet worden. Aufgrund der dürftigen Quellenlage ist diese Vermutung allerdings letztlich nicht zu beweisen. Festzustellen ist lediglich, dass das Hospital im 14. Jh. durch die Bruderschaft verwaltet wurde; 1434 übernahm die Stadt die Trägerschaft. Das sogenannte Bürgerhospital, das dem heiligen Jakobus geweiht war, erscheint in den Quellen des 16. Jh. als allgemeines Hospital, in dem auch Pilger beherbergt wurden.

Vielerorts standen die bedeutenden mittelalterlichen Hospitalgründungen bis in die frühe Neuzeit hinein bis zum allmählichen Rückgang der großen Wallfahrten zahlreichen Pilgern und Reisenden offen – und zwar weiterhin als unentgeltliche Herbergen im Sinne der christlichen hospitalitas.

KULTURLANDSCHAFTLICHE BEGLEITUNG DES WEGES

Klein-
parzellierter
Gemüse- und
Blumenanbau
am Villehang

Auf der ca. 300 km langen Wegestrecke von Köln über Trier nach Perl am Dreiländereck Deutschland, Luxemburg, Frankreich durchquert der Wanderer bzw. Radfahrer fünf Großlandschaften: die Niederrheinische Bucht, die West- und Osteifel, das Gutland und das Moseltal, die ihrerseits wiederum aus einer Vielzahl von Teillandschaften mit eigenem Erscheinungsbild bestehen.

Von Köln, das von der Römerzeit bis ins Mittelalter Kreuzungspunkt bedeutender Handelsrouten war und auch heute noch ein Verkehrskreuz des Westens ist, geht es stadtauswärts auf der alten Römerstraße (Zülpich–Trier–Reims–Paris…), der heutigen Luxemburger Straße. Köln liegt inmitten der Niederrheinischen Bucht, ein im Tertiär entstandenes Senkungsgebiet, in dem die Flusssysteme von Rhein und Maas eine weite, offene Terrassenlandschaft gebildet haben, die zum großen Teil von fruchtbaren Lösslehmen und Löss überdeckt ist.

Wir durchqueren den äußeren Kölner Grüngürtel und stoßen dort das erste Mal auf eines der zahlreichen Relikte der römischen Wasserleitung, die Köln fast 200 Jahre mit Frischwasser aus der Eifel versorgte (→ S. 34). In Höhe des Militärrings verlassen wir die Niederterrasse und durchqueren bis Hürth/Brühl die Brühler Lössplatte, eine im Randbereich von Köln heute stark verstädterte Mittelterrassenlandschaft des Rheins. Bei Hürth beginnt die Vil-

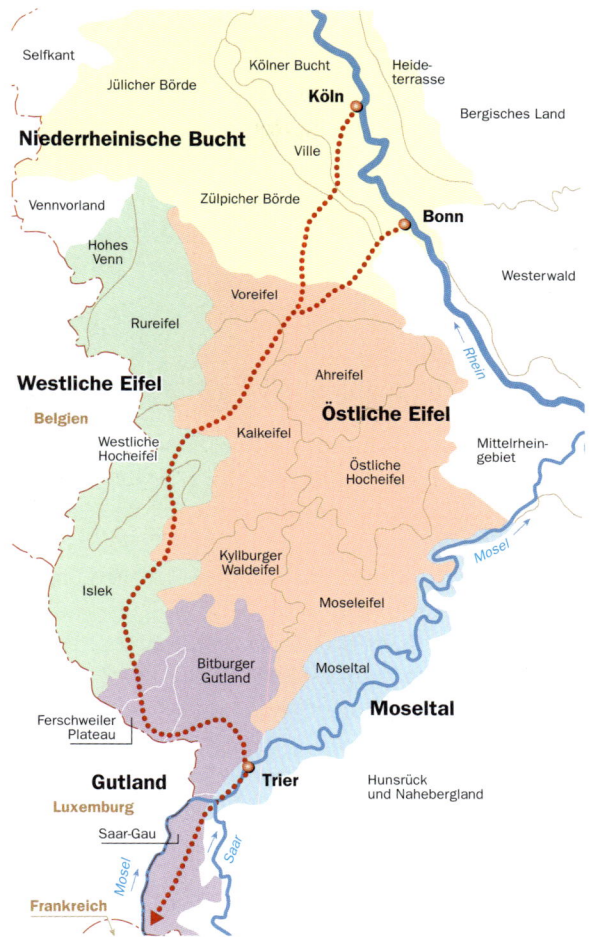

Landschafts-
räume
zwischen
Köln und
Trier/Perl

le, ein horstartiger Höhenzug (Ville von germanisch: vele = Anhöhe) als Teil der tektonisch herausgehobenen Scholle der Hauptterrasse, der rheinseitig als Villehang oder Vorgebirge bezeichnet,
von einem nahezu geschlossenen Siedlungsband geprägt wird.
Siedlungsschübe erhielt der Villehang im (Spät)-Mittelalter, als
sich angesichts der Tonvorkommen in der Nähe von Frechen
ein leistungsfähiges Töpfereigewerbe (Brühl, Badorf, Pingsdorf)
etablierte – Frechen zählte vom 15. bis 19. Jh. zu den bedeutendsten Töpferorten Mitteleuropas –, sowie Ende des 19. Jh. im
Zuge des frühen Braunkohletagebaus. Ein Teil der Vorgebirgs-

dörfer, wie zum Beispiel Gielsdorf und Oedekoven, betrieb noch in der Mitte des 19. Jh. Weinbau, aus dem sich in der Folgezeit aufgrund der hochwertigen Lössböden in klimatisch günstiger Lage und dem nahen Absatzmarkt in den Ballungsräumen Köln und Bonn eine durch intensiven Gemüse- und Obstanbau geprägte Kulturlandschaft entwickelte.

Die Ausstrahlung der kurfürstlichen Residenzen in Bonn und Brühl führte im 18. Jh. zum Bau zahlreicher Burgen und Schlösser am Villehang. An Burg Kendenich vorbei und durch Vorgebirgsdörfer am Fuß der Ville kommen wir zum prunkvollen kurfürstlichen Schloss Augustusburg in Brühl. Bei Badorf geht es den Villehang hinauf und durch den bewaldeten Nordteil der fast ebenen Waldville. Beim Swister Türmchen führt der Weg am sogenannten Erftsprung hinab ins Erfttal.

Noch Anfang des 19. Jh. war die Erft ein stark mäandernder Fluss in einer mehrere hundert Meter breiten Grünlandaue. Mit dem Wasserreichtum der Erft wurden bereits im Spätmittelalter Getreidemühlen angetrieben; davon 20 allein am Erftmühlenbach östlich von Euskirchen. Mitte des 19. Jh. wurde die größtenteils versumpfte und unter Überschwemmung leidende Niederung einer durchgreifenden Meliorierung unterzogen und die Erft begradigt. In der Folgezeit sorgten vor allem Industrie und Bergbau für starke Grundwasserabsenkungen. Zu beiden Seiten der Erftniederung grenzen die hochwertigen Böden der Zülpicher Börde an. Aus dem in der Eiszeit angewehten Löss hat sich fruchtbarer Lösslehm entwickelt, der schon früh ackerbaulich genutzt wurde und den ursprünglichen Buchenwald nahezu vollständig verdrängte. Seit Mitte des 19. Jh. dienen die Böden überwiegend dem Anbau der anspruchsvollen Zuckerrübe, die unter anderem in der Zuckerfabrik in Euskirchen seit 1879 verarbeitet wird. Die entlang der Erft aufgereihten Wasserburgen – ihre Dichte sucht in ganz Europa ihresgleichen – entstanden größtenteils im Zuge territorialer Auseinandersetzungen zwischen den Herzogtümern Jülich und Köln im 17. und 18. Jh.

Südlich von Euskirchen verlassen wir die ebene Bördenlandschaft. Der leichte Anstieg jenseits der Börde kündigt die Eifel an, eine Region, die sich vom Mittelrheintal im Osten bis zur deutschen Westgrenze und von der Niederrheinischen Bucht im Norden bis zur Mosel im Süden erstreckt. Es ist heute kaum vorstellbar, dass vor 300 Millionen Jahren die Eifel eine bis zu 5.000 m hohe, den Alpen vergleichbare Gebirgslandschaft war. Durch Verwitterung und Erosion wurde sie auf die derzeitige Höhe von ca. 500 bis 600 m abgetragen.

Die heutige Eifel präsentiert sich als eine Mittelgebirgslandschaft mit überwiegend Nordost-Südwest verlaufenden, weitwelligen Bergrücken, die zu den Rändern hin von tief eingeschnittenen Bachtälern gegliedert sind. Der Wechsel von offenen, landwirtschaftlich geprägten Gebieten zu bewaldeten Bachtälern und Bergkuppen verleiht ihr eine hohe Strukturvielfalt und lässt immer wieder herrliche Blickbeziehungen zu. Zahlreiche Eifelmaler des 19. und 20. Jh. haben diese reizvolle Landschaft auf der Leinwand festgehalten. Nicht von ungefähr verfügt die Eifel über einen hohen Anteil an Naturparks (Rheinland, Deutsch-Belgischer und Deutsch-Luxemburgischer Naturpark).

Im Erfttal führt der Weg durch die Voreifel, die mit ihren Sedimenten aus Buntsandstein und Muschelkalk schon deutliche Anklänge an die Kalkeifel zeigt. So wurde bei Iversheim früher Kalk- und Dolomitgestein abgebaut und weiterverarbeitet; die ehemalige römische Kalkbrennerei erinnert an die antike Baukalkproduktion. Bei Bad Münstereifel weitet sich das Erfttal und nimmt das von einem geschlossenen Mauerring umgebene hübsche Eifelstädtchen auf.

Jenseits der Stadt erreichen wir die Kalkeifel, die die Eifel als Mittelstück von Norden nach Süden durchzieht. Ihre Besonderheit sind die Kalkmulden, die im Wechsel mit den Sandsteinen und Grauwacken zutage treten. Die Kalkeifel genießt wegen ihrer Nähe zur trocken-warmen Voreifel und im Windschatten der Westeifel klimatische Gunst. Hierdurch wurde sie in vorgeschichtlicher Zeit zur Brücke zwischen den Altsiedellandschaften des niederrheinischen Raums im Norden und der Mosel im Süden, zur Wanderstraße von Völkern und Kulturen zwischen den Zentren Köln und Trier. Bis heute ist sie die Verkehrsachse von Bahn und Straße (B 51 zwischen Trier und Euskirchen). Infolge der frühen Besiedlung weist die Kalkeifel eine Fülle von römischen und gallo-romanischen Siedlungsspuren auf. Entsprechend der wechselnden Folge der Ausgangsgesteine sind die kulissenartig gestaffelten Bergrücken im Bereich der fruchtbaren „Kalkmulden" landwirtschaftlich genutzt, während die Grauwacke- und Schieferböden überwiegend dem Wald vorbehalten sind.

Auf einigen südexponierten Kalkhängen haben sich wärmeliebende, artenreiche Trockenrasengesellschaften erhalten, die infolge einer jahrhundertelang betriebenen Schafbeweidung entstanden sind und heute aus Naturschutzgründen durch Beweidung vor der natürlich einsetzenden Verbuschung bewahrt werden. Sie stellen in den Monaten Mai und Juni durch ihren Orchideenreichtum und ihre außerordentliche Blütenfülle ein besonderes Erlebnis dar. Für Naturfreunde gleichermaßen interessant sind die fossilreichen mitteldevonischen Gesteinsschichten, die in den umliegenden Steinbrüchen aufgeschlossen sind.

Eine landschaftliche Besonderheit sind die kleinen Bäche, die sich zum Teil tief in die Kalkmulden eingeschnitten haben und wie im Fall des Schalkenbaches (→ S. 135), einem Zufluss der Nims, Felsbildungen aus Dolomit, zum Beispiel Schusterlei (Endung -lay, -lei, -ley = Felsen) und Hänge geschaffen haben, auf denen kalkliebende Buchenwaldgesellschaften wachsen.

Kalkhänge mit Kalkmagerrasen

Kylltal bei
Kronenburg

Einzelne auf dem Weg liegende Orte in der Kalkeifel mit besonderem Flair sind das mittelalterliche Blankenheim an der Ahrquelle mit seiner hoch über dem Tal gelegenen Burg, das malerische Kronenburg auf einer Bergkuppe über dem Kylltal, Prüm mit seiner barocken Basilika und Schönecken mit der Burgruine über dem Ort.

Südlich von Kronenburg schließt sich die Westeifel an, deren landschaftlicher Teilraum, die westliche Hocheifel mit dem lang gestreckten Schne(e)ifelrücken, eine Höhe von nahezu 700 m erreicht. Hier herrscht ein raues, feuchtkaltes Klima mit 1.050 mm Jahresniederschlag und einer etwa 90 Tage andauernden Schneedecke. Dieser Landstrich hat fälschlicherweise der ganzen Eifel das Attribut rau und unwirtlich verliehen. Auf den nährstoffarmen Böden aus quarzitischen Gesteinen wächst heute überwiegend Nadelwald; auf die von Ruß geschwärzten Köhler, die in dem ursprünglich hier wachsenden Buchen- und Eichenwald ihre Holzkohlenmeiler betrieben, weist möglicherweise die Bezeichnung „Schwarzer Mann" hin. Einige verstreut liegende Moorkomplexe, sogenannte Venns, lassen die standörtliche und klimatische Verwandtschaft der Schneifel mit dem benachbarten Hohen Venn erkennen.

Südlich der Schneifel erreichen wir die flachwellige Hochfläche (um 600 m) des Isleks (= Eisland, wegen seines rauen Klimas, im benachbarten Luxemburg Ösling genannt). Dieser Teilraum der Westeifel ist durch nordsüdlich verlaufende Gewässer wie die Prüm, Nims und Enz großräumig zertalt. Die Wälder auf den wenig ertragreichen Böden wurden jahrhundertelang durch

Köhlerei, Eichenrindengewinnung und Waldweide bestimmt und devastiert. Heute herrscht hier Grünland vor, das durch zahlreiche kleine Wälder lebhaft gegliedert ist. Der Weg führt über windoffene Höhen, durch kleine, landwirtschaftlich geprägte Orte und tief eingeschnittene, bewaldete Täler zu den Etappenzielen nach Waxweiler im Prümtal, nach Neuerburg im engen Talkessel der Enz und nach Mettendorf.

Morphologisch unmerklich geht es über die Kalkhochflächen des Bitburger Gutlandes. Fruchtbare Böden sowie das recht günstige Klima haben hier eine flachwellige, offene Ackerbaulandschaft mit dominierendem Getreideanbau entstehen lassen, die in der Bezeichnung Gutland ihren Ausdruck findet (→ S. 180), lediglich durch das Moseltal unterbrochen. Es umfasst den Saargau und Teile Luxemburgs.

Südlich des Weilers Rohrbach beginnt mit der bewaldeten Nusbaumer Hardt eine der interessantesten Landschaften der Eifel: das Ferschweiler Plateau. Es stellt eine ca. 30 km² große Hochebene aus einer 40 bis 60 m mächtigen Sandsteinplatte dar, die rundum durch steile Felswände zu den Flusstälern von Prüm und Sauer hin abbricht. Die leichten Sandböden haben in der Bronzezeit die Bodennutzung mit primitivsten Steinzeuggeräten begünstigt. Zahlreiche Funde aus der sogenannten Urnenfelderzeit (ca. 1200–700 v. Chr.) lassen auf eine frühere und dichtere Besiedlung schließen, als es sonst für die Eifel üblich war (→ S. 162). Durch diese wild romantische, von mächtigen Felswänden und Felsblöcken geprägte Landschaft führt der Weg nach Bollendorf, der Schatztruhe gallo-romanischer Zeugnisse. Entlang des landschaftlich reizvollen Sauertales, das die Grenze zu Luxemburg bildet, geht es ins geschäftige luxemburgische Echternach mit der berühmten Benediktiner-Abtei.

Durch ehemalige Weinterrassen am Südhang der Sauer kommen wir wieder auf die schwach reliefierte Hochfläche des Bitburger Gutlandes, kreuzen die bereits römerzeitlich angelegte, genau auf der Höhenlinie verlaufende Straße Trier–Bitburg (die heutige B 51) und gelangen nach Welschbillig mit Relikten der kurtrierischen Burg. Das Gutland um Butzweiler war schon zur Römerzeit eine der Kornkammern nördlich der Alpen. An ehemaligen Mühlen im Biewertal vorbei geht es hinab zur Mosel und unterhalb der hoch aufragenden Palliener Buntsandsteinfelsen nach Trier, der ältesten Stadt Deutschlands.

Wir verlassen das Moseltal an der Saarmündung und betreten den Saargau, ein Altsiedelland, das vornehmlich von Kelten, Römern und Franken urbar gemacht wurde. Zur Römerzeit war der Saargau mit einem Netz von Gutshöfen (Villae rusticae) im Abstand von 1.000 bis 1.500 m überzogen, die die Versorgung der Truppen sicherstellten. Der auf dem Bergrücken verlaufende Höhenweg (der sogenannte Kimm) kennzeichnet streckenweise noch die alte Römerstraße Metz–Trier (→ S. 214). Heute ist der Höhenrücken des Saargaus geprägt von offenen Feldfluren. Infolge der zunehmenden Milchwirtschaft werden die fruchtbaren Äcker sukzessive zu Grünland umgewandelt. Ein besonderes landschaftliches Element sind die zahlreichen Streuobstwiesen, die den Saargau als traditionelles Anbaugebiet ausweisen, das Landschaftsbild bereichern und die Weiler und kleinen Ortschaften harmonisch einbinden. Durch die Weinberge führt der Weg hinab ins Moseltal nach Perl, dem hübschen kleinen Grenzort am Dreiländereck Deutschland, Luxemburg und Frankreich.

Moseltal
bei Perl

KÖLN → BRÜHL

Vom Kölner Dom, einem europäischen Pilgerziel ersten Ranges, geht es weiter zum Waidmarkt, wo einst die Kirche St. Jakob stand. Ab hier folgt der Weg dem Verlauf des alten Duffesbaches, an dem früher Gerbereien und Färbereien lagen, die auch für die Straße Blaubach namengebend waren. Von St. Pantaleon aus, durch das immer noch ein Hauch von Byzanz weht, verlassen wir die Stadt auf der ehemaligen Römerstraße, der heutigen Luxemburger Straße. Ab dem Grüngürtel folgen wir auf dem Römerkanal-Wanderweg weiterhin antiken Spuren. Obwohl sich unser Weg mehrere Kilometer vom Rhein entfernt, hat der Fluss auf der gesamten Strecke seine Spuren hinterlassen: die Niederterrasse bis zum Militärring, die Mittelterrasse bis Hürth-Hermülheim und die Hauptterrasse der Ville. Die barocken Wasserschlösser von Efferen und Kendenich, an denen wir vorbeikommen, bilden den Auftakt zum Brühler Schloss Augustusburg, einem der schönsten Barockschlösser des Rheinlandes, am Ende der Etappe.

Links: Kölner Schweid von 1610

Pilgerspuren ...

Am Anfang des Weges stellt der **Kölner Dom** mit ehemaliger Jakobuskapelle und Sitz einer Jakobusbruderschaft schon ein Zentrum der deutschen Jakobusverehrung dar. Auf die Spuren der

Pilgerweg

wohl ältesten Kirche mit einem Jakobuspatrozinium im Gebiet des heutigen Erzbistums Köln stoßen wir am Waidmarkt. Leider wurde die Kölner Jakobuskirche im 19. Jh. abgerissen. 100 m entfernt, an der von Süden in die Stadt führenden Severinstraße, liegt die **Kirche St. Gregorius Am Elend zu Köln**, die sogenannte Elendskirche, ein spätbarockes Kleinod. Der Vorgängerbau war die Friedhofskapelle der „Elenden", worunter man Arme und Fremde – insbesondere Pilger –, Hingerichtete und in reichsstädtischer Zeit auch die missliebigen Protestanten verstand. Der Neubau aus dem späten 18. Jh. war eine Stiftung zweier Brüder von Groote. Noch heute ist die Kirche im

Jakobus in der Elendskirche, Köln

Besitz der Familie und wird vom Förderverein St. Gregorius Am Elend zu Köln e. V. betreut. Zu der barocken Ausstattung gehört eine Jakobusfigur aus Alabaster in der Muschelnische des linken Seitenaltars. In muschelbesetzter Pilgerkleidung, ausgerüstet mit Pilgertasche, -stab und Kalebasse, strahlt sie die rechte Aufbruchstimmung aus.

Am Tagesziel **Brühl** bestand eine Matthias-Jakobus-Bruderschaft, die erstmals 1514 in einer Jahresrechnung nachgewiesen ist. Ihr Altar steht heute in St. Servatius in Brühl-Kierberg (→ S. 37).

19 km   ## Wegbeschreibung und Hinweise

Schwierigkeitsgrad: leicht, überwiegend auf geteerten Fuß- und Radwegen

Ausgangspunkt Kölner Dom (1): Vom Roncalliplatz über Unter Goldschmied, Quatermarkt und Kleine Sandkaul rechts bis zur Hohe Straße, links einbiegen und über Hohe Pforte zum **Waidmarkt (2)** mit St. Georg, rechts Blaubach und Rothgerberbach (Abstecher nach links Am Weidenbach zu **St. Pantaleon (3)**), ab hier auf der rechten Straßenseite über die Neue Weyerstraße und Luxemburger Straße bis zur Haltestelle Klettenbergpark, nun rechts durch den Park (Radfahrer absteigen), links zunächst auf und dann links parallel zur Berrenrather Straße auf dem **Römerkanal-Wanderweg**  **(4)** über **Efferen (5)** bis zum **Burgpark (6)** in Hermülheim ( verlassen) links durch das Tor über den Deutschordensweg vorbei an St. Severin, Severinusstraße, am Ende rechts und gleich links in die Bonnstraße (L 183), rechts Im Röntgen bergauf nach Kendenich, von hier bis Fischenich wieder dem  folgen, aber an der Kirche von Fischenich geradeaus An St. Martin, Drafenstraße, Vochemer Straße, Weilerstraße über den Weilerhof, bis Brühl, links mit der Brückenstraße über die Bahnanlagen, vorbei an St. Matthäus in Vochem, über An der Linde und Kierberger Straße bis zum Park des **Kaiserbahnhofs Kierberg (7)** (Abstecher über die Schulstraße zu **St. Servatius (8)**); dann links über die Kaiserstraße bergab nach Brühl, Schienen überqueren und rechts zur Straßenbahnstation Brühl Mitte, dort links über den aufgelassenen Friedhof zur Kirche **St. Margareta (9)**, durch die Kirchstraße zum Markt, diesen überqueren, auf der Bahnhofstraße zum **Schloss Augustusburg (10)**, über die Schlossstraße mit **Schlosskirche (11)** wieder ins Zentrum.

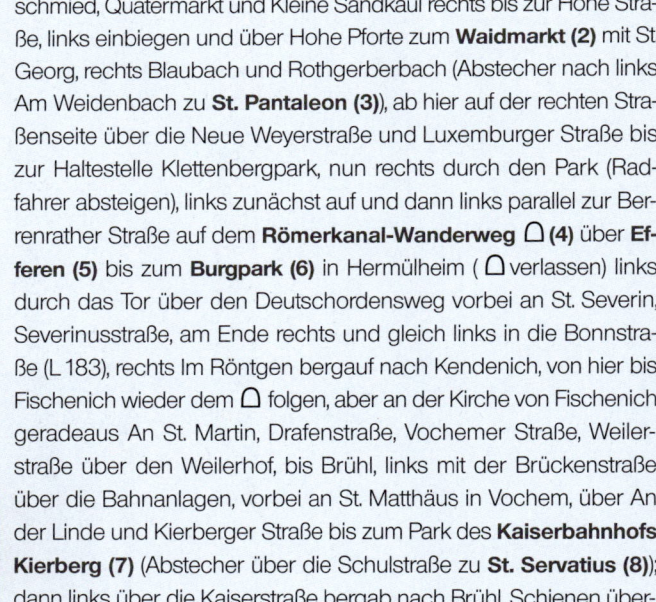

 ist das Zeichen für den Römerkanalwanderweg.

Köln

Pilgerweg 4
Nimwegen

Pilgerweg 1
Münster/
Wuppertal

Start 1

Altstadt/
Nord

Hbf

Pilgerweg 1
Aachen

Pilgerweg 5
Marburg

Pilgerweg 2
Trier

Altstadt/
Süd

35

Pilgerweg

0   500 m

Pilgerwege, markiert

1 Sehenswertes

i Information

H Herberge/Hostel

JH Jugendherberge

1 Wallraf-Richartz-Museum
2 Kölnisches Stadtmuseum
3 Museum für Angewandte Kunst
4 Kolumba – Kunstmuseum des Erzbistums Köln
5 Museum Schnütgen

Stelen

St. Kunibert

ehemaliges Hospital Ipperwald

ehemalige St. Jakobuskirche

1 *Kölner Dom*

Seit Jahrhunderten ist der Kölner Dom Ziel- und Ausgangspunkt unzähliger Pilger. Zahlreiche Jakobspilger stellen sich noch immer wie 1496 der niederrheinische Adelige Arnold von Harff vor Antritt ihres 2.500 km langen Weges unter den Schutz der Heiligen Drei Könige, die insbesondere als Reisepatrone verehrt werden.

In Band 1 der Reihe „Wege der Jakobspilger im Rheinland" wurde bereits ausführlich auf die Jakobusverehrung im Kölner Dom eingegangen.

Jakobspilger Arnold von Harff

Hier sollen daher lediglich die Werke erwähnt werden, durch die der Jakobspilger vor Aufbruch einen guten Überblick der typischen Darstellungsformen und -zusammenhänge erhält.

Grundriss des Kölner Doms

Am Petersportal begrüßt den Besucher ein früher Jakobus (14. Jh.) mit Muschel in der Hand, als Apostel im langen Gewand und mit Buch 1. Ebenfalls als ein Mitglied der Apostelschar ist er

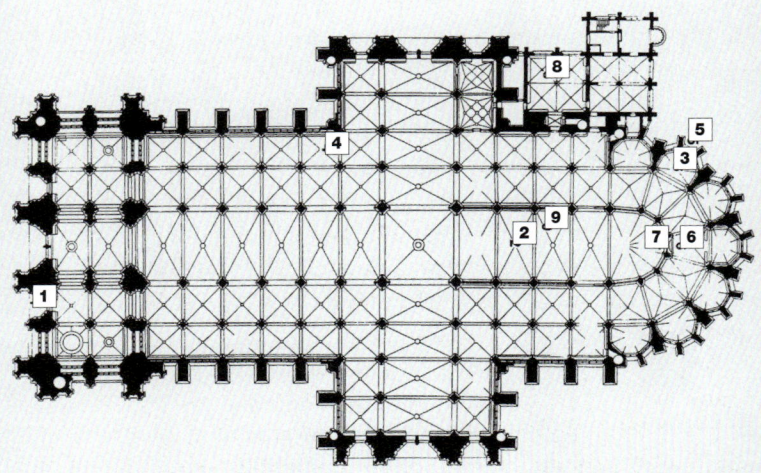

unter den Chorpfeilerfiguren (um 1275) zu finden, wo er aber – am Pilgerstab erkennbar – zugleich den Pilger repräsentiert ②. Auf dem Altargemälde in der heutigen Maternus- und früheren Jakobuskapelle kommt zum Pilgerstab und der Jakobsmuschel – diesmal am Hut – das sogenannte Beutelbuch, das durch den verlängerten und geknoteten Ledereinband zum handlichen Reiseutensil wird ③. Ein weiteres Pilgerattribut ergänzt die Figur des 19. Jh. im Clarenaltar (14. Jh.): die als Trinkflasche dienende Kalebasse, ein ausgehöhlter Flaschenkürbis, der am Pilgerstab

Jakobus am Clarenaltar, Kölner Dom

hängt ④. Dieser Jakobus, der nur bei der Hochfeiertagsöffnung des Klappaltars zu bewundern ist, trägt die Muschel als sogenannte Agraffe (Schmuckspange, frz.: Haken), die den Umhang über der Brust zusammenhält. Eine solche Gewandmuschel taucht auch mehrmals auf dem Jakobusfenster der ehemaligen Jakobuskapelle (um 1320) auf, das drei Szenen seiner Leidensgeschichte wiedergibt ⑤. Am Schrein der Heiligen Drei Könige (erstellt 1190–1220) sitzt Jakobus zwar als einer der Apostel und zugleich als Kirchenstifter mit der Kathedrale von Santiago auf dem Schoß ⑥ (→ Innenklappe hinten). Darunter, an der Front des Hochaltars (um 1320), hebt er sich aus der Reihe der Apostel durch die Beigabe des Schwertes heraus, das ihn als Märtyrer kennzeichnet ⑦. Wer das Bild des Patrons als Apostel, Märtyrer, Pilger und Kirchenstifter noch erweitern möchte, schließt dem Besuch der Domkirche eine Besichtigung der Schatzkammer an ⑧. Hier tritt der Heilige zum einen mit Pilgerhut, -muschel und -tasche auf dem Renaissance-Epitaph des Kölner Domherrn Jakob von Croy von 1518 (Nr. 84) als Namenspatron in Erscheinung, zum anderen als Jünger Jesu am Ölberg (→ S. 60 f.) auf einer der elf elfenbeinernen Reliefplatten von 1703–33 (Nr. 89).

Bei einer Führung erhält der Besucher Zugang zum Innenchor, wo er das Fernziel der Pilgerreise bereits bildlich ins Auge fassen kann: Im Fußbodenmosaik aus dem 19. Jh. präsentiert die herrschaftliche Hispania die Kathedrale von Santiago de Compostela als Hauptkirche Spaniens ⑨.

Den im deutschen Sprachraum selten anzutreffenden spanischen Typ des Santiago Matamoros, des hl. Jakobus als Maurentöter, der auf die legendäre Schlacht bei Clavijo zurückgeht, ist im Dom – glücklicherweise – nicht zu finden; aber im Museum für Angewandte Kunst (→ Abb S. 71).

Jakobus als Kind auf dem Altar der
Hl. Sippe, (Meister der Heiligen Sippe,
Wallraf-Richartz-Museum)

Jakobspilgerzeichen in Kölner Museen

„Pilger galten als sakrosankt, d. h. unverletzlich. Das setzte aber voraus, dass sie als solche erkennbar waren. Aus dem Sicherheitsbedürfnis der Pilger heraus hat sich deshalb eine Pilgerkleidung entwickelt, zu der der weite Pilgermantel, der große Pilgerhut, die Pilgertasche, der Pilgerstab, oft auch die Pilgerflasche und vor allem das Pilgerabzeichen gehörten." *(Frank Günter Zehnder: Ein Beitrag zur Reisesymbolik, in KÖLN 2/1982)* Im Kölner **Wallraf-Richartz-Museum** (WRM) hat man besonders in der Mittelalter-Abteilung Gelegenheit, gemalte Pilgerzeichen zu studieren. „Auf dem Gemälde eines Kölner Meisters, der das Martyrium der hl. Ursula und ihrer Gefährtinnen vor der Stadt Köln zeigt und das aufgrund des dargestellten Bauzustandes auf 1411 datiert werden kann, sieht man zwei Pilger, vom Bayenturm kommend, auf dem schmalen Uferstreifen zwischen Rhein und Stadtmauer flussabwärts ziehen. Am Pilgerhut tragen die beiden deutlich sichtbar als Abzeichen die Muschel, die einen Pilger grundsätzlich kennzeichnete. (WRM 51)

Die Muschel ist als Attribut und als Erkennungszeichen mit dem hl. Jakobus d. Ä. eng verbunden und stets an der aufgeschlagenen Krempe an dessen Pilgerhut angebracht. Zumeist ist der hl. Jakobus d. Ä. auch mit Pilgerstab, Pilgertasche und Pilgermantel gekennzeichnet. So stellt ihn z. B. der Meister der Hl. Sippe, der in Köln um 1480 bis um 1520 tätig war, auf der Altartafel und dem Votivbild des Grafen Gumprecht von Neuenahr (gestorben 1484) dar." (WRM 853) „Schon als Kind wird der hl. Jakobus mit diesem Pilgerzeichen eindeutig gekennzeichnet. Auf Darstellungen der Hl. Sippe wird der Heilige als Kind zur Verwandtschaft Christi gerechnet und so zum Beispiel auf einem Altarflügel eines westfälischen Meisters um 1470–90 in einem grauen Pilgerrock mit Pilgerstab und daran befestigtem Muschel-Pilgerzeichen vorgestellt." (WRM 398) „Ein südniederländischer Meister um 1510 zeigt den kindlichen Heiligen auf dem Mittelbild seines Sippenaltars im braunen Pilgergewand mit dem Pilgerstab." (WRM 416) „Deutlich sichtbar ist die Muschel an der hochgeschlagenen Hutkrempe. Auf dem namengebenden Altar der Hl. Sippe des Kölner Meisters der Hl. Sippe (1480–um 1520), der um 1500 entstanden ist, sitzt der junge Heilige lesend am Boden und ist deutlich durch den Pilgerhut mit dem Abzeichen gekennzeichnet." (WRM 165, Abb. S. 30) „Neben der Muschel erkennt man hier noch zwei gekreuzte Pilgerstäbe, sogenannte ‚bordoncillos', ebenso Zeichen für eine erfolgreich abgeschlossene Pilgerfahrt zum Grab des Apostels." In der Barock-Abteilung des Hauses begegnet uns die Pilgermuschel nur auf dem Gemälde „Südliche Landschaft mit Hirten und Herde" (→ Abb. S. 9) des Nicolaes Berchem (1620–83). „Am rechten Bildrand steht ein Pilger auf seinen Pilgerstab gelehnt. Zahlreiche Muscheln kennzeichnen ihn in der Gruppe auffallend als Pilger. Möglicherweise ist der Hund an seiner Seite auch als Pilgerhündchen zu verstehen, das gelegentlich zu den Attributen eines Pilgers gehörte."

Auch im **Kölnischen Stadtmuseum** begegnen uns die Pilgerzeichen aus Santiago de Compostela. Neben der Muschel auf der Grabplatte des Wikbold von Kulm von 1821 erweckt jedoch die echte Muschel als Grabbeigabe in der Vitrine „Frömmigkeit im Mittelalter" unser besonderes Interesse. Zwei Löcher am oberen Rand zeugen davon, dass ein Jakobspilger sie gut sichtbar an Hut, Pelerine oder Tasche befestigt hatte. Als Grabbeigabe steht die Muschel im Christentum auch für das Grab, aus dem der Mensch am Jüngsten Tag auferstehen wird.

Über diese schlichten Zeichen der Jakobspilger hinaus besitzt das Stadtmuseum eine für Deutschland einmalige Sammlung von Azabaches, von denen zwei ausgewählte Exemplare gezeigt werden. „Azabache" ist das spanische Wort für eine Braunkohleart, die auf Deutsch Bergpech, Jet oder Gagat genannt wird. Neben den echten und nachgebildeten Muscheln, den Miniaturpilgerstäben und -flaschen waren Figürchen aus Azabache die begehrtesten und teuersten Pilgerandenken aus Santiago de Compostela. Die ergiebigsten Vorkommen dieser Braunkohle liegen in der Nähe von Santiago und werden seit dem 14. Jh. ausgebeutet. Das Material lässt sich schnitzen und polieren und zeichnet sich durch eine schwarz-glänzende Oberfläche aus. Die Figürchen, die in ihrer Mehrzahl aus dem 16. Jh. stammen, stellen meist den hl. Jakobus allein, in Kombination mit dem Zeichen der Muschel oder mit Pilgern dar. Sie wurden als wertvolle Erinnerungen mit nach Hause genommen.

Die Gitterguss-Pilgerzeichen aus der Sammlung Clemens im Museum für Angewandte Kunst warten noch auf ihre wissenschaftliche Erschließung.

Azabache-Pilgerzeichen im Kölnischen Stadtmuseum

St. Georg und St. Jakob, Zeichnung von Johann Peter Weyer

2 Waidmarkt, Köln

Bis 1825 erhoben sich zwei Kirchenbauten auf der Südseite des Waidmarkts: die Stiftskirche St. Georg und die Pfarrkirche St. Jakob. Bischof Anno II. (1056–75) gründete, nachdem er in Italien Reliquien des Apostels Jakobus erhalten hatte, 1059 das Stift St. Georg mit der Pfarrkirche, die um 1070 dem hl. Jakobus geweiht wurde. Einige Reliquien gab er an den Erzbischof von Mainz weiter, in dessen Stadt 1055 das Benediktinerkloster St. Jakob entstand. Auf dem vorgelagerten Markt boten die Waidhändler die begehrten blau färbenden Pflanzen, den Waid, an. An der Kirche unterhielten sie eine Jakobusbruderschaft zur Förderung ihrer Zunft. Als nach der Aufhebung des kirchlichen Besitzes (Säkularisation) nur ein Gotteshaus fortbestehen sollte, entschied man sich für St. Georg als künftige Pfarrkirche; St. Jakob wurde 1825 abgebrochen. Der Verbindungsgang zwischen den beiden früheren Kirchenbauten dient heute als Eingang zu St. Georg. Im Obergeschoss des Westchors erinnert ein von Jan Thorn Pricker 1927–30 entworfenes Fenster an den Patron der ehemals benachbarten Kirche St. Jakob. Das romanische Kruzifix und der Taufstein (12. Jh.), das Gabelkreuz (vor 1400) und der gotische Flügelaltar von Barthel Bruyn d. J. sind künstlerische Höhepunkte in dem harmonischen Kirchenraum.

Jakobusfenster in St. Georg, Köln

3 St. Pantaleon, Köln

Das imposante Westwerk zeichnet die Kirche schon äußerlich als kaiserlichen Bau aus. Mit den Gräbern ihres Gründers Erzbischof Bruno (gest. 965), eines Bruders Kaiser Ottos des Großen, und der Kaiserin Theophanu (gest. 991) war sie auch kaiserliche Grablege. Über den Reliquien des hl. Pantaleon gründete Erzbischof Bruno hier die zweite Kölner Benediktinerabtei; 980 wurde die dem griechischen Märtyrer und Patron der Ärzte Pantaleon geweihte Kirche fertig gestellt. Theophanu, Gattin Kaisers Otto II., also angeheiratete Nichte des Gründers Bruno, fühlte sich

Die Kölner Jakobuspfarre und der Chronist Weinsberg

Den mehrere tausend Seiten umfassenden Aufzeichnungen des Hermann von Weinsberg (1518–98), der im Schatten des Kirchturms von St. Jakob lebte, ist es zu verdanken, dass uns ein reiches und farbiges Bild vom Kölner Stadtleben des 16. Jh. vorliegt. Von seinem Großvater, der 1458 in die Domstadt kam, berichtet er eingangs: „Dann nahm er sein altes Leben wieder auf, insonderheit gebrauchte man ihn auf Reisen, meistenteils nach Frankreich, Spanien, San Jago in Compostella, wo er viermal gewesen ist den Leuten zur Begleitung."

Der Ratsherr, Advokat und Weinhändler Weinsberg war über viele Jahre auch Kirchmeister an St. Jakob. Deshalb sind seine Aufzeichnungen auch eine dankbare Quelle zu Bräuchen und Ereignissen des Pfarrlebens. Der 25. Juli, das Fest von Jakobus d. Ä., war zu Beginn der Neuzeit einer der 50 Feiertage, die neben den Sonntagen in einer Feiertagsregelung aus dem Jahr 1308 für das Erzbistum als arbeitsfreie Tage festgesetzt worden waren. An diesem Tag wurde in der Pfarre St. Jakob Kirmes gefeiert. Als eine der 18 Kölner Pfarrprozessionen fand die Gottestracht von St. Jakob jeweils am zweiten Sonntag nach Pfingsten statt. Der Weg, der die Grenzen des Pfarrbezirks umschritt, wurde nur bei besonderen Vorkommnissen abgeändert – so musste 1596 wegen Rheinhochwasser und 1540 wegen der Pest, die in einigen Straßen besonders wütete, ein Umweg genommen werden.

als ehemalige byzantinische Prinzessin dem griechischen Heiligen besonders verbunden. Sie ließ den Bau vergrößern und wurde 991 wunschgemäß in ihm begraben. Im 12. Jh. wurden die Seitenschiffe, im frühen 16. Jh. die spätgotische Schranke vor dem Chor (Lettner) errichtet. Davor sind die Schreine des hl. Maurinus und des hl. Albanus auf je acht Jakobsmuscheln nach Entwürfen von Paul Nagel (1921–2016) aufgestellt. Als Hülle der Perle will der Künstler mit ihnen die Reinheit und Unschuld der Heiligkeit symbolisieren. Eine Email-Inschrift am Maurinus-Schrein besagt, dass sich in der Reihe der Apostelfiguren, die im Zuge der Säkularisation entfernt wurden, auch eine von Jakobus d. Ä. befunden hat. Zwei moderne Darstellungen des Pilgerpatrons stammen aus jüngster Zeit: In dem Deckengemälde des Himmlischen Jerusalems von Dieter Hartmann nimmt er in der Reihe der Apostel den bevorzugten Platz neben Jesus ein. Ein weiteres Porträt von Jakobus als Pilger schmückt den siebenarmigen, von Rolf Bendgens gestalteten Leuchter im Mittelschiff.

Westwerk von St. Pantaleon, Köln

4 *Römerkanal*

Die Römer haben keine Mühe gescheut, ihre Provinzhauptstadt Colonia Claudia Ara Agrippinensium – das heutige Köln – mit bestem Trinkwasser aus der Eifel zu versorgen. Mit fast 100 km Länge gehörte die Eifelwasserleitung, die am „Grü-

Römerkanal-Relikt in Köln und Wanderwegzeichen

nen Pütz" in Nettersheim begann, zu den längsten Leitungen im römischen Imperium. Sie wurde als Gefällewasserleitung errichtet. Da sich zwischen den Eifelquellen und Köln der Villerücken erhebt, musste ein riesiger Umweg über Meckenheim eingeplant werden. In ihrem Verlauf entstanden große, leider nicht mehr erhaltene Aquäduktbrücken über die Erft und den Swistbach von 550 bzw. 1.400 m Länge. In nachrömischer Zeit wurde die Wasserleitung aufgegeben und in karolingischer Zeit, besonders aber vom 11. bis 13. Jh., als Steinbruch genutzt. Als Baumaterial besonders gefragt war der Kalksinter, die Ablagerung des kalkhaltigen Wassers im Inneren des Kanals. Aus ihm ließen sich marmorähnliche Werkstücke wie Säulen und Platten herstellen (→ Lüftelberg, S. 84, und Bad Münstereifel, S. 66).

5 *Burg Efferen, Hürth*

Torturm von Burg Efferen, Hürth

Im 13. Jh. befand sich die Burg, als Lehen des Kölner Damenstiftes St. Maria im Kapitol, im Besitz des Kölner Adelsgeschlechts von Overstolz. Als Vorposten war Efferen für Köln von strategischer

Bedeutung und im 14. Jh. ließ die Stadt das Anwesen auf ihre Kosten befestigen. Damals entstand der mächtige gotische Torturm, der zur Zeit des Barock mit einer geschweiften Haube versehen wurde. Das spätbarocke Herrenhaus wurde 1769 auf dem mittelalterlichen Unterbau errichtet. Im Giebelfeld der repräsentativen Straßenfront halten zwei Löwen das Wappen der Erbauerfamilie von Bourtscheid. Von der Handwerkskunst des Rokoko zeugt das schmiedeeiserne Balkongitter mit dem Wappenschild der Familie von Fürstenberg, den letzten adeligen Eigentümern.

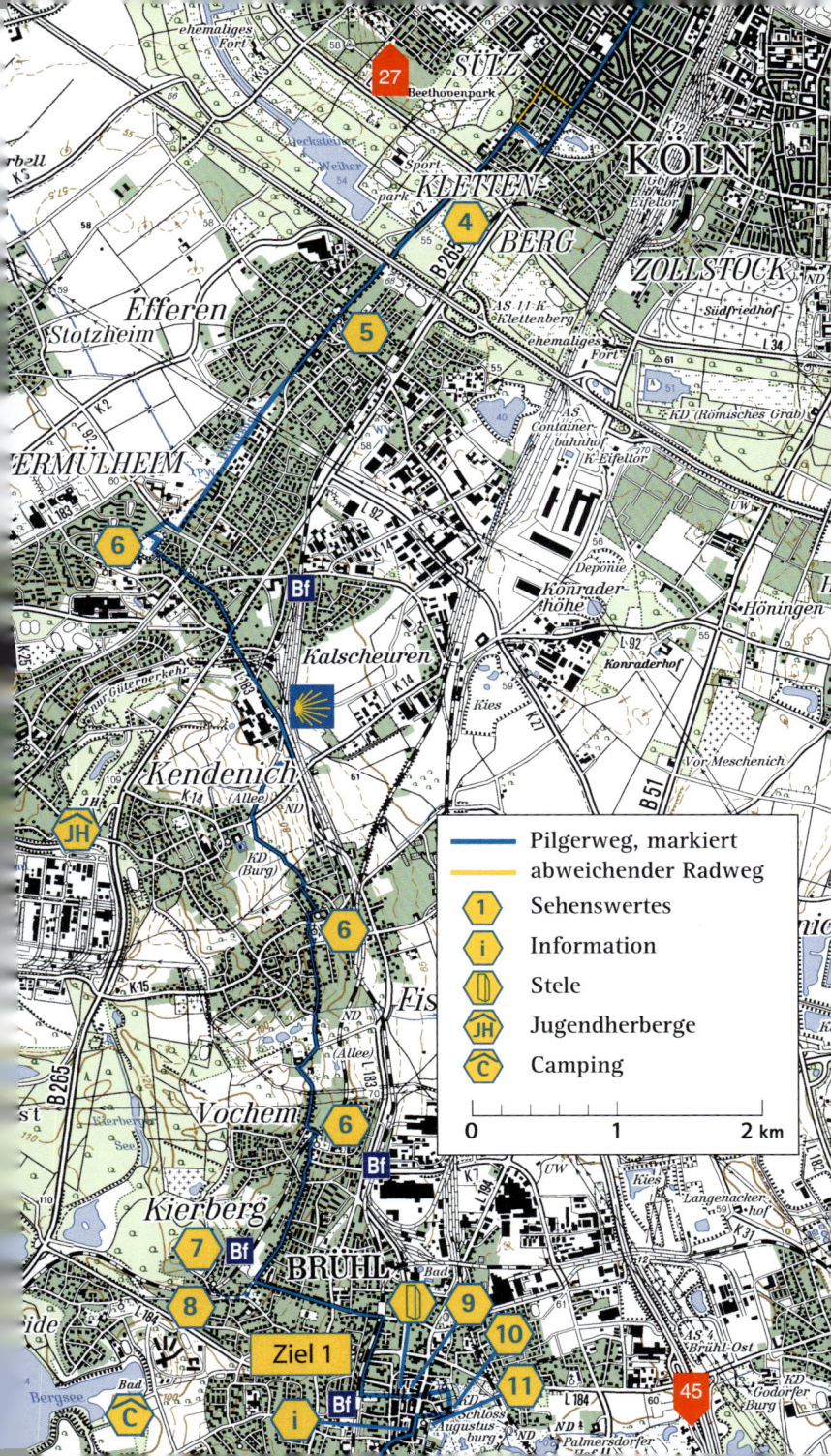

27 Beethovenpark

SULZ

KÖLN

ehemaliges Fort

Heckstein

Weiher

Sportpark

4

KLETTEN-

B 265

BERG

ZOLLSTOCK

Efferen

Stotzheim

5

AS 11-K
Klettenberg

ehemaliges Fort

Südfriedhof

L 34

KD (Römisches Grab)

Container-
bahnhof

K-Eifeltor

ERMÜLHEIM

6

UW

Bf

Deponie

Konrader-
höhe

Höningen

Kalscheuren

L 92

Konraderhof

Kendenich

Kies

Vor Meschenich

K 14 (Allee)

ND

B 51

JH

KD
(Burg)

6

Fis

ND

(Allee)

L 181

6

Vochem

Bf

Kierberg

7 Bf

BRÜHL

Bad

8

Langenacker-
hof

Ziel 1

9

10

AS 4
Brühl-Ost

C

Bad

i

Bf

11

KD
Godorfer
Burg

Bergsee

L 184

Schloss
Augustus-
burg

Palmersdorfer

45

———	Pilgerweg, markiert
———	abweichender Radweg
1	Sehenswertes
i	Information
▯	Stele
JH	Jugendherberge
C	Camping

0   1   2 km

6 *Burgpark Hermülheim, Hürth*

Das ursprüngliche Mülheim wurde in Herrenmülheim umbenannt, nachdem der Orden der Deutschherren im 13. Jh. in den Besitz der dortigen Burg gelangt war. Unser Weg quert den einstigen Wassergraben der Wehranlage und führt mitten durch den Burgpark, dessen Areal heute den historischen Ort markiert. Auf den Fundamenten des Wehrbaus hatte der Landeskomtur Freiherr von Roll zu Bernau um 1760 ein dreigeschossiges herrschaftliches Sommerhaus errichten

Burgpark Hermülheim

lassen. 1834 erwarb der Kölner Stadtrat und Romantiker Everhard von Groote die Burg und renovierte sie von Grund auf. Dieses Familienmitglied der von Groote, deren Privatkirche im Stadtinneren von Köln schon eingangs erwähnt wurde (→ Elendskirche, S. 25), gab übrigens 1860 die viel gelesene Reisebeschreibung des Ritters Arnold von Harff heraus (→ Bd. 9, S. 185). Den rheinischen Adeligen vom nahen Schloss Harff, das durch den Braunkohletagebau untergegangen ist, hatte seine Pilgerfahrt Ende des 15. Jh. auch nach Santiago de Compostela geführt.

Jakobusfenster in St. Martinus, Fischenich

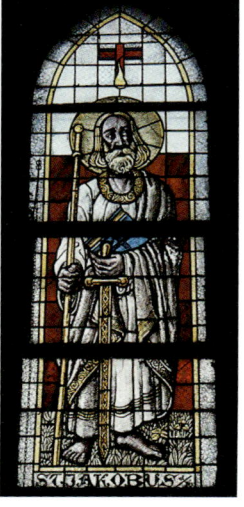

Die Gemeinde Hürth, die 1955 neuer Besitzer der Burg Hermülheim wurde, ließ das Gemäuer 1964 im Rahmen einer Feuerwehrübung abbrennen und abbrechen. Erhalten blieben nur die steinerne Brücke und der Torbogen auf dem Weg zur Pfarrkirche St. Severin.

Da die am Weg liegenden Hürther Baudenkmäler auf Informationstafeln beschrieben sind, soll hier nur ergänzend darauf hingewiesen werden, dass die Seitenschiffe der Kirche St. Martinus in **Fischenich** zwölf Apostelfenster des Essener Glasmalers Adolf Wurst schmücken, auf denen Jakobus der Ältere als der Jüngere bezeichnet ist und umgekehrt. Auf der Orgelbühne von St. Matthäus in **Vochem** ist ein Fenster Jakobus d. Ä. gewidmet ist.

7 Kaiserbahnhof, Brühl-Kierberg

In alter Zeit war Kierberg (aus Kirchberg) eines der zwölf Tafelgüter der Kölnischen Kirche. Mit dem Braunkohleabbau im 19. Jh. erlebte der Ort einen neuen Aufschwung. Damals entstand an der 1874 eröffneten Eisenbahnstrecke Köln–Trier ein ungewöhnlich prachtvoller Bahnhof in preu-ßischer Ziegelsteinbauweise mit Loggia, Aus-sichtsturm und großzügigem Park.

Bahnhof Brühl-Kier-berg 1914

Grund für die aufwendige Ge-staltung des Streckenhalts war die Tatsache, dass hier der Kaiser empfangen wurde, bevor er über die Kaiserstraße zum Schloss Au-gustusburg fuhr, so geschehen 1880. Heute, wie schon im 19. Jh., ist der Kaiserbahnhof mit seiner Schankwirtschaft ein beliebtes Ausflugsziel der Region.

8 St. Servatius, Brühl-Kierberg

1903/04 wurde die heutige Pfarrkirche St. Servatius im neugoti-schen Stil aus Backstein mit hohem Westturm gebaut. Der Innen-raum ist durch Rundpfeiler aus Rotsandstein und Kreuzrippen-gewölbe gegliedert.

Jakobus-Matthias-Altar in St. Serva-tius, Brühl-Kierberg

Von Interesse für die Jakobspilger ist der Servatiusaltar, bei dem es sich eigentlich um einen Jakobus-Matthias-Altar handelt, der 1641 beim Meister Jacob aus Zülpich angefertigt wurde. Bei den Pfarrkindern ist er jedoch nur unter dem Namen des Pfarrpatrons bekannt, da auf seinem Gebälk die Büste des Servatius ruht. Er stammt aus der Kirche St. Margareta in Brühl. Da der Weg der Rheinländer, die über Trier nach Santiago zogen, die Gräber der Apostel miteinander verband, ist die Zusammenführung der beiden in einem Altar konsequent. Auf der linken Innenseite, neben der Hinrichtung des Apostels Matthias, ist der hl. Jako-bus vor einer knienden Frau dargestellt. Die junge Frau, vielleicht die Stifterin, ist durch Jakobsmu-scheln und gekreuzte Pilgerstäbe an der Kleidung und dem abgelegten Hut als Jakobspilgerin zu er-kennen.

9 *St. Margareta, Brühl*

Im Zusammenhang mit der Aufwertung Brühls durch die Kölner Erzbischöfe wurde die dortige Kapelle 1274 zur Pfarrkirche erhoben. Vermutlich um 1340 ließ Erzbischof Walram von Jülich an ihrer Stelle ein gotisches Kirchengebäude errichten. Im späten Mittelalter erfuhr die Kirche durch Bruderschaften eine neue Ausschmückung mit Altären und Heiligenfiguren. Diese religiösen Zusammenschlüsse wetteiferten durch Stiftungen. Der Altar der beiden Heiligen Jako-

Innenraum und Jakobus St. Margareta, Brühl

bus und Matthias, der sich heute in Brühl-Kierberg befindet, stand zur rechten Seite des Hochaltars. 2011 ist die Jakobusfigur des 19. Jh., die lange Zeit im Pfarrhaus stand, in die Kirche zurückgekehrt. 1885/87 erweiterte der Kirchbaumeister Vinzenz Statz die

Kirche durch ein Querhaus, wobei auch der Chor neu errichtet wurde. Während man die beiden großartigen Tafelbilder der „Ecce Homo" und „Kreuzigung" (um 1510) an den Chorwänden nur im Rahmen einer Führung bewundern kann, sind der kleine Ursula-Reliquienschrein und die Büstenreliquiare, die mit Aufhebung des Franziskanerklosters zum Kirchenschatz kamen, in den Seitenschiffen für jeden Besucher sichtbar aufgestellt.

10 *Schloss Augustusburg, Brühl*

Wo sich heute das prächtige Barockschloss erhebt, liegen auch die Anfänge von Brühl. 1184 errichtete der Kölner Erzbischof Philipp von Heinsberg hier einen Hof („curtis"), der nach und nach zu einer bedeutenden Landesburg ausgebaut wurde. Westlich davon entstand bald eine größere Siedlung, die 1285 Stadtrechte erhielt. Ab 1469 war Brühl über hundert Jahre Landeshauptstadt und gleichzeitig Residenz der Kölner Erzbischöfe. 1689 sprengten französische Truppen die Burg; der dadurch ausgelöste Stadtbrand vernichtete fast alle Häuser. Der Ort erhielt neuen Auftrieb, als Erzbischof und Kurfürst Clemens August 1725 auf den Trümmern der Wasserburg durch Conrad Schlaun und später

François Cuvilliés Schloss Augustusburg mit dem weltberühmten Treppenhaus von Balthasar Neumann erbauen ließ. Jenseits des Schlossbaus laden Garten und Park zur Erholung ein. Vorbei an der Muschelkapelle führt der Weg über eine Allee zum ehemaligen Jagdschloss Falkenlust.

Schloss Augustusburg, Brühl

11 Schlosskirche St. Maria von den Engeln und ehemaliges Franziskanerkloster, Brühl

1491 legte der Kölner Erzbischof Hermann IV. von Hessen den Grundstein zum Bau einer Kirche und eines Franziskanerklosters. Das Patrozinium der Kirche „Maria von den Engeln" leitet sich vom ersten Gotteshaus der Franziskaner, der Kirche „Santa Maria degli Angeli" bei Assisi, ab. Im 18. Jh. wurde die Brühler Marienkirche unter dem Erzbischof und Kurfürst Clemens August von Bayern Hofkirche seines Residenzschlosses und mit diesem durch die Orangerie und ein Oratorium (Betraum) verbunden. Als weltliches und geistliches Oberhaupt zugleich konnte der Kurfürst durch Öffnen eines großen Drehspiegels über dem Altar aus erhabener Position an der Messe teilnehmen.

Hochaltar der Schlosskirche, Brühl

Das Kircheninnere wird auf der einen Seite von dem prächtigen Hochaltar des Barockbaumeisters Balthasar Neumann, auf der anderen von der Orgeltribüne mit Engelorchester beherrscht.

Die Konventsgebäude des Franziskanerklosters ließ Clemens August in den Jahren 1714–18 durch einen Neubau ersetzen, der bis heute erhalten ist. In ihm ist das Rathaus untergebracht. Der frühere Kapitelsaal der Franziskaner dient der Stadt für festliche Empfänge.

BRÜHL → EUSKIRCHEN

Von der ehemaligen Residenz der Kölner Erzbischöfe zu Brühl
verläuft die Route zunächst am Fuß der Ville zur Walburgakirche
von Walberberg. Über den bewaldeten Villerücken gelangen wir
am Swister Türmchen vorbei nach Weilerswist im Erfttal. An der
Erft, deren schmale Grünlandaue zu beiden Seiten an die fruchtbaren Böden der Zülpicher Börde grenzt, stießen früher die Macht-
bereiche der Kölner Erzbischöfe und der Jülicher Herzöge aneinander. Beide Machthaber sicherten ihr Land durch Burgen in
einer Dichte, wie sie anderswo in Deutschland kaum zu finden ist.
Allein an diesem Etappenstück liegen die Burgen Kühlseggen,
Groß-Vernich (Ruine), Klein-Vernich, Bodenheim und Kessenich.
Die Etappe ist untergliedert in 2 Teilstrecken: 2 A von Brühl bis
Weilerswist, 2 B von Weilerswist bis Euskirchen.

Pilgerspuren ...

Während die erste Etappe die Erinnerung an die wohl älteste,
jedoch untergegangene Jakobuskirche des Rheinlandes in Köln
wachrief, wartet der zweite Wegabschnitt gleich zu Beginn mit der
jüngsten Jakobuskirche auf: der am 6. Mai 1995 eingeweihten
evangelischen Kirche von **Brühl-Badorf**. Zur Namenswahl sagte
der damalige Pastor Hans Ludwig Vielhauer: „Da die Evangelischen in Brühl-Badorf früher von der Johanneskirche aus betreut
wurden, soll nun sein Bruder Jakobus d. Ä. der neuen Kirche den
Namen geben. Zum anderen verläuft die Straße von Brühl über
Euskirchen nach Trier in der Nähe des Gemeindezentrums. Dieser
Weg wurde auch von Pilgern genutzt, die zum Grab des Apostels
Jakobus unterwegs waren."

Pilgerweg

Schon lange bevor 1060 die Reliquien der hl. Walburga der
nächsten Station den Namen Mons Sanctae Walburgis, also **Walberberg**, gaben, suchten Pilger an diesem Ort eine Jodokuskapelle
auf, die durch Wunderheilungen berühmt gewesen sein soll.

Jenseits des bewaldeten Villerückens erwartet den Wanderer
mit dem **Swister Türmchen** ein weiteres regionales Wallfahrtsziel.
Die Verehrung der „Drei Jungfrauen" soll auf keltische Matronengott-
heiten in der Eifel zurückgehen, die christlich umgedeutet wurden.

Links:
Swister
Türmchen,
Weilerswist

Bei St. Martin in **Friesheim**, 5 km westlich von Weilerswist, kündet die Inschrift eines muschelgeschmückten Grabkreuzes von der Pilgerfahrt des zwischen „Rohm und St. Jakob" 1651 verstorbenen Bertram Bahr.

Wer hinter Euskirchen im Kloster Maria Rast übernachtet, wird über **Kreuzweingarten** kommen. Die Wallfahrt zu dem hier verehrten Kreuzpartikel erlebte Zeiten des Auf- und Niedergangs. Dass der Ortsname 1804, nachdem unter Napoleon ein radikales Wallfahrtsverbot ausgesprochen worden war, von Weingarten in Kreuzweingarten abgeändert wurde, wirft ein Licht auf den lokalen Widerstand.

Ein hiesiges Kirchenbuch des 18. Jh. enthält folgenden Eintrag: „1723 am 28. Mai verschied im Herrn ein Jakobiter mit Namen Joseph N., der aus der Gegend bei Wien in Österreich stammte, wie sein Gefährte angab, und auf dem Rückweg von Compostela war. [...] Die Beweisstücke seiner Pilgerschaft werden mit dem Pilgerstab in der Truhe des Schöffen in Billig aufbewahrt."

Verschiedene Spuren deuten darauf hin, dass Jakobspilger im Mittelalter auch den Weg über **Zülpich** wählten: In der Peterskirche gibt es einen Antwerpener Schnitzaltar, der den Aposteln Jakobus d. Ä. und Thomas geweiht ist. Auf einem seiner Flügel ist Jakobus als Pilger dargestellt. Und die Martinskirche aus dem 13. Jh., in der heute die Bürgerbegegnungsstätte untergebracht ist, hatte anfangs Jakobus als Nebenpatron.

Nächtigen konnten die Pilger im städtischen Hospital, dessen Kapelle bis heute erhalten ist.

Ausschnitt aus dem Jakobus- und Thomas-Altar in St. Peter, Zülpich

BRÜHL → WEILERSWIST

2 km nördlich von Euskirchen befindet sich in St. Georg zu **Frauenberg**, einer Tochtergründung von St. Georg in Köln (→ S. 32), eine Abbildung von Jakobus als Kind, allerdings schon mit Pilgerattributen versehen: In dieser ehemaligen Marienkirche des Erzbischofs Anno wird die weitere Familie Mariens, die sogenannte Heilige Sippe (→ S. 53), auf dem um 1480 gestifteten Hauptaltar der Altkölner Schule vom Meister der Ursulalegende ins Bild gesetzt.

Wegbeschreibung und Hinweise   13 km

Wegstrecke zu Fuß und per Rad sind weitgehend identisch.
Schwierigkeitsgrad: leicht, auf befestigten und geteerten Wegen
Ausgangspunkt Rathaus Brühl: Auf der Uhl- und Pingsdorfer Straße bis zur Vorgebirgsbahn, links entlang der Gleise, bei der nächsten Unterführung die Bahn unterqueren, gleich links Auf der Burg, vor Bahnhof Brühl-Badorf rechts in den Eichweg, Alte Bonnstraße überqueren, geradeaus weiter auf der Straße Pehler Hülle, links auf der Badorfer-Straße bis zur Kirche **St. Pantaleon (1)** von Badorf, geradeaus Wingertsberg, (Abstecher über Steingasse, Pützgasse, Robertstraße links, Metzenmacher Weg, am Ende des Gallbergweihers rechts zu **St. Jakobus (2)**), Auf den Steinen, Eckdorfer Straße bergan, links Grünen Weg, rechts Autobahn unterqueren, Rheindorfer Acker, Hohlgasse, rechts Enggasse, über Oberstraße, Walburgisstraße geradeaus mit ⌂ bis St. Walburga in **Walberberg (3)**, über den Friedhof bergauf, dann links halten, rechts Hanrathstraße, links Schützenstraße und Wingert, hinter der Jugendakademie die bewaldete Ville in südwestlicher Richtung durchqueren, ab der Sechs-Wege-Spinne (Schutzhütte) dem Erfttalweg E 4 in Richtung Euskirchen über **Swister Türmchen (4)** bis kurz vor **Burg Kühlseggen (5)** folgen, hier E 4 verlassen, die A 61 unterqueren, rechts um die Grundschule herum auf die Donaustraße, links auf der Mauritiusgasse zur Kirche **St. Mauritius (6)** in Weilerswist.

1 St. Pantaleon, Brühl-Badorf

Im Jahr 1124 wurde Badorf als Bavendorph erstmals in einer Urkunde des Kölner Erzbischofs Friedrich I. von Schwarzenburg über
einen Wald des Kölner Stiftes St. Pantaleon erwähnt. Die weithin
sichtbare Backsteinkirche St. Pantaleon auf dem Hang der Ville
wird von den Einheimischen liebevoll der „Dom des Vorgebirges"
genannt. Entworfen wurde sie 1895 im Stil der Neugotik vom Kölner Architekten Heinrich Krings, der auch die Jakobuskirche von
Jakobwüllesheim bei Düren baute. Die hohen Sandsteinsäulen
der dreischiffigen Hallenkirche lenken den Blick hinauf zum fein-
gliedrigen Netzgewölbe. Sowohl der geschnitzte Hochaltar als
auch die Fenster des Leverkusener Künstlers Paul Weigmann
(1923–2009) zeigen Szenen aus dem Leben des hl. Pantaleon.
Die Seitenaltäre wurden um Ausstattungsstücke der benachbarten
Annakapelle des 16. Jh. errichtet.

2 Jakobuskirche, Brühl-Badorf

Die äußere Gestalt des evangelischen Gemeindezentrums, entworfen von den Kölner Architekten Böttger und Ortiz, lässt ebenso an ein Schiff denken wie an einen abhebenden Vogel. Mit
großen Fenstern öffnet es sich zur landschaftlichen Kulisse des

Evangelische
Jakobus-
kirche in
Brühl-Badorf

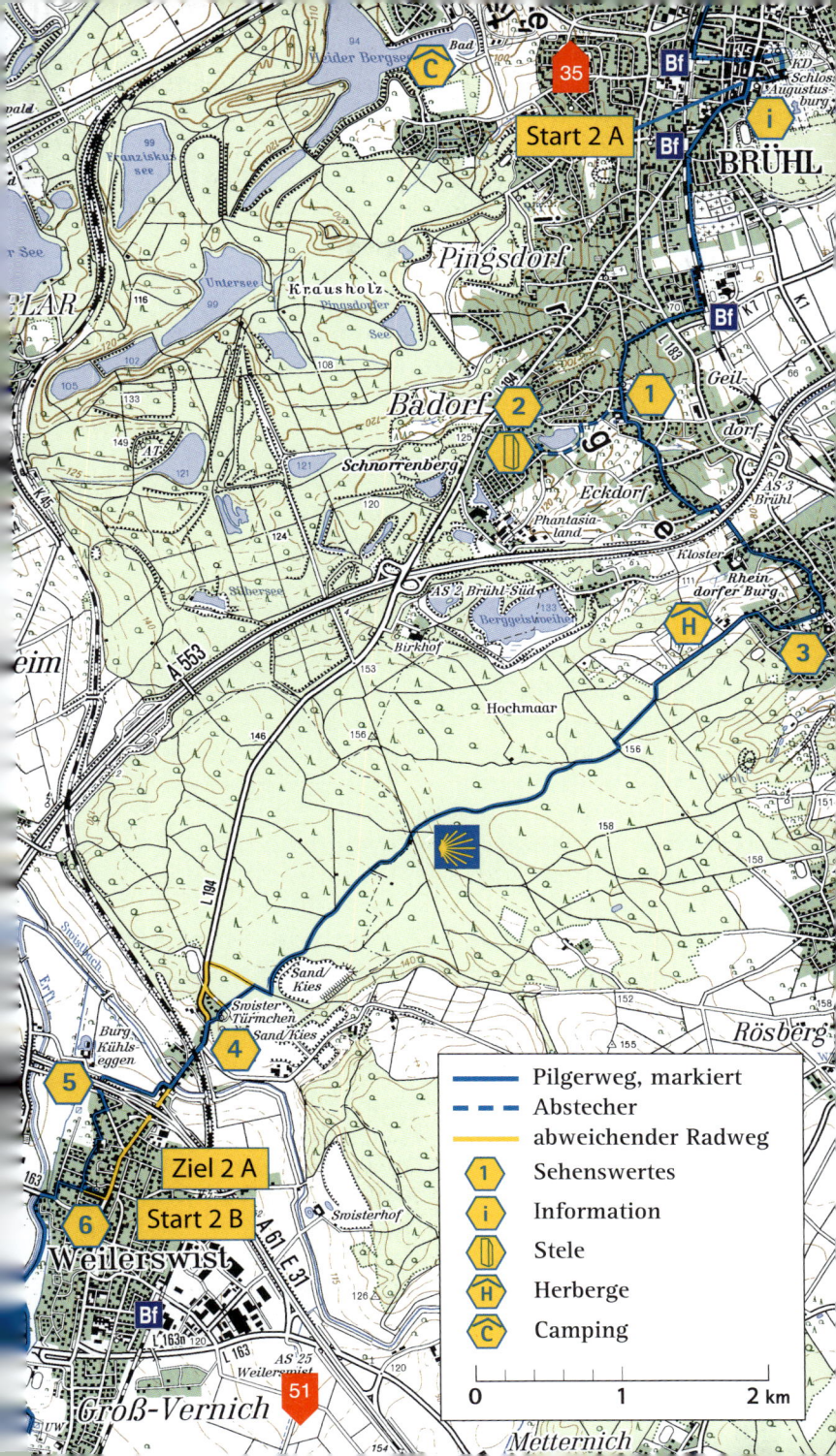

35

Start 2 A

BRÜHL

Pingsdorf

Badorf

Schnorrenberg

Eckdorf

Phantasia land

Kloster

Rhein dorfer Burg

Hochmaar

Sand/ Kies

Swister Türmchen

Sand/Kies

Burg Kühls eggen

Ziel 2 A

Start 2 B

Swisterhof

Weilerswist

51

Groß-Vernich

Metternich

Rösberg

Pilgerweg, markiert	
Abstecher	
abweichender Radweg	
1	Sehenswertes
i	Information
	Stele
H	Herberge
C	Camping

0   1   2 km

Der Pilgerheilige Jodokus

Der hl. Jodokus wird öfters mit Jakobus d. Ä. verwechselt, da er auch als Patron der Pilger mit Pilgerkleid und Stab dargestellt wird. Die Krone zu seinen Füßen hilft meistens, ihn von dem Apostel zu unterscheiden. (→ Abb. S. 47)

Um das Jahr 600 geboren, war Jodokus der Sprössling eines bretonischen Fürstengeschlechts. Als sein Bruder sich in ein Kloster zurückzog, sollte Jodokus die Herrschaft über die Bretagne antre-

Jodokuskapelle südlich von Blankenheim

ten. Nach einer Bedenkzeit in der Einsamkeit lehnte er jedoch ab; als Zeichen seines Verzichts stellte er die ihm angebotene Krone auf die Erde. Nach einer Rom-Pilgerfahrt und einigen Jahren als Einsiedler ließ er sich 652 zum Priester weihen. 665 gründete er eine Einsiedelei, aus der später die Benediktinerabtei Saint-Josse-sur-Mer in Nordfrankreich hervorging. Nachdem er dort am 16. Dezember 669 verstorben war, verbreitete sich sein Kult rasch. Auswandernde Walliser brachten seine Verehrung über die Niederlande, Deutschland und Österreich bis in die Schweiz. Mittelpunkt des Jodokus-Kultes, der sich über Prüm und Trier verbreitete, wurde Walberberg bei Bonn. Hier wurde für seine Reliquien im 13. Jh. eine zweigeschossige Kapelle angebaut. Wichtig für die Bedeutung seiner Verehrung ist die Tatsache, dass die Jakobspilger, die sich in Deutschland zu Bruderschaften vereinigten, den Pilger Jodokus oft zu ihrem Patron erwählten und sich nach ihm „in honorem S. Judoci" nannten.

Ein bis heute viel besuchter Wallfahrtsort zu Ehren des hl. Jodokus ist St. Jost, das im Eifeler Nitztal bei Langenfeld liegt.

Bronzeabguss „St. Jakobus", Brühl-Badorf

Gallbergweihers. Die zwei Jakobusglocken tragen die Verse „Des Gerechten Gebet vermag viel, wenn es ernstlich ist" (Jakobus 5, Vers 16) und „Naht euch zu Gott, so naht er sich zu euch" (Jakobus 4, Vers 8). Im Foyer begrüßt den Besucher ein kleiner, von dem Künstler Hans Wurmer geschaffener Bronzeabguss des Jakobus, dessen lebensgroßes Original auf der Chambrücke des süddeutschen Eschlkams steht. Die große Jakobspilgerfigur im Kirchenraum entstand für die Weihnachtskrippe als einer von denen, die aufbrechen, um dem Stern zu folgen. Ihr Schöpfer, Hans L. Vielhauer, hiesiger Pfarrer von 1990–2003, hat auch einen Pilgerstempel entworfen und für passierende Jakobspilger in der Nachbarschaft hinterlegt (Adresse im Schaukasten der Kirche).

3 St. Walburga, Walberberg

Bereits im 8. Jh. existierte in Walberberg eine Kapelle, die dem hl. Jodokus geweiht war und die unter Erzbischof Anno 1060 unter das Patronat der hl. Walburga gestellt wurde. Die heutige Walburga-Kirche geht auf einen Bau aus dem 11. Jh. zurück, der in romanischer Zeit mehrmals umgebaut und erweitert wurde. Im Chor hängt ein Ölgemälde, das den heiligen Jodokus vor der Kulisse von Walberberg zeigt. Von hier führt eine Treppe in das obere Stockwerk der 1220 südöstlich angebauten Kapelle. 2009 wurde hier eine Heiltumskammer mit den Reliquien der hl. Walburga, der hl. Ursula und des ihr versprochenen Gemahls Aetherius eröffnet.

Hl. Walburga mit Schädelreliquiar, Walberberg

Walburga (710–79), aus angelsächsischem Geschlecht stammend, gehört zu den von Bonifatius nach Deutschland gerufenen Glaubensboten. Sie wurde Äbtissin der Benediktinerinnen in Heidenheim, wo sie auch begraben wurde. Ein Jahrhundert nach ihrem Tod übertrug man ihre Gebeine 870 nach Eichstätt. Reliquien von ihr kamen zur Zeit des Kölner Erzbischofs Anno II. (1056–75) nach Walberberg. Bis heute werden am ersten Sonntag im Mai, dem Gedenktag der Heiligsprechung, die silberne Büste, das von einer Strahlenmonstranz umschlossene Schädelreliquiar und der silber gefasste Reisestab der hl. Walburga in feierlicher Prozession durchs Dorf getragen. An der Orgelbrüstung ist Jakobus in der Reihe der Apostel zu finden.

Auf dem ehemaligen Gedingplatz am Aufgang zur Kirche steht eine stattliche Winterlinde mit breit ausladender Krone. Als sogenannte Feme- oder Gerichtslinde spendete sie bzw. ihre Vorgängerin vom frühen Mittelalter bis zur Französischen Revolution der Schöffenbank des Hochgerichts Schatten.

Krone des hl. Jodokus, St. Walburga in Walberberg

4 Swister Türmchen, Weilerswist

Am Westhang der Ville steht über dem Swisttal der Turm einer Wallfahrtskirche, das sogenannte Swister Türmchen (→ Abb. S. 40). Hierbei handelt es sich um die Verehrungsstätte der hll. Drei Jungfrauen Fides, Spes und Caritas, Töchter der Heiligen Sophia, die wie ihre Mutter in Rom für ihren Glauben starben. Die heiligen Schwestern waren Beschützerinnen der Frauen und halfen besonders den Gebärenden. Viele Gläubige kamen früher über den sogenannten Jungfernstieg, der von Buschhoven über den Villerücken führte, hierher. Man kann sich heute nur noch schwer vorstellen, dass neben dem Turm einmal eine Siedlung bestand. Nachdem der Siedlungsplatz auf dem Berg aufgegeben war, gingen die Pfarrrechte an die Kirche des neuen Weilers Swist in der Erftniederung über. Fehlende Unterhaltung führte schließlich zum Abriss des baufälligen Kirchenschiffes. Nach der Eröffnung des Jakobspilgerweges wurden 2002 zwei Vereine rund um den „Swister Turm" gegründet. Sie bewirkten die Wiedereröffnung der Kapelle, gestalteten das Umfeld und pflegen auch die Kalvarienberganlage des 19. Jh. ein. Im Rahmen der Kulturlandschaftspflege stellte der LVR-Fachbereich Umwelt zuletzt 33 Winterlinden zur Ergänzung der kreuzförmig angelegten Kopflindenallee bereit.

Burg Kühlseggen, Weilerswist

5 Burg Kühlseggen, Weilerswist

Burg Kühlseggen wurde um 1300 als zweiteilige Wasserburg errichtet. Das Herrenhaus mit Eckturm stammt im Kern noch aus dem Mittelalter. 1746–73 lebten hier Kölner Jesuiten. Sie bauten das älteste Wohnhaus mit Eckturm zu ihren Zwecken um, ersetzten die gotischen Kreuzstockfenster durch größere Öffnungen und machten aus dem Anbau eine Kapelle. Die Ankereisen, mit denen sie die neu eingezogenen Zwischenböden befestigten, verkünden seitdem an der Südgiebelwand den Leitspruch: DEO SOLI GLOR(IA). Die nachfolgenden Besitzer vergrößerten und renovierten im 18. Jh. die Gebäude der Vorburg nach den Bedürfnissen eines landwirtschaftlichen Betriebs.

6 St. Mauritius, Weilerswist

Das Kirchenschiff von St. Mauritius wurde 1766–72 in Barockstil errichtet, nachdem der 1274 bereits bezeugte Vorgängerbau 1757 abgebrannt war. Die barocken Figuren der hll. Fides, Spes und Caritas sind die Originale der Wallfahrtskirche vom Swister Berg.

Von den sechs Glocken trägt eine die folgende Inschrift: „St. Jakobus heisse ich, die Lebenden rufe ich, die Toten beweine ich, alles zur Ehre Gottes und zum Segen der Gemeinde Weilerswist."

Fides, Spes und Caritas in St. Mauritius

Wallfahrt in der Eifel

Die Eifeler verfügten über einen ganzen Kosmos von Schutzheiligen gegen Krankheiten von Mensch und Vieh, gegen Ernteschäden und schwere Unwetter. Zu ihren Ehren gab es zahlreiche Wallfahrten, Prozessionen und Bittgänge. Diese religiösen Praktiken überdauerten kriegsbedingte Unterbrechungen ebenso wie die Verbote des aufgeklärten Katholizismus oder die Reformen der preußischen Binnenkolonisation. Bei einer Wallfahrt machten die Menschen ähnliche soziale Erfahrungen wie die heutigen Jakobspilger: Rollenwechsel, Entlastung, Horizonterweiterung, Außenkontakte, aber auch religiöse Erfahrung, die im Unterschied zum Pilger allerdings im Kollektiv erlebt wurde. Die erste solcher Wallfahrten im Jahresablauf führte am 17. Januar nach Arzdorf, wo in der dortigen Kapelle der hl. Antonius der Einsiedler (im Volksmund Ferkes Tünnes genannt) auch heute noch verehrt wird. Hier trafen sich die Schweinebesitzer, um Schutz für ihre Tiere zu erbitten. Am 9. Februar ging es nach Kirchdaun zur heiligen Apollonia, die gegen Zahnschmerzen helfen sollte. In der Fastenzeit pilgerten eine Reihe Frauen zum Kalvarienberg, wo man das „Leiden Christi" verehrte.

Im Juli gingen viele zum Apollinarisberg bei Remagen, um sich das Haupt des hl. Apollinaris aufsetzen zu lassen. Im August schließlich zogen große Fußprozessionen in vier Tagen vom Sammelplatz Meckenheim nach Kevelaer.

Als nächste Wallfahrt folgte, wie noch heute, im September die nach Bornhofen zur Verehrung der Schmerzhaften Muttergottes. Im Oktober ging man nach Langenfeld, den Schutz des hl. Jodokus zu erflehen.

Im selben Monat, am Sonntag nach dem Fest des hl. Wendelinus (21. Oktober), machte sich nach der Frühmesse eine Schar Männer auf den Weg nach Koisdorf, um Segen und Schutz für das Vieh zu erbitten.

Das Jahr schloss mit der Sylvesterprozession nach Dernau, wo sich die Pferdebesitzer der Grafschaft trafen. Nach der Messe fand man sich in den Gastwirtschaften und tauschte Neuigkeiten aus, bis man sich schließlich wieder auf den Heimweg begab.

(nach Ottmar Prothmann: Landleben in der Voreifel, Oeverich um 1910, Bachem Verlag)

13 km   Wegbeschreibung und Hinweise

Schwierigkeitsgrad: leicht, auf befestigten und teilweise geteerten Wegen

Ausgangspunkt St. Mauritius, Weilerswist: Mauritiusgasse bergab, links Donaustraße, rechts Burgstraße, links Scheiffartsweg, am Ende rechts und an der Erft entlang E 4 bzw. R 15 über **Groß-Vernich (7)** bis an den Stadtrand Euskirchens, ca. 200 m hinter der Einmündung des Veybaches E 4 verlassen und rechts über die Erft durch die Grünanlage bis zum Veybach, diesem bis zur Herz-Jesu-Kirche folgen, von hier Abstecher auf der Neustraße und Kirchstraße, zur Kirche **St. Martin (8)** in Euskirchen.

7 *Heilig Kreuz, Weilerswist-Groß-Vernich*

Muschel-
Wappen in
Heilig Kreuz,
Groß-Vernich

Der heutige Kirchenbau beruht auf einer Stiftung von Johann Hugo Freiherr von Orsbeck, dem berühmtesten Sohn Vernichs. Er stammte von der benachbarten, heute nur noch als Ruine vorhandenen Burg, und war im Alter von 41 Jahren 1676 Kurfürst und Erzbischof von Trier sowie Administrator der Abtei Prüm geworden.

Das bedeutendste Kunstwerk des Kirchenraums ist das überlebensgroße Albertus-Magnus-Kruzifix von 1250, das zur Änderung des Kirchennamens von der „Unbefleckten Empfängnis der allerseeligsten Jungfrau Maria" zu „Kreuzauffindung" führte, woraus später „Heilig Kreuz" wurde. Es stammt aus der 1802 abgebrochenen Klosterkirche der Kölner Dominikaner. Albertus Magnus hatte es dort aufstellen lassen, nachdem er ein Kreuzpartikel und andere Reliquien in den Hohlraum des Korpus gelegt hatte. Über dem Wandgrabmal eines Mitglieds der Familie von Orsbeck kennzeichnen drei Jakobsmuscheln das Wappen des Geschlechts der Metternich-Winnenburg (von der Mosel). Es wird uns in der Münstereifeler Stiftskirche ebenso begegnen wie im Trierer Dom.

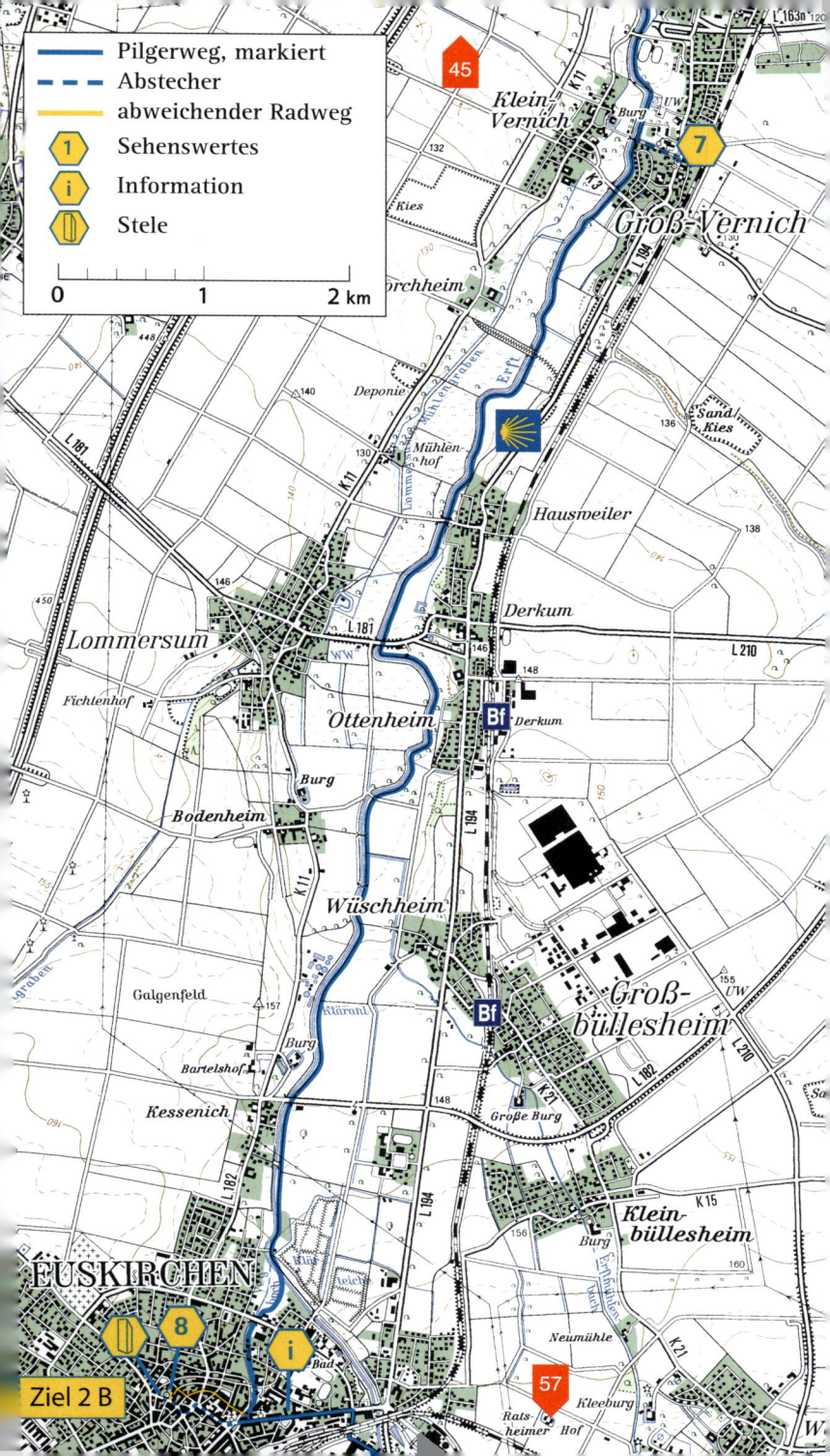

Pilgerweg, markiert
Abstecher
abweichender Radweg
1 Sehenswertes
i Information
Stele

0   1   2 km

45

Klein-
Vernich

7

Groß-Vernich

Horchheim

Deponie

Mühlen-
hof

Hausweiler

Derkum

Lommersum

Fichtenhof

Ottenheim

Bf   Derkum

Burg

Bodenheim

L 210

Wüschheim

Galgenfeld

Klärant

Bf

Groß-
büllesheim

Burg

Bartelshof

Kessenich

Große Burg

Klein-
büllesheim

Burg

EUSKIRCHEN

Neumühle

8

i   Bad

Ziel 2 B

57

Rats-
heimer
Hof   Kleeburg

8 Euskirchen mit St. Martin

Euskirchen, am Rande der fruchtbaren Zülpicher Börde gelegen, ist seit keltischer Zeit besiedelt. 870 wird es als „Aug(u)stchirche" erstmals erwähnt. Wie der Name besagt, besaß der Ort schon damals eine Kirche. Wall und Graben um die Siedlung wurden im 13. Jh. angelegt und 1302 erhielt Euskirchen das Stadtrecht. Durch Tausch gelangte die

Kirmes auf dem Markt von Euskirchen

Stadt 1355 an die Herzöge von Jülich, die sie zu einer der vier Hauptstädte ihres Territoriums machten. Mit den in preußischer Zeit erbauten Landstraßen und vor allem dem 1864 eröffneten Bahnanschluss wurde Euskirchen im 19. Jh. zum Verkehrsknotenpunkt. Der folgende wirtschaftliche Aufschwung formte aus der mittelalterlichen eine Industriestadt. Im Zweiten Weltkrieg wurde das historische Zentrum fast vollständig zerstört.

Jakobspilger fanden in der Kirche St. Martin am zweiten südlichen Langhauspfeiler einen dem hl. Jakobus geweihten Altar, der 1536 erstmals erwähnt wurde. Ein Konsolstein des darüber liegenden Gewölbes zeigt den Kopf des Heiligen. Zu Ehren des hl. Jakobus bestand auch eine Stiftung, aus der ein Geistlicher unterhalten wurde, der die Messen an diesem Altar las.

Das kostbare Schnitzwerk des Hochaltars wurde um 1520/30 in einer Antwerpener Werkstatt gefertigt und im 19. Jh. von einem Petrus- in einen Annaaltar umgewandelt. Die Figur des Petrus, erkennbar an den Stirnlocken, wurde im Zuge des Umbaus 1862 unter der Leitung von Vinzenz Statz durch Beigabe eines Pilgerstabes in einen Jakobus d. Ä. verwandelt. Das geschnitzte Werk in der Mitte zeigt Jakobus von einer ganz neuen Seite: Als Mitglied der Heiligen Sippe reitet er zu Füßen seiner Mutter Maria Salome auf einem Steckenpferd.

Auf dem gotischen Sakramentshaus ist Jakobus doppelt vertreten: als eine der vier Figuren auf den Eckkonsolen und auf einer Reliefplatte als schlafender Jünger im Garten Getsemani.

Am nahen Markt wurden die Pilger früher an der Ecke zwischen Vuve- und Klosterstraße im alten Hospital (Gasthuys 1501) versorgt.

Jakobus als Mitglied der Heiligen Sippe

Die Heilige Sippe war eine im späten Mittelalter sehr beliebte Darstellung der Verwandtschaft Jesu. Als Grundlage diente die Legenda aurea, die auf diese Art eine Erklärung für die verschiedenen Marien in der Leidens- und Ostergeschichte schuf:

Anna heiratet nach dem frühen Tod Joachims, dem jüdischen Gesetz der Leviratsehe folgend, dessen Bruder Kleophas. Als auch dieser stirbt, nimmt Anna seinen Bruder Salomas zum Mann. Aus jeder dieser drei Ehen stammt eine Tochter. Sie erhalten alle den Namen Maria. Aus den späteren Ehen der drei Marien erwächst die Heilige Sippe mit den Geschwistern Jesu.

Jakobus d. Ä. ist in der Schar der sieben Kinder oft daran zu erkennen, dass er als Pilger gekleidet ist, wie auf den Altären im Wallraf-Richartz-Museum (WRM 416, 417 und 165), oder dass ihm Attribute wie das Buch für den Apostel oder ein Stab mit Jakobsmuschel für den Pilgerpatron (WRM 398) beigegeben sind. Auf dem Hochaltar von St. Martin in Euskirchen ist er – in Anlehnung an „Santiago Matamoros", den Maurentöter zu Pferd, dem wir sonst vornehmlich in Spanien begegnen – das auf dem Steckenpferd reitende Kind.

Auf dem Flügelaltar im nahen Frauenberg steht der junge Jakobus neben seinem Bruder Johannes mit dem Giftkelch.

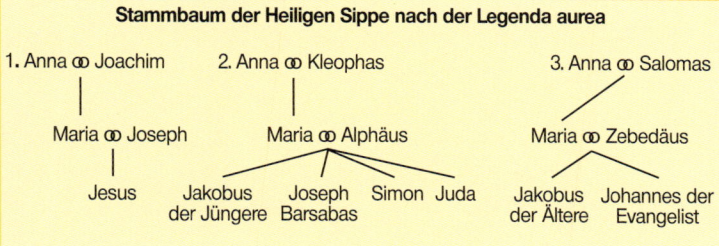

Stammbaum der Heiligen Sippe nach der Legenda aurea

1. Anna ⚭ Joachim   2. Anna ⚭ Kleophas   3. Anna ⚭ Salomas

Maria ⚭ Joseph   Maria ⚭ Alphäus   Maria ⚭ Zebedäus

Jesus   Jakobus der Jüngere   Joseph Barsabas   Simon   Juda   Jakobus der Ältere   Johannes der Evangelist

Die Hl. Sippe auf dem Altar des Kölner Meisters der Ursulalegende, St. Georg Euskirchen-Frauenberg

inde venturus est iudicare vivos et mortuos

credo in S[...]

St. Jacobus mai.

EUSKIRCHEN →
BAD MÜNSTEREIFEL

Die Route folgt dem burgenreichen Tal der Erft bis Bad Münstereifel, das wie eine Festung den Zugang zum Tal bewacht.

Diese Etappe führt in den Einflussbereich der von den Karolingern im 8. Jh. gegründeten Benediktinerabtei Prüm. Die Stiftskirche von Bad Münstereifel ist bis heute ein steinerner Zeuge der alten Verbindung zu diesem Kloster. Viele Orte am Pilgerweg durch die Eifel verdanken ihre erste Erwähnung dem „Prümer Urbar", einem Verzeichnis der Besitztümer und Rechtsansprüche aus dem Jahre 893.

Pilgerspuren ...

An der Hubertuskapelle von **Arloff** stoßen wir auf erstaunliche Pilgerspuren: tiefe Rillen in den steinernen Türgewänden (→ Abb. S. 63). Sie bezeugen, dass Gläubige an dieser Stelle Steinmehl vom Kultort abgekratzt haben. Der hl. Hubertus, an dessen Fest am 3. November viele Jäger hierher kommen, wurde insbesondere gegen Tollwut angerufen. Daher ist anzunehmen, dass die Pilger das Pulver den Haustieren ins Futter mischten. Annemarie Schmoranzer berichtet in ihrem Buch „Wege der Jakobspilger im Kurkölnischen Sauerland" von demselben Brauch an der Jakobuskirche in Elspe (Volkach/Main 1995, S. 103). Auch dort hätten die Pilger tiefe Rillen in die Ecksteine der Türeingänge geritzt und das aufgefangene Steinmehl in Ledersäckchen mitgenommen. Schmoranzer vermutet, dass der „Steinabriebkult" auf das Gleichnis mit den Bauleuten und dem verworfenen Eckstein zurückgeht (Lukas 20, 17).

Die Geschichte der Stadt **Münstereifel** ist aufs engste mit der Wallfahrt verbunden: „Hätte Markwardt, der dritte Abt von Prüm, der um 830 das Tochterkloster ‚Novum Monasterium' (Neumünster) gründete, nicht von seiner Romreise im Jahr 844 die Gebeine des um 260 n. Chr. getöteten Märtyrerehepaares Chrysanthus und Daria mitgebracht, wäre Münstereifel vielleicht nur ein kleines Dorf geblieben. Die Pilger kamen zu Fuß, zu Pferd oder mit dem Ochsengespann und mussten nicht nur seelsorglich betreut werden. Daher siedelten sich bald vor dem Klostertor Handwer-

Pilgerweg

Links:
Jakobus aus
dem Apostel-
zyklus in
St. Stephanus,
Euskirchen-
Roitzheim

ker, Krämer und Gastwirte an. Damit konnte sich aus der Klostersiedlung allmählich die Stadt entwickeln." *(J. M. Ohlert: Wallfahrten nach, von und durch Münstereifel im Laufe der 1.100-jährigen Geschichte dieser Wallfahrtsstadt)*

In den erhaltenen Hospitalrechnungen von 1608–70 konnte Ohlert eine Reihe von Jakobspilgern nachweisen, denen in Münstereifel Hilfe gewährt wurde. Zwei Eintragungen über drei Männer, die am 22. April auf ihrem Weg nach Santiago Almosen erhielten und auf ihrem Rückweg am 20. September erneut vorsprachen, dokumentieren den Zeitraum von fünf Monaten für den Weg zum Grab des Apostels und zurück.

Die wohl größte Wallfahrtsbewegung mit dem Ziel Münstereifel erfolgte nach der Überführung der Gebeine des Märtyrers Donatus durch die Jesuiten. Von hier aus breitete sich sein Kult in ganz Europa aus.

16 km Wegbeschreibung und Hinweise

Wegstrecke zu Fuß und per Rad sind weitgehend identisch.
Schwierigkeitsgrad: leicht, auf befestigten bzw. geteerten Wegen
Ausgangspunkt Euskirchen, Herz-Jesu-Kirche: 700 m auf der Kölner Straße stadtauswärts, dann rechts Pützbergring, hinter Unterführung links Alfred-Nobel-Straße, mit dem ▸3 aus der Stadt, bis zur K 24, links zur Erft und parallel zur Erft durch Roitzheim (Abstecher Stephanusstraße zu **St. Stephanus (1)**), weiter ▸3 bis zur Kirche **St. Martin (2)** in Stotzheim, von der Hardtstraße mit R 15 links in die Hardtburgerstraße vorbei an der **Hardtburg (3)** und dem **Hubertuskreuz (4)** bis **Kirspenich (5)**, abweichend vom R 15 auf der Bachstraße (links Im Baist Burg Kirspenich 5) entlang der Erft durch Arloff bis zur **Hubertuskapelle (6)**, links auf der Straße „Hubertuskapelle" zurück zum R 15, diesem über Iversheim bis kurz vor Bad Münstereifel folgen, nun links den Forstweg hinauf, rechts mit ▸3 vorbei am **Herrenbäumchen (7)**, über den Friedhof, unter der B 51 hindurch, links in die Kölner Straße, durch das **Werther Tor (8)**, auf der Werther Straße bis zum Markt von Bad Münstereifel mit **Jesuitenkirche (9)**, rechts zur ehemaligen **Stiftskirche (10)**.
Variante: ab Hubertuskreuz (4) über Kreuzweingarten zur Bildungsstätte Haus Maria Rast (Pilgerherberge).

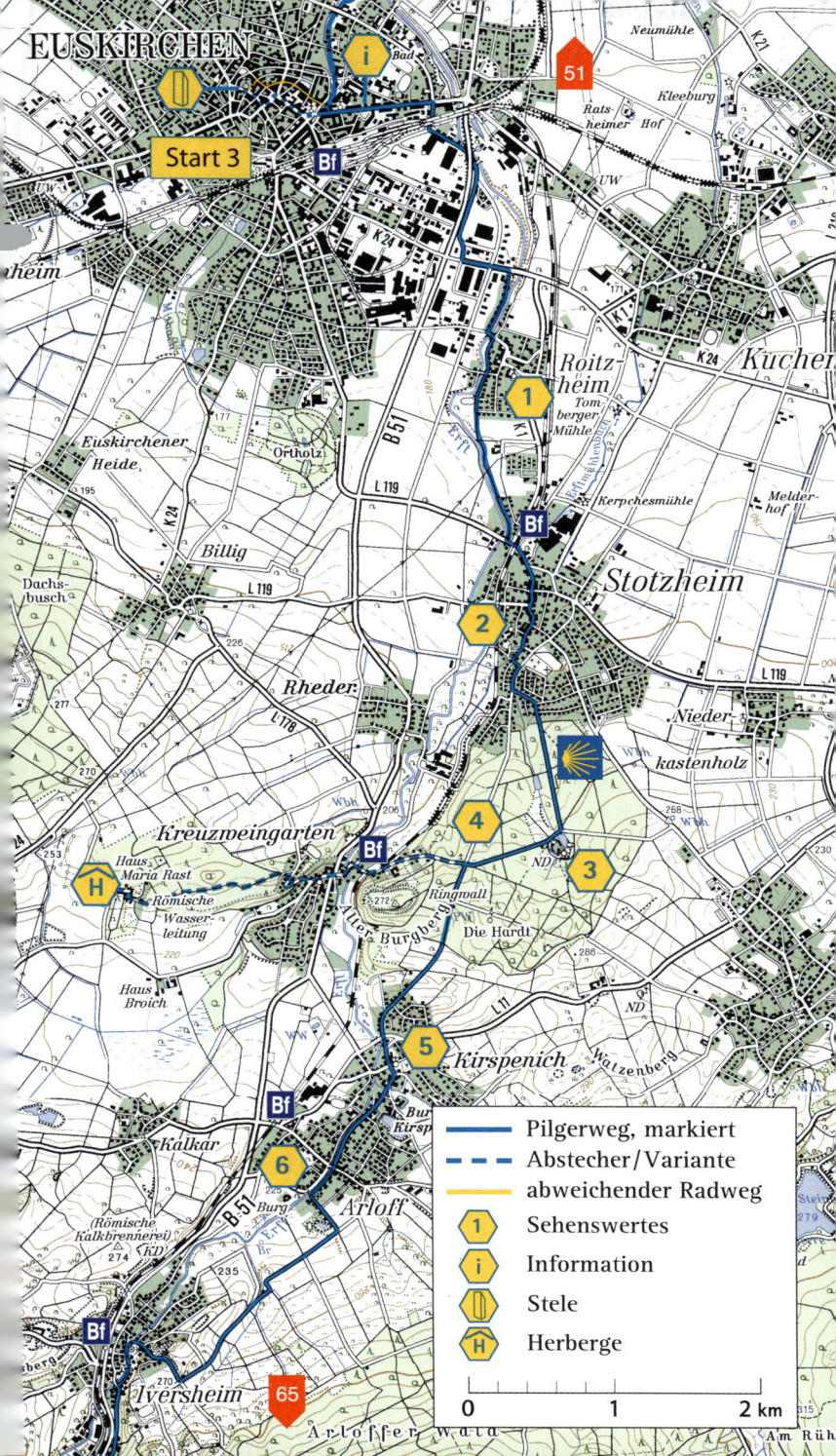

EUSKIRCHEN

Start 3

51

i Bad

Bf

1

Bf

2

Stotzheim

Nieder-

kastenholz

3

4

Kreuzweingarten

Bf

H Haus
Maria Rast
Römische
Wasser-
leitung

Ringwall

Die Hardt

5 Kirspenich

Bf

Kalkar

6

B 51

Arloff

(Römische
Kalkbrennerei)

Bf

Iversheim

65

| Pilgerweg, markiert |
| Abstecher/Variante |
| abweichender Radweg |

1 Sehenswertes
i Information
Stele
H Herberge

0   1   2 km

1 St. Stephanus, Euskirchen-Roitzheim

Die Kirche überrascht mit wunderschönen alten Details. In der Taufkapelle rechts vom Chor ist ein Apostelzyklus aus dem 16. Jh. mit Maria als Zentralfigur auf leuchtend blauem Hintergrund gemalt (→ Abb. S. 54). Die Rippen des Gewölbes sind tief herabgezogen und lasten auf vier Konsolen, die die Köpfe von Petrus, Paulus, Stephanus und Jakobus d. Ä. darstellen. Jenseits des Chors liegt die Sakristei, die in Nord-Süd-Ausrichtung zusammen mit der heutigen Taufkapelle den Vorgängerbau des Gotteshauses bildet. Auf ihrer Stirnwand ist ein überlebensgroßer hl. Christophorus zu sehen. Er watet, das Jesuskind mit der Weltkugel tragend, durch einen fischreichen Fluss. Anordnung und Größe der Christophorusdarstellung sind nicht zufällig gewählt: Früher glaubten die Menschen, dass der Anblick des Heiligen sie an dem entsprechenden Tag vor einem plötzlichen Tod bewahren könne.

2 St. Martin, Euskirchen-Stotzheim

In der neugotischen Kirche St. Martin erwartet den Besucher eine Figur des hl. Rochus. Der französische Edelmann (1295–

Hl. Rochus in St. Martin, Stotzheim

1327) unterbrach seine Pilgerfahrt nach Rom, um Pestkranke in Oberitalien zu pflegen. Als er sich dabei infizierte und in eine Höhle zurückzog, rettete ihn der Hund eines Jägers, der ihm Brot brachte. Als Pilger mit Pelerine und Muscheln gekennzeichnet, wird er hier zusammen mit seinem Retter dargestellt. Im Süden Frankreichs ist der in Montpellier geborene heilige Pilger weitaus häufiger am Jakobsweg zu finden als der Apostel Jakobus.

3 *Hardtburg, Euskirchen-Stotzheim*

Die in einer Quellmulde des Hardtwaldes gelegene Burg bietet den seltenen Anblick einer Wasserburg auf der Höhe. Die ausgedehnte Burganlage gelangte 1246 in den Besitz des Kölner Erzbischofs Konrad von Hochstaden und blieb bis 1794 kölnisch. 1341 wurde sie mit der Auflage einer neuen Befestigung zu Lehen gegeben und dieser Baumaßnahme verdankt

die Burg weitgehend ihre heutige Gestalt. Seit preußischer Zeit ist in der Vorburg das staatliche Forstamt untergebracht.

Hardtburg
bei Stotzheim

4 *Hubertuskreuz, Hardtwald*

Das barocke Steinkreuz ist dem hl. Hubertus, dem Schutzherrn der Jäger und Forstleute und Patron der Stadt Lüttich, geweiht. Auf dem Sockel wird die Legende erzählt, die auch auf den Fresken der Arloffer Hubertuskapelle (→ Punkt 6) wiederkehrt:

Hubertus, Sohn des Herzogs von Aquitanien und leidenschaftlicher Jäger, jagte am Karfreitag des Jahres 683 im Ardennenwald einen Zehnender. Als er den Hirsch vor sich hatte, erblickte er im Geweih ein Kreuzzeichen und vernahm die Stimme: „Hubertus, wie lange noch wirst du die Tiere des Waldes verfolgen? Wie lange noch wirst du über die Jagdleidenschaft dein Seelenheil vernachlässigen?" Hubertus erschrak, sank auf die Knie und fragte: „Herr, was befiehlst du?" – „Geh nach Tongern, dort wirst du meinen Diener Lambert treffen. Er wird dir sagen, was du tun sollst." Hu-

Hubertus-
legende auf
dem Kreuz im
Hardtwald

bertus tat, wie ihm geheißen. Er änderte sein Leben, pilgerte nach Rom und wurde dort vom Papst, der im Traum einen entsprechenden Auftrag erhalten hatte, zum Bischof geweiht. Nach der Legende wurde die bei der Weihe fehlende Stola von einem Engel gebracht. Hubertus kehrte in seine Heimat zurück, missionierte, heilte Kranke und half den Bedrängten.

Der Hund in der Darstellung verweist auf die Hilfe des hl. Hubertus bei Tollwut, Hunde- und Schlangenbiss, was ihm in der Eifel den Namen „Honks-Huppert" einbrachte.

5 *Bad Münstereifel-Kirspenich*

Burg
Kirspenich

Die spätgotische Kirche St. Bartholomäus wurde 1906 bis auf den Westturm abgerissen und von Franz Statz durch eine dreischiffige neugotische Hallenkirche ersetzt. Auch die Ausstattung stammt zum großen Teil aus der Zeit des Neubaus. Auf den beiden Seitenflügeln des Hauptaltars sind die Ereignisse des Neuen Testaments dargestellt, aufgrund derer die Apostel Jakobus d. Ä., Petrus und Johannes zum engeren Kreis um Jesu gerechnet werden: die Verklärung Christi auf dem Berg Tabor und die Todesangst Christi auf dem Ölberg.

In der Nähe der Kirche steht die Wasserburg Kirspenich. Der Wohnturm stammt teilweise noch aus dem 13. Jh., während das Wohnhaus im 18. Jh. umgebaut wurde.

Die Verklärung Jesu

„In jener Zeit nahm Jesus Petrus, Jakobus und dessen Bruder Johannes beiseite und führte sie auf einen hohen Berg. Und er wurde vor ihren Augen verwandelt, sein Gesicht leuchtete wie die Sonne, und seine Kleider wurden blendend weiß wie das Licht. Da erschienen plötzlich vor ihren Augen Mose und Elíja und redeten mit Jesus. Und Petrus sagte zu ihm: Herr, es ist gut, dass wir hier sind. Wenn du willst, werde ich hier drei Hütten bauen, eine für dich, eine für Mose und eine für Elíja. Noch während er redete, warf eine leuchtende Wolke ihren Schatten auf sie, und aus der Wolke rief eine Stimme: Das ist mein geliebter Sohn, an dem ich Gefallen gefunden habe; auf ihn sollt ihr hören. Als die Jünger das hörten, bekamen sie große Angst und warfen sich mit dem Gesicht zu Boden. Da trat Jesus zu ihnen, fasste sie an und sagte: Steht auf, habt keine Angst! Und als sie aufblickten, sahen sie nur noch Jesus. Während sie den Berg hinabstiegen, gebot ihnen Jesus: Erzählt niemand von dem, was ihr gesehen habt, bis der Menschensohn von den Toten auferstanden ist."
(Matthäus 17, 1–9)

Das Gebet in Getsemani

„Sie kamen zu einem Grundstück, das Getsemani heißt, und er sagte zu seinen Jüngern: Setzt euch und wartet hier, während ich bete. Und er nahm Petrus, Jakobus und Johannes mit sich. Da ergriff ihn Furcht und

Verklärung Jesu (links) und Jesus im Garten Getsemani (rechts), St. Bartholomäus, Kirspenich

Angst, und er sagte zu ihnen: Meine Seele ist zu Tode betrübt. Bleibt hier und wacht! Und er ging ein Stück weiter, warf sich auf die Erde nieder und betete, dass die Stunde, wenn möglich, an ihm vorübergehe.

Er sprach: Abba, Vater, alles ist dir möglich. Nimm diesen Kelch von mir! Aber nicht, was ich will, sondern was du willst (soll geschehen). Und er ging zurück und fand sie schlafend. Da sagte er zu Petrus: Simon, du schläfst? Konntest du nicht einmal eine Stunde wach bleiben? Wacht und betet, damit ihr nicht in Versuchung geratet. Der Geist ist willig, aber das Fleisch ist schwach. Und er ging wieder weg und betete mit den gleichen Worten. Als er zurückkam, fand er sie wieder schlafend, denn die Augen waren ihnen zugefallen; und sie wussten nicht, was sie ihm antworten sollten. Und er kam zum dritten Mal und sagte zu ihnen: Schlaft ihr immer noch und ruht euch aus? Es ist genug. Die Stunde ist gekommen; jetzt wird der Menschensohn den Sündern ausgeliefert. Steht auf, wir wollen gehen! Seht, der Verräter, der mich ausliefert, ist da."
(Markus 14, 32–42)

Einige Merkmale helfen, die Jünger voneinander zu unterscheiden:

- Petrus als alter Mann dargestellt, ist vielfach an einer Stirnlocke, manchmal auch an der Beigabe des Schwertes, mit dem er bei der späteren Gefangennahme Jesu dem Soldaten das Ohr abhieb, zu erkennen.

- Johannes wird meist als junger, Jakobus als alter Mann mit Bart dargestellt; als Jünger fehlen ihnen meistens die typischen Apostel-Attribute.

Dornige Begleiter am Wegesrand

Entlang des Weges begleiten immer wieder Gebüsche den Wanderer. Sie sind vielfach Pioniere der natürlichen Waldgesellschaften, deren Artenzusammensetzung vor allem von den Bodeneigenschaften abhängt. Während auf den „sauren" Böden aus Schiefern und Grauwacke, die große Teile der Eifel einnehmen, Gehölze wie Salweide, Faulbaum, Vogelbeere, Hasel und Ilex wachsen, sind es in der linksrheinischen Kölner Bucht mit ihren Lösslehmböden und in Gegenden der Eifel mit kalkreichen Böden vielfach dornige Sträucher wie Schlehe, Weißdorn und Hundsrose. Diese Arten kennzeichnen botanisch das Schlehen-Weißdorn-Gebüsch. Neben ihrer landschaftsgliedernden und vernetzenden Funktion dienen sie einer Vielzahl von Kleintieren und Insekten als Lebensraum. Zahlreiche Vögel bedienen sich mit Vorliebe der Früchte und tragen so zur Verbreitung der Sträucher bei. Von jeher haben die Menschen Teile der Pflanzen zu verschiedensten Produkten verarbeitet: Schlehenfrüchte zu Mus, Likör, Wein und Schnaps; Blüten und Blätter der Rose zu Saft, Sirup und Honig, das Mark der Hagebutten zu Marmelade und Suppe. Aber auch ihre heilende Wirkung und kosmetische Verwendung machten sie sich zunutze: Aus Blättern, Blüten und Früchten wurden Aufgüsse, Tinkturen oder Extrakte hergestellt; Präparate des Weißdorns helfen bei Herzerkrankungen; Schlehenblüten finden Anwendung in Abführ- und Blutreinigungstees und die bitteren Früchte des Schlehdorns steigern die Abwehrkräfte bei Erkältungskrankheiten.

Von l. n. r.: Weißdorn, Hundsrose, Schlehe, Neuntöter

6 *Bad Münstereifel, Arloff*

Beim Eintritt in die Kapelle fällt der Blick auf den überlebensgroßen hl. Christophorus, eine spätgotische Wandmalerei. Er wurde nicht nur als Schutzheiliger vor dem plötzlichen Tod verehrt, sondern am Erftübergang wohl auch als Brücken- und Wasserheiliger angerufen, denn der Bach bedrohte die Anliegerdörfer bis ins 19. Jh. fast jährlich durch Hochwasser. Neben Hubertus ist der hl. Antonius d. Gr. Patron der Kirche (im Volksmund „Säustünnes"). Die Flammen, die aus seinem Buch schlagen, deuten darauf hin, dass er gegen Feuer schützen sollte, aber ebenso gegen das Heilige Feuer, eine Pilzvergiftung des Roggens, gerufen. Nach ihm wurde die Krankheit bald „Antoniusfeuer" genannt. Das Ferkel zu seiner Seite trägt ein Glöckchen am Hals. Die Antoniter, deren Ordenstracht der Heilige trägt, erhielten angeblich für ihre Armenpflege oft ein Ferkel geschenkt. Durch eine Schelle gekennzeichnet, durfte es auf der Gemeindewiese weiden. Am 17. Januar, dem Fest des Heiligen, wurde das Tier zugunsten der Armen geschlachtet.

Hubertus-kapelle in Arloff mit „Pilgerspuren" (→ S. 55)

Jenseits der Erft erhebt sich die Burg Arloff. Ältester Teil ist der 1270 errichtete Wohnturm, der früher von einem Wassergraben umgeben war. 1699 wurde davor das barocke Wohnhaus gesetzt.

7 Herrenbäumchen, vor Bad Münstereifel

Die am Weg stehende alte Linde kam durch die Stiftsherren von Münstereifel zu ihrem Namen. Zwischen Vesper und Komplet, den gemeinsamen Gebeten nach Mittag und am Abend, sollen die Kanoniker bei gutem Wetter hierher spaziert sein, um im Schatten des Baumes auszuruhen. Die Herren des Kollegiatstiftes, in das das Benediktinerkloster im 12. Jh. umgewandelt worden war, lebten in Privathäusern und kamen lediglich zum feierlichen Gottesdienst, zum gemeinsamen Chorgebet und zu weltlichen Besprechungen im Kapitelsaal zusammen. War die Witterung nicht einladend oder die Zeit zu kurz, so hielten die Kanoniker ein Schwätzchen auf der „Plätschbank" vor dem Kapitelhaus.
(nach: Jakob Katzfey, Geschichte der Stadt Münstereifel 1854)

8 Werther Tor, Bad Münstereifel

Jakobspilger, die vor rund 340 Jahren die Stadt von Norden kommend betreten wollten, fanden das Werther Tor verschlossen. Der Rat der Stadt hatte in seiner Sitzung am 15. November 1670 beschlossen, dass „keine frembte passanten, sonderlich Heyden und Kettzer oder andere unbekente bettler und Jakobsbrüder bij bürgerlicher Strafe ingelassen werden sollen". Im Rheinland

Werther Tor,
Bad Münster-
eifel

herrschte die Pest, die schon einmal, im Jahre 1451, die Stadt entvölkert hatte. Während für die zwei Haupttore strenge Kontrollen angeordnet wurden, versperrte man die beiden Nebentore einfach mit angehäuftem Mist. Schutz erhofften sich die Einwohner auch von den zwei Pestheiligen Sebastian und Rochus, deren Figuren in den Nischen der Durchgangshalle des Werther Tores standen. Die Statuette des hl. Rochus ist inzwischen ins Heimatmuseum umgezogen. Die Stadtmauer aus dem 13. Jh. dient nun nicht mehr Befestigungs-, sondern Besichtigungszwecken; ein Rundgang über ihre Wehrgänge verschafft lohnenswerte Ein- und Ausblicke.

9 St. Donatus, Bad Münstereifel

Schon das Wappen über dem Kirchenportal weist darauf hin, dass es sich um ein Bauwerk der Jesuiten handelt. Im Jahre 1625 war der Orden aus Köln nach Münstereifel gekommen, um ein Kolleg mit Kirche und Schule zu gründen und im Sinne der Gegenreformation den katholischen Glauben zu erneuern. Für die Kirche erhielt er aus Rom 1652 die Gebeine des hl. Donatus. Anlässlich ihrer feierlichen Übertragung von Köln nach Münstereifel fand in Euskirchen eine hl. Messe statt, bei der ein heftiges Gewitter ausbrach. Der Zelebrant stürzte – vom Blitz getroffen – zu Boden. Dass er, nur gering verletzt, sogleich wieder aufstand, schrieb das Volk der Fürsprache des hl. Donatus zu, der somit zum Wetterpatron wurde. Seitdem läuteten zahlreiche Donatusglocken, sobald ein Gewitter aufzog, und es wurden ihm Flurdenkmäler geweiht, an denen um günstige Witterung für die Ernte gebeten wurde.

Eine Statue des Schutzheiligen ziert die Nische des Dachgiebels, eine Silberbüste und ein Schrein mit seinen Gebeinen werden im Chor der Kirche aufbewahrt. Der einschiffige Innenraum ist von einem hölzernen Netzgewölbe überspannt. Im Süden der Kirche schließt sich das von den Jesuiten gegründete, heute städtische St-Michael-Gymnasium an. Münstereifel war im 17. und 18. Jh. eine Stadt der Klöster: Neben den Jesuiten gab es fünf weitere Klöster bzw. religiöse Gemeinschaften.

10 *Stiftskirche, Bad Münstereifel*

Schon um 700 existierte an dieser Stelle ein Friedhof mit einer Kapelle, die wahrscheinlich vom hl. Willibrord von Echternach (658–739) gegründet worden war. 762 schenkte König Pippin (714/15–68), Vater Karls des Großen, der Benediktinerabtei Prüm das Gebiet an der oberen Erft. Inmitten dieses Eigenbesitzes gründeten die Prümer Mönche unter Abt Markward um 830 ein Kloster, das sie Neumünster („novum monasterium") nannten. Wer aus Köln kommt, den erinnert das imposante Westwerk der ehemaligen Benediktiner-Stiftskirche St. Chrysanthus und Daria sofort an St. Pantaleon. Der von zwei hohen Rundtürmen flankierte Mittelturm demonstriert die weltliche Macht, spiegelbildlich zur göttlichen des Ostchors. Jenseits der offenen Vorhalle erstreckt sich die

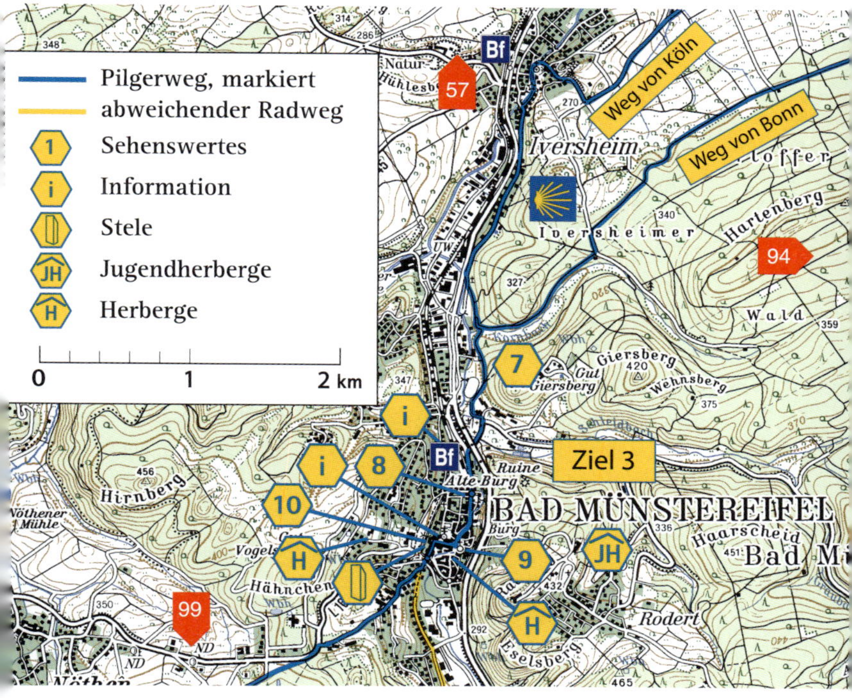

St. Chrysanthus und Daria, Bad Münstereifel

Legende:

— **Pilgerweg, markiert**
— **abweichender Radweg**

1 Sehenswertes
i Information
Stele
JH Jugendherberge
H Herberge

0   1   2 km

Jakobus auf einer Chormantelborte der Stiftskirche, Bad Münstereifel

querschifflose Pfeilerbasilika aus dem 12. Jh. Frühere Jakobspilger fanden hier einen dem Apostel Jakobus geweihten Altar, der in der zweiten Hälfte des 19. Jh. jedoch abgebrochen wurde. Auf dem Pfeiler über dem ehemaligen Altar wurde 1936 ein Jakobusgemälde aus dem 15. Jh. freigelegt, das den Heiligen in grünem Gewand und rotem Mantel, in der Rechten mit Schwert und Buch, zeigt.

Der Altar mit dem Chorgestühl für die Mönche bzw. späteren Stiftsherren liegt sehr viel höher. Die Altarplatte im Hochchor besteht wie die Säulen der Kirche aus Kalksinter der römischen Wasserleitung. Über dem Eingang der Krypta wird das Märtyrium von Chrysanthus und Daria dargestellt. Weitere acht Bilder mit Szenen aus ihrem Leben hängen an den Wänden des Hochchors. In der fünfschiffigen Krypta befindet sich die Grabkammer der Kirchenpatrone. Da der prachtvolle barocke Schrein der Heiligen nur in der Woche des Patronatsfestes (25.10.) gezeigt wird, kann man auch nur dann die Apostelstatuetten in seinen Muschelnischen bewundern. Das Wappen mit den drei Jakobsmuscheln taucht gleich an zwei Stellen im Kirchenraum auf: auf der Grabplatte der Margareta von Metternich (gest. 1570), der ersten Frau des Jülicher Amtmanns Johann Wilhelm von Gertzen, genannt Sinzich, im nördlichen Seitenschiff sowie im Giebel des Hängeepitaphs der Münstereifeler Stiftsherren Arnold (gest. 1567) und Gottfried (gest. 1602) Metternich über der nördlichen Treppe zum Hochchor. Die Muscheln im Wappen weisen wohl darauf hin, dass Angehörige dieser bekannten Adelsfamilie Verehrer des hl. Jakobus waren und/oder den Weg nach Santiago auf sich genommen haben.

An der Straße Langenhecke jenseits des Klosterplatzes ist das besterhaltene Beispiel eines hochmittelalterlichen Steinhauses, das ehemalige Kanonikerhaus aus dem Jahre 1167, zu besichtigen. In ihm ist das Hürten-Heimatmuseum untergebracht.

Gegenüber der Stiftskirche zeugt das spätgotische Rathaus vom einstigen Wohlstand der Stadt. Es entstand in zwei Bauabschnitten. Der östliche Teil mit den Lauben im Erdgeschoss diente im 14. Jh. als „Gewandhaus". In der offenen Halle wurde Gericht gehalten und stand die Marktwaage. Westlich wurde um 1550 das „Neue Haus" angebaut.

Brückenheilige

Brückenheilige wurden nicht nur um gefahrlosen Übergang von Flüssen und Bächen, um sichere Schifffahrt und Flößerei angerufen, sondern auch bei Hochwassergefahr.

Im Mittelalter vollzog sich ein Wandel in der Bedeutung des hl. Nikolaus vom Schutzherrn der Fährleute, Schiffer und Flößer über den Pilger- und Reisepatron zum Heiligen der Flussübergänge. Seine Verehrung in West- und Mitteleuropa geht auf Mathilde, Tochter Ottos II. zurück, die das Patrozinium des Heiligen für die 1024 gegründete Kirche in Brauweiler gewünscht hatte.

Beichte der Gemahlin König Wenzels von Böhmen bei Johannes Nepomuk, St. Donatus, Bad Münstereifel

Ein weiterer mittelalterlicher Brückenheiliger war Christophorus. Seine Verehrung kam im 6./7. Jh. über Spanien nach Westeuropa und ist in Köln seit 954 nachweisbar. Als einer der 14 Nothelfer wurde auch er Patron der Schiffer, Flößer und Pilger, der bei Wassergefahr sowie bei Unwetter und Hagelschlag angerufen wurde. Die volkstümliche Verehrung von Nikolaus und Christophorus wurde in der alten Rheinprovinz zu Beginn des 18. Jh. weitgehend vom Nepomuk-Kult verdrängt.

Johannes Nepomuk, richtiger de Pomuk (geb. 1345 in Pomuk bei Pilsen/Böhmen, gest. 1393 in Prag), Generalvikar des Erzbischofs von Prag, musste die Wahrung des Beichtgeheimnisses mit dem Tod durch Ertränken bezahlen. Die erste Brückenstatue von ihm wurde 1683 auf der Karlsbrücke errichtet, von wo aus er in die Moldau gestürzt worden war. Mit ihr etablierte sich seine Ikonografie: Als Kanoniker wurde er mit den Attributen Kruzifix, Palmzweig des Märtyrers und dem Nimbus (Hei-

Nepomukfigur an der Ahr in Blankenheim

ligenschein) mit 5 Sternen ausgestattet. (Sinnbild für die Buchstaben *tacui = ich habe geschwiegen*). Bis auf den Mosel-Saar-Ruwer-Raum wurden nun an den Flussübergängen im Rheinland Nepomukstatuen aufgestellt: an der Erft in Bergheim 1729, über der Rur in Düren 1753, an der Erft in Münstereifel und an der Ahrquelle in Blankenheim ca. 1730.

Die Nepomukverehrung in der Eifel geht möglicherweise auf die Beziehungen der Grafen von Blankenheim nach Böhmen zurück. Der Prager Erzbischof Johann Moritz Gustav schenkte seiner Nichte Augusta von Manderscheid-Blankenheim eine Reliquie des hl. Johannes Nepomuk, als diese 1762 den böhmischen Grafen Philipp Christian von Sternberg heiratete. Das Ostensorium mit der Reliquie wird im Kirchenschatz von St. Mariä Himmelfahrt aufbewahrt.

Der Weg beginnt am Bonner Münster und führt zunächst durch die Bonner Südstadt mit ihren Gründerzeitwohnhäusern am LVR-LandesMuseum vorbei. Über Burg Endenich westlich der Stadt erreichen wir den alten Dorfkern von Lessenich mit seiner romanischen Kirche. Durch die Felder geht es nach Gielsdorf, dessen Jakobuskirche am Hang des Vorgebirges weithin sichtbar ist. Auf der Höhe trifft der Wanderer im Kottenforst auf den Römerkanal-Wanderweg. Die am Rand des Swisttales liegenden Orte Buschhoven und Lüftelberg sind namhafte Wallfahrtsorte im Bistum Köln. Der Grünzug am Tuttelbach führt ins Zentrum von Rheinbach.
Die Etappe ist untergliedert in 2 Teilstrecken: E 1 A von Bonn bis Buschhoven, E 1 B Buschhoven bis Rheinbach.

Links:
Bonner
Münster
St. Martin

Pilgerspuren ...

Neben Köln war Bonn der zweite Ausgangsort für den Weg nach Trier. Viele der Pilger, die von Osten kamen, hatten über Trier mit den Gräbern der Bischöfe Paulinus, Maurinus, des Apostels Matthias (→ S. 205) und des Einsiedlers Simeon hinaus Santiago de Compostela zum Ziel; davon zeugt nicht zuletzt die Darstellung des sogenannten Galgenwunders aus dem 15. Jh. in der mittelalterlichen Kirche St. Peter zu Windeck-Herchen an der Sieg (→ S. 78).

Pilgerweg

Reliquiar des
Heinrich von
Bonn

Seit 1967 werden im südlichen Querhausarm des Bonner Münsters die Gebeine des seligen Jakobspilgers Heinrich von Bonn in einer Holzlade verwahrt. Heinrich von Bonn hatte sich 1147 am 2. Kreuzzug beteiligt und auf dem Seeweg Santiago de Compostela besucht. Anschließend fiel er bei der Belagerung von Lissabon.

Der Kölner Erzbischof Kardinal Joseph Frings, der die Reliquien bereits 1952 in Lissabon aufgesucht hatte, erhielt sie 1967 von dem Patriarchen von Lissabon, Kardinal Manuel Gonzalez Cerejeira, als Anerkennung für seine Verdienste um das Zweite Vatikanische Konzil und übereignete sie dem Bonner Münster.

Jakobusfigur des früheren Jakobushospitals, Bonn

Bevor die Reisenden den Rhein queren, werden nicht wenige die Gelegenheit wahrgenommen haben, in **Siegburg** das Grab des 1183 heilig gesprochenen Erzbischofs Anno II. aufzusuchen. Nach dem Besuch der Benediktinerabtei auf dem Michaelsberg lud auch die mittelalterliche Servatiuskirche zum Gebet an einem für 1598 belegten Jakobusaltar ein.

In der Stadt **Bonn** fanden Pilger Aufnahme im 1454 gestifteten Jakobushospital. Dieses lag ursprünglich neben dem stiftseigenen Ägidiusspital in der Sternstraße, die vom Sterntor im Norden zum Markt führte. Nach der Kriegszerstörung 1689 wurde es in die heutige Friedrichstraße verlegt, die im 18. Jh. noch Hospitalgasse hieß. Mit dem Spital war eine Kapelle zu Ehren des heiligen Jakobus verbunden. Die 1866 neu errichtete Fassade war mit einer Jakobusfigur geschmückt. Heute befindet sich an Stelle des 1903 abgerissenen Gebäudes das renommierte Weinhaus Jacobs. Von der Friedrichstraße wurde eine Gedenktafel und eine Jakobusfigur in die städtische Begegnungsstätte St. Ägidius und St. Jakob in der Breite Straße mitgenommen, wo die Tradition der beiden früheren Spitäler weiterlebt.

Während der hier im Buch beschriebene Weg aus Verkehrsgründen über Rheinbach nach Münstereifel führt, nahmen früher viele Reisende den Swistübergang bei Miel, um im Pilgerhospital des Klosters Marienstern in **Essig** Station zu machen. Dessen Stifter war 1432 Nikolaus Sasse aus Münstereifel. In der Kapelle Zu Ehren Unserer Lieben Frau, des hl. Apostels Jacobus sowie der hll. Kölner Marschälle stiftete Sasse 1439 im Bunde mit anderen eine Bruderschaft zu Ehren des hl. Jacobus von Compostela. Nach der Säkularisation wurde das Kloster ein Gutshof, aber die Windfahne zeigt auch heute noch die Kombination des namengebenden siebenzackigen Sterns, des „Stella Mariae", mit dem Lilien- oder Jakobskreuz der spanischen Jakobsritter. Der Bau des Pilgerhospitals erfolgte am Kreuzpunkt wichtiger Pilgerwege: Hier traf der Weg im Zuge der früheren Römerstraße von Bonn nach Trier auf die Aachen-Frankfurter Heerstraße Karls des Großen, die heutige B 56. Von Trier kommend, zogen alle sieben Jahre die Pilger über Essig zur zweiten Station der Heiligtumsfahrt, dem Kloster **Schillingskapellen** (→ S. 80), weiter auf dem Weg nach Köln.

Jakobuskreuz

Jakobslilie

„Das Jakobuskreuz stellt zugleich ein Schwert dar: Der Stamm wird als Klinge, die Kreuzarme als Griff und Parierstange aufgefasst. Es ist Zeichen des Ordens des heiligen Jakob vom Schwert, der angeblich durch König Don Ramiro zum Andenken an den 844 errungenen Sieg über die Mauren bei Clavijo gestiftet und 1175 durch Papst Alexander III. bestätigt wurde.

Der ursprüngliche Zweck dieses geistlichen Ritterordens war es, die Pilger auf ihrem Weg nach Santiago de Compostela und das Heiligtum selbst gegen die Sarazenen zu schützen. Auch hatte man sich zum Ziel gesetzt, die Mauren zurückzudrängen. Durch seine vielen Siege und Eroberungen erlangte der Orden einen ungeheuren Reichtum. Aufgenommen wurde nur, wer 16 adelige Ahnen väterlicher- und mütterlicherseits nachweisen konnte. Die Mitglieder legten die Gelübde des Gehorsams, der Armut und der ehelichen Keuschheit ab. 1789 wurde der Orden in Portugal, 1835 in Spanien und 1843 in Brasilien säkularisiert."

(aus: Wallfahrt kennt keine Grenzen. Katalog der Ausstellung im bayrischen Nationalmuseum, München 1984)

Das rote Kreuz des Santiago-Ordens schmückt auch das schwarze Wams des Selbstporträts des spanischen Malers Velázquez auf seinem Werk „Las Meninas". Velázquez' Gesuch zur Aufnahme in den Ritterorden 1650 folgten neun Jahre erniedrigender Nachforschungen, die wohl in seiner Stellung als Maler gründeten. Das Ordenszeichen ist wahrscheinlich erst nach seinem Tod 1660 dem Bild hinzugefügt worden, einer Sage nach sogar vom König selbst.

Wegen der Form und Farbe hat das von den Spaniern aus Südamerika mitgebrachte Zwiebelgewächs Sprecelia formosissima den Namen Jakobslilie erhalten.

Die Schlacht von Clavijo,
Museum für Angewandte Kunst, Köln

Selbstporträt von Velázquez aus
„Las Meninas" im Prado, Madrid

18 km ## Wegbeschreibung und Hinweise

Fuß- und Radwegstrecke sind identisch.
Schwierigkeitsgrad zu Fuß und per Rad: leicht bis mittel, wenige Steigungen, überwiegend befestigte Wander- und Gehwege

Ausgangspunkt Bonner Münster (1): Vom Südausgang rechts in Gerhard-von-Are-Straße, links Gangolfstraße bis Busbahnhof, Bahnhof mit Fußgängerpassage unterqueren, dann rechts Quantiusstraße, halb links der Colmantstraße folgen, am **LVR-LandesMuseum (2)** vorbei, über Beethovenplatz, geradeaus Endenicher Allee und Röckumstraße, rechts Am Burggraben abbiegen, nach dem Burghof rechts in die Endenicher Straße und nach 30 m links in die Effertzstraße. Weiter Babette-Koch-Weg am Bleichgraben links abbiegen, dem Bonner Weg und Burgweg bis zur Meßdorfer Straße folgen, in diese links einbiegen. Links über den Kirchhof von **St. Laurentius (3)**, über Roncallistraße, rechts Bahnhofstraße und Am Dompfaffenweg, Umgehungsstraße queren, am Wegekreuz links, nächsten Weg rechts, Laurentiusweg folgen. Nach Überquerung der Alfterer Straße die Kirchgasse bergan an **St. Jakobus/Gielsdorf (4)** vorbei, nach der Feuerwehr rechts Richtung Dünstekoven, nach ca. 450 m auf Asphalt rechten Waldweg in den **Kottenforst (5)** vorbei an Schutzhütte und Kreuz. Am Ende rechts dem breiten Weg bis zur nächsten Schutzhütte folgen, dort links abbiegen, **Am**

Auf dem Weg nach Lessenich

Eisernen Mann (6) geradeaus, nach der Abgrabung vor **Schillingskapellen (7)** links um Sportplatz und nach rechts dem Talzug folgen. Bei der Kapelle über die Brücke und die Schmittstraße nach **Buschhoven (8)**, am Ende rechts Alte Poststraße und sofort links der Dietkirchenstraße zur Kirche folgen.

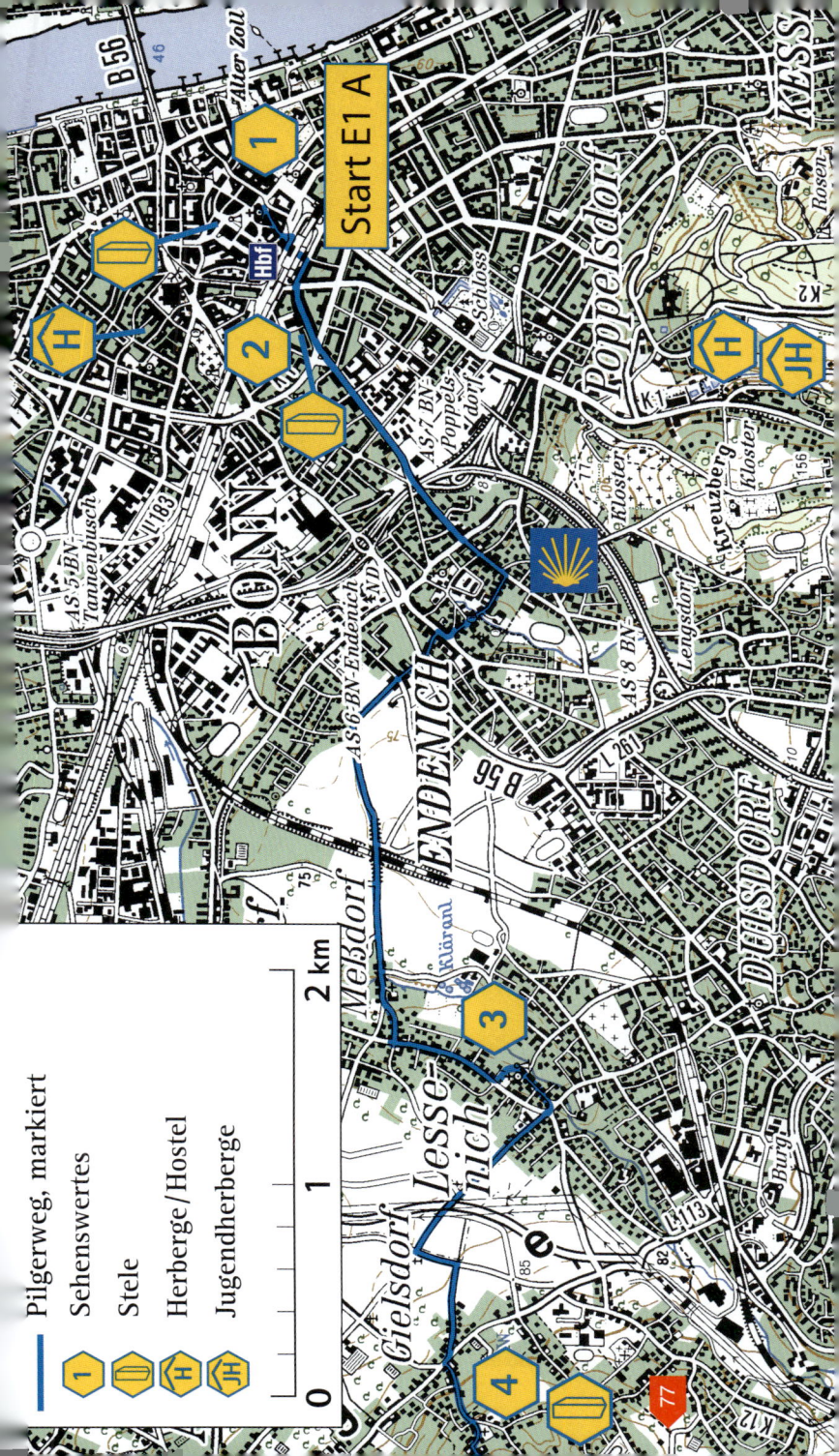

1 Bonner Münster St. Martin

Fenster mit
Cassius und
Florentius

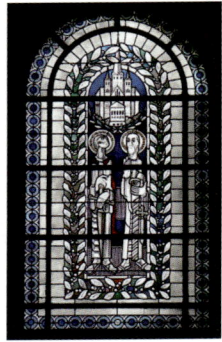

Das Bonner Münster ist Verehrungsstätte der römischen Märtyrer Cassius und Florentius, die seit der Zeit um 1000 den christlichen Soldaten der thebäischen Legion zugerechnet werden. Als Gräber der beiden Märtyrer wurden bislang einige Sandsteinsarkophage in Anspruch genommen, die in einer Gruft unter der heutigen Hallenkrypta zugänglich sind. Der Fundzusammenhang lässt jedoch erkennen, dass sich die Sarkophage nicht vor das 6. Jh. datieren lassen. Die beiden Märtyrer Cassius und Florentius wurden erstmals 691/92 als namengebend für die Kanonikergemeinschaft genannt.

Kreuzgang,
Bonner
Münster

Die Jakobspilger fanden in der untergegangenen Jakobuskapelle, die wahrscheinlich im Winkel zwischen Chor und südlichem

Querschiff lag, einen dem Apostel geweihten Altar. An ihn war eine Stiftung gebunden, die einen Kanoniker ernährte, der den Altardienst versah. Zu dem Stiftungsvermögen gehörte unter anderem ein Weingarten, die „Jakobs-Flacht" im Norden Bonns.

Das romanische Taufbecken und die Martinsfigur zu Pferd aus dem 16. Jh. stammen aus der einstmals benachbarten Kirche St. Martin, an der bis ins 17. Jh. eine Jakobus-Bruderschaft bestand.

Als man sich nach der Säkularisation für den Erhalt der Stifts- oder der Pfarrkirche entscheiden musste, fiel die Wahl bei Übernahme des Martin-Patronats auf das Münster.

2 LVR-LandesMuseum Bonn

„Es gibt bisher nur eine bekannte Darstellung im deutschsprachigen Raum, in der Jakobus als ‚pater peregrinorum' (Vater und Schutzherr der Pilger) einer Gruppe von sieben Pilgern Mantelschutz bietet. Die Figur ist Bestandteil eines sogenannten Pestaltars, der dem hl. Sebastian geweiht worden war. Der Altar, der aus der katholischen Pfarrkirche St. Laurentius in Bremm an der Mosel stammt, befindet sich heute im LVR-LandesMuseum Bonn. Er ist auf 1631 datiert und wird der Hans-Ruprecht-Hoffmann-Schule zugewiesen." *(Robert Plötz: Jakobus in Deutschland, Zürich 2000)*

Jakobus, LVR-Landes-Museum Bonn

Für Pilgernde besonders interessant sind die Themenbereiche „Von den Göttern zu Gott" und „Das Rheinland und die Welt", in dem auch das Pilgerwesen im Mittelalter dargestellt ist.

3 St. Laurentius, Bonn-Lessenich

Im Dorfkern von Lessenich liegt die wohl älteste Kirche des Bonner Umlandes, die zugleich die Mutterkirche von St. Jakobus in Gielsdorf ist. Erbaut auf dem Boden einer römisch-keltischen Kultstätte, von der ein Weihestein im LVR-LandesMuseum Bonn zeugt, liegen hier die Anfänge der Christianisierung der Rheinlande, worauf freigelegte Körperbestattungen des 3. Jh. schließen lassen. An die einschiffige Saalkirche aus dem 11. Jh. wurde um 1200 ein nördliches Seitenschiff angebaut und bereits 50 Jahre später eine spiegelbildliche Erweiterung im Süden vorgenommen. Der Kirchturm erhebt sich direkt über dem Chor, sodass die Glocken vom Altarraum aus geläutet werden konnten.

Lessenich um 1870, im Hintergrund die Kirche St. Jakobus in Gielsdorf

Die Ausstattung stammt überwiegend aus der Zeit des Barock. So auch die Plastik des Pfarrpatrons: Als Diakon gekleidet, hält Laurentius in der Hand den Rost, auf dem er sein Martyrium erlitt. Er hatte den Zorn des Kaisers Valerian auf sich gezogen, weil er im Auftrag von Papst Sixtus II. die Kirchenschätze unter den Armen und Kranken Roms verteilt hatte, die für ihn den wahren Reichtum der Kirche darstellten.

4 St. Jakobus, Alfter-Gielsdorf

Burgkapelle
St. Jakobus,
Gielsdorf

In der Nische über dem Eingang befindet sich ein aus Stein gehauener Jakobus, den eine hiesige Pilgergruppe 1997 aus Santiago de Compostela mitbrachte. Der Weg ins Gotteshaus führt durch den Wehrturm der ehemaligen Gielsdorfer Höhenburg, der zusammen mit der anschließenden Kapelle den baulichen Rest eines fränkischen Königsgutes des 11. Jh. bildet. 1490 wurden Turm und Kapelle zu einem Kirchenraum verbunden und um die Apsis erweitert. Zwei Jahre später entstanden die Wandmalereien, die aus drei Zyklen bestehen: Acht Abbildungen im Chorabschluss zeigen die Leidensgeschichte und Auferstehung Christi, zwölf Szenen an der linken, nördlichen Wand das Leben des Pfarrpatrons Jakobus d. Ä. und zwölf zur Rechten Leben und Martyrium der Nebenpatronin Margarete. Die letzte Szene im Jakobus-Zyklus lässt das sogenannte Hühnerwunder aufleben. (→ S. 78)

Der 1880 errichtete Anbau ist ein Werk des Kölner Dombaumeisters Vinzenz Statz. Das älteste Ausstattungsstück dieses heutigen Hauptraums ist eine hölzerne Jakobus-Statue (um 1500), die den Patron durch Gewand und Buch als Apostel und durch Hut mit Muschel und Tasche als Pilger kennzeichnet; das Attribut

Hochaltar
St. Jakobus,
Gielsdorf

des Schwertes als Zeichen für sein Martyrium wurde später hinzugefügt. Die Seitennischen des neugotischen Hochaltars bergen farbige Figuren der Patrone Jakobus und Margarete. Vor der Kirche steht seit 2003 ein Jakobus-Bildstock.

Da Gielsdorf von der Römerzeit bis ins 20. Jh. auch ein bedeutender Weinanbauort war, ist es durchaus möglich, dass Jakobus hier, wie auch andernorts als Patron der Winzer verehrt wurde.

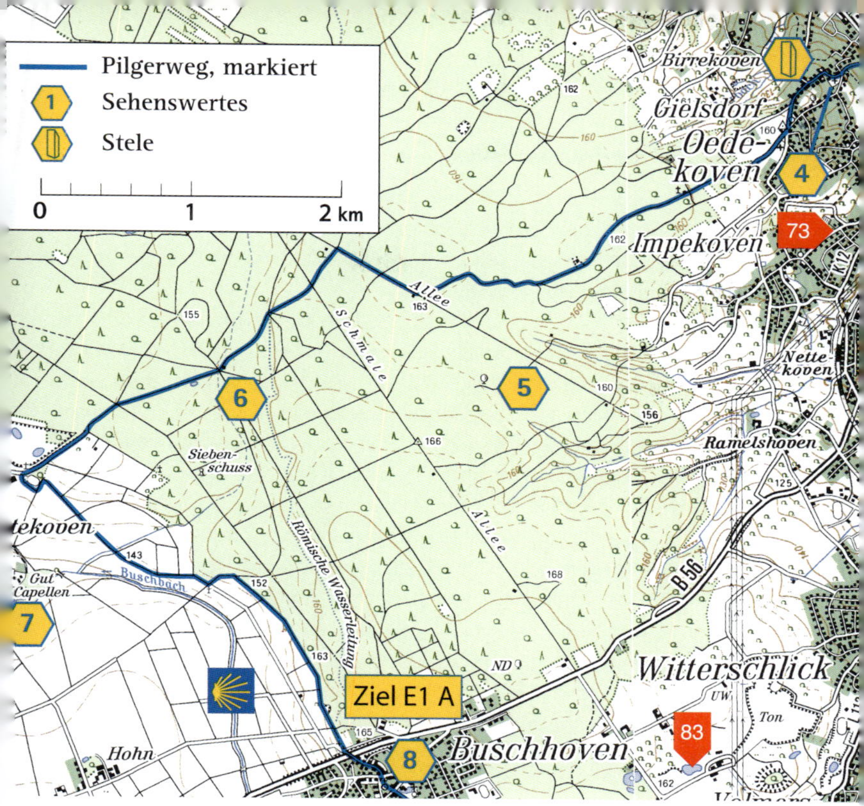

Map legend:

- **Pilgerweg, markiert** (solid blue line)
- **1** Sehenswertes
- **Stele** (hexagonal marker)

Scale: 0 — 1 — 2 km

Map labels: Birrekoven, Gielsdorf, Oede-koven, 4, 73, Impekoven, Nette-koven, 5, 166, 160, 156, Ramelshoven, 125, 6, 155, Sieben-schuss, Schmale Allee, Römische Wasserleitung, Allee, 168, B 56, ekoven, 143, Buschbach, Gut Capellen, 152, 7, 163, ND, Ziel E1 A, Witterschlick, Ton, UW, 165, 83, Hohn, 8, Buschhoven, 162

5 *Der Kottenforst*

Das 4.000 ha große Waldgebiet spiegelt eindrucksvoll die Entwicklung der Kulturlandschaft „Wald" wider. Dieser Teil der Hauptterrasse wurde seit Menschengedenken bewirtschaftet. Auf den zur Staunässe neigenden Lösslehmböden entwickelte sich ein Eichen-Hainbuchenwald, der wegen seines hohen Anteils an Winterlinde und den Maiglöckchen zu den größten Vorkommen dieser Waldgesellschaft in Nordrhein-Westfalen zählt. Noch heute stimmen die Grenzen des Kottenforstes weitgehend mit denen in einer Urkunde Kaiser Ottos II. von 973 überein, die ihn als Königsforst auswies.

Kopfbuche im Kottenforst

Vom Galgen- zum Hühnerwunder

Im Jakobsbuch, dem „Liber Sancti Jacobi" des 12. Jh., wurden zum ersten Mal verschiedene Jakobusmirakel zusammengestellt. Das in Deutschland beliebteste war das Galgenwunder, wahrscheinlich weil im Mittelpunkt früherer Fassungen der Geschichte eine deutsche Familie stand:

Auf dem Weg nach Santiago de Compostela übernachtet ein Ehepaar mit Sohn bei einem Gastgeber, der ihnen hinterrücks einen silbernen Becher ins Gepäck schmuggelt. Als die Pilger am nächsten Tag den Ort verlassen haben, lässt der Betrüger sie verfolgen und beschuldigt sie des Diebstahls. Allen Beteuerungen zum Trotz wird das Beweisstück im Gepäck gefunden. Der Richter, vor den man die vermeintlichen Diebe schleppt, verurteilt den Sohn zum Tode durch Erhängen. Das Urteil wird vollstreckt und die betrübten Eltern setzen ihren Weg zum Grab des Apostels fort. Als sie auf dem Rückweg am Ort der Hinrichtung vorbeikommen, finden sie den zu Unrecht Verurteilten jedoch lebendig vor – Jakobus hatte ihn mit seinen Händen gestützt, sodass sich der Strick nicht zuziehen konnte. Nachdem der junge Mann vom Galgen genommen ist, wird der betrügerische Gastgeber verurteilt und gehängt.

Diese frühe Erzählung, die vor den Gefahren des Weges ebenso warnen wie sie das Vertrauen in den Pilgerpatron stärken soll, ist im Rheinland in St. Peter in Herchen an der Sieg auf Wandmalereien des 15. Jh. wiedergegeben. Bei Fortsetzung des Weges, jenseits von Bonn, konnten die Pilger dann das Hühnerwunder bestaunen, das durch Ausschmückungen der Geschichte entstand: Der Becher wird von einem Wirt ins Gepäck des Sohns geschmuggelt, um sich dafür zu rächen, dass dieser die Liebe seiner Tochter nicht erwidert. Der Jüngling endet auch diesmal am Galgen, aber den Eltern erscheint an ihrem Ziel der hl. Jakobus, von dem sie erfahren, dass ihr Sohn nicht umgekommen ist. Der Richter, dem die beiden auf der Rückkehr von dem lebenden Jüngling am Galgen berichten, spottet, während er gerade zwei Hühner verspeist: Der Gehenkte lebe ebenso wenig wie das Federvieh auf seinem Teller. Da flattern die gebratenen Hühner auf und davon und überführen den lügnerischen Ankläger.

Diese um dramatische Elemente angereicherte Variante ist die im deutschen Sprachraum am häufigsten dargestellte. Außer in Gielsdorf ist sie im Rheinland noch in Kempen zu sehen.

Der Ort des Geschehens wechselte mit der Zeit von Toulouse ins kastilische Santo Domingo de la Calzada. Dort treffen die Besucher der Kirche bis heute auf einen prachtvollen Käfig mit zwei wohlgenährten Hühnern, deren Anwesenheit unübersehbar und -hörbar ist.

Darstellung des Galgenwunders in St. Peter,
Windeck-Herchen

So manche Kopfbuche erinnert an die Zeit des Forstes als Waldweide, in der sie die unverrückbare Grenze markierte. Der Streit
um die Schweineeintriebsrechte, aktenkundig als sogenannter
Schweinekrieg, war für die Abtei Siegburg mit ausschlaggebend,
ihren Waldbesitz an den Erzbischof von Köln zu veräußern.

Ende des 17. Jh. bestiegen die jagdliebenden Wittelsbacher
den kurfürstlich-erzbischöflichen Stuhl. Das Wegesystem sowie
die Barockkreuze und das Jägerhäuschen lassen noch heute die
Hand des passionierten Bauherrn und Jägers Clemens August
(1723–61 Kurfürst zu Köln) erkennen. Mit der französischen Be-
setzung nach 1794 wurden die alten Feudalrechte abgeschafft:
Die Zusammensetzung der Baumarten orientierte sich nun an
dem wachsenden Bedarf von Industrie und Bergbau an gerad-
schaftigen, schnellwüchsigen Bäumen wie Fichte und Kiefer. Im
Laufe des 20. Jh. verschob sich der Nutzungsschwerpunkt des
Kottenforstes in Richtung Erholungswald.

Ausgrabung
Eiserner
Mann

6 *Eiserner Mann und das Wegesystem*

Kaum ein Bodendenkmal des Kottenforstes hat
so sehr zur Legendenbildung beigetragen wie
der „Eiserne Mann". So erzählt man sich, dass
die eiserne Säule zum Gedenken an einen General Eisenstein gesetzt und benannt sei, der
hier bei einer Schlacht im Dreißigjährigen Krieg
fiel. Einer darauf aufbauenden Sage zufolge
drehte sich der tote General beim Mittagsgeläut
dreimal im Grabe herum, worauf der Eiserne
Mann zu tanzen anfing. Nach einer anderen Sage, die wohl im Fruchtbarkeitskult begründet ist,
soll heiratswilligen Mädchen geholfen werden,
den rechten Mann zu finden, wenn sie den Eisernen
Mann an drei Tagen dreimal küssen.

Im Jahre 1625 erstmals als Grenzmarkierung zwischen Alfter und Heimerzheim erwähnt, wurde die
Säule um 1727 hierher versetzt. Damals wurde der
gesamte Kottenforst unter Kurfürst Clemens August
systematisch erschlossen. Klaus Grewe kam nach einer archäologischen Untersuchung des sagenum-

wobenen Eisernen Mannes 1978 zu dem Ergebnis, dass mit ihm ein bestimmter Punkt beim Ausbau des Schneisensystems markiert wurde: Hier liegt der Schnittpunkt der verlängerten Achse des Schlossparks von Augustusburg in Brühl mit dem Wegenetz von Schloss Herzogsfreude in Bonn-Röttgen. Die Vorbilder für eine solche Wegeführung lieferte das Italien der Renaissance. Zur Zeit des Barock bildete sich auch in Frankreich „das Ideal des absolutistischen Staates in der Landschaft ab: Die auf das Schloss ausgerichteten Alleen gleichen den Strahlen der Sonne, die vom Sitz des Fürsten und Jagdherrn ausgehen. Die Natur wurde so auf den Regenten ausgerichtet und zum Abbild seiner Herrschaft und zentralistischen Machtausübung." *(Norbert Kühn in: Der Kottenforst: eine rheinische Kultur- und Erholungslandschaft, Köln 1999)*

Das Wegesystem war zudem von praktischem Nutzen für die Durchführung der Parforcejagd (franz.: par force = durch Gewalt), der Treibjagd mit Hunden. Bei dieser sogenannten französischen Jagd wurde meist nur ein Stück Wild mit bis zu hundert Hunden bis zur Erschöpfung gehetzt. Bei der „Teutschen Jagd" hingegen wurden große Stückzahlen von Wild über mehrere Tage mit Tüchern, Stoffbahnen und Lappen zusammengetrieben (daher der Ausdruck „durch die Lappen gehen"), um in einem sogenannten Lauf von der Jagdgesellschaft erlegt – oder passender formuliert – abgeschlachtet zu werden.

7 *Schillingskapellen, Swisttal*

Schillings-
kapellen im
Swistbachtal

Vom Waldrand eröffnet sich der Blick über das Swistbachtal und bleibt – über das alte Kulturland schweifend – an der Wald- und

Siedlungsinsel von Gut Capellen hängen. Über den Ursprung des einstigen Klosterbezirks Schillingskapellen berichtet die Legende:

„Als im Jahr 1190 der Ritter Wilhelm Schilling, Herr zu Bornheim, zur Jagd ritt, wurde er durch das Bellen seiner Hunde auf einen blühenden Rosenstrauch aufmerksam. Darin fand er ein Bild der Mutter Gottes, stehend zwischen zwei brennenden Kerzen, und daneben ein zierliches Glöcklein. Er erblickte darin eine Anordnung Gottes und nahm das Bild mit nach Bornheim, wo er es auf dem Altar seiner Burgkapelle aufstellte. Am anderen Morgen war es verschwunden. Er begab sich wieder an den Platz, an dem er es fortgenommen hatte, und fand es dort wieder. Der Ritter sah darin ein Zeichen des Himmels und ließ an der Stelle eine Kapelle bauen, worin das Bild zur allgemeinen Verehrung aufgestellt wurde."

(aus: Wallfahrt zur Rosa Mystica, St. Katharina. Buschhoven 1997)

Madonna Rosa Mystica, Buschhoven

Nach der glücklichen Heimkehr von einem Kreuzzug stiftete der Ritter 1197 sein Vermögen zum Bau des Prämonstratenserinnenklosters „Capella". So mancher Jakobspilger, der auf der alten Römerstraße über Miel und Odendorf die Eifel durchquerte, wird bei dem Hospiz hinter dem Tor um Herberge nachgesucht haben. Als das Gnadenbild nach der Aufhebung des Klosters durch die Franzosen ins Bonner Münster kommen sollte, erreichten die Bürger des benachbarten Buschhoven, dass es stattdessen bei ihnen unterkam.

8 *Swisttal-Buschhoven*

Die feierliche Übertragung der Rosa Mystica von Schillingskapellen nach Buschhoven erfolgte am 22. Juni 1806. 1972 wechselte das Gnadenbild noch einmal seinen Standort, als die neue Wallfahrtskirche St. Katharina erbaut wurde. Die alte Pfarrkirche wurde 1984 von der neu gegründeten evangelischen Kirchengemeinde übernommen. Die Rosa Mystica wird das ganze Jahr hindurch von Pilgern aufgesucht, besonders aber am Sonntag vor dem 24. Juni, dem Rosenfest, und in der anschließenden Oktav. Nach der Festmesse und Prozession werden Rosen gesegnet, die die Gläubigen mit nach Hause nehmen.

St. Katharina, Buschhoven

11 km Wegbeschreibung und Hinweise

Fuß- und Radwegstrecke sind identisch.
Schwierigkeitsgrad zu Fuß und per Rad: leicht bis mittel, wenige Steigungen, überwiegend befestigte Wander- und Gehwege
Ausgangspunkt St. Katharina, Buschhoven: Die Dietkirchenstraße nach Süden am Rand der Sandgrube entlang und nach Querung der L 113 (Kreisel) über Radweg den nächsten Feldweg rechts Auf den Steinen bis zur Nordstraße in **Lüftelberg**, diagonal überqueren und über das Lüftildisgässchen bis zum Ortskern **(9)**. Die Schlossstraße bergab und die Flerzheimer Straße, dort links in Fliesweg, vor dem Swistbach rechts Swistbachtalstraße zur Kirche. Nach Überquerung des Baches die Mönchstraße, rechts Hommelsheimstraße, links Im Mainzertal, Steingasse, dann links die Schmittheimer Straße nach Ramershoven, rechts 50 m Flerzheimer Straße folgen, links Feldweg, am Ende rechts zur Flerzheimer Straße, dort links, nach B 266, rechts durch Grünzug und Unterführung, links Am Getreidespeicher, rechts über Römerkanal, Gerbergasse und Kallenturm bis **St. Martin (10)**.

Der Name Rosa Mystica, geheimnisvolle Rose, ist eine der vielen Anrufungen aus der Marienlitanei, die zur Zeit der hohen Gotik entstand. Die weiße Rose wurde zum Sinnbild der Jungfräulichkeit und Reinheit Marias.

Die Schillingskapeller Marienstatue vergegenwärtigt Jesus in der Haltung des Weltenherrschers auf dem Schoß der Mutter, die rechte Hand zum Segen erhoben. In der Kunstgeschichte heißt dieser Marientypus „sedes sapientiae", Sitz der Weisheit. 1.000 km weiter südlich wird sich mancher beim Anblick der „Schwarzen Muttergottes" von Le Puy an das hiesige Gnadenbild erinnern.

Von Buschhoven aus wurde im 16. Jh. die Reformation des Köln-Bonner Raums vorbereitet, als der damalige Erzbischof Hermann von Wied die Reformatoren Martin Bucer und Philipp Melanchthon auf seinem hiesigem Jagdschloss zu Gast hatte. Doch ihre Bemühungen scheiterten nach fünf Jahren, als der Erzbischof exkommuniziert und 1547 von Karl V. besiegt wurde.

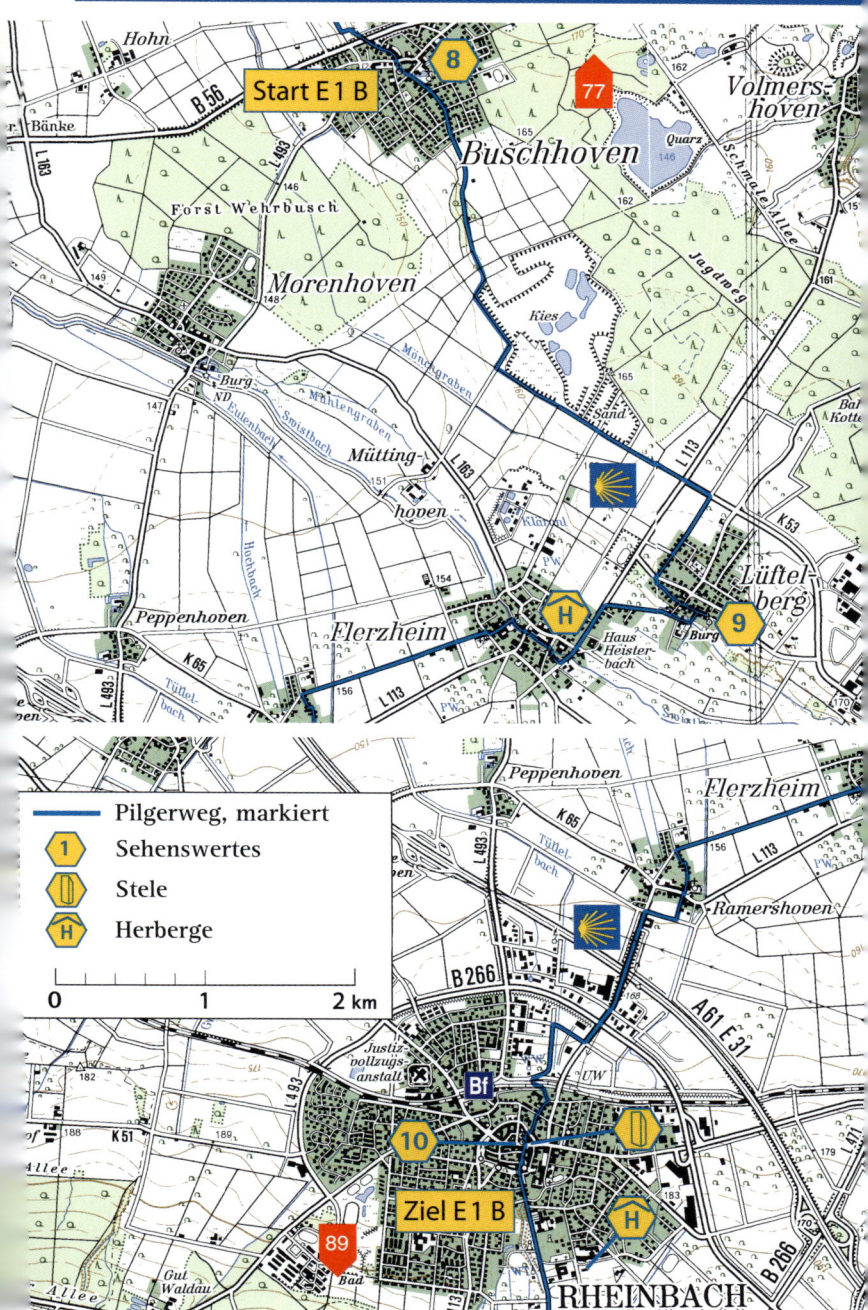

9 Lüftelberg

Burg Lüftelberg

Der Ort über dem Swisttal hieß schlicht Berge, bis er den Beinamen der im 9. Jh. hier geborenen Wohltäterin Lüftildis erhielt. Auch die romanische Kirche St. Peter bekam aufgrund der Lüftildisverehrung ein zweites, der hl. Lüftildis geweihtes Patrozinium. Der Ursprung dieses Baus liegt in einem Wehrturm mit hochliegendem Eingang, von dem aus beim Nahen des Feindes eine Leiter eingezogen werden konnte. Vom oberen Stockwerk aus, der heutigen Michaelskapelle, bestand eine Verbindung zur Burg. Lüftildis, auf dieser Burg geboren, wuchs im Spannungsfeld zwischen einer liebevollen Mutter und einer strengen Stiefmutter auf. Nachdem Erstere sie im Sinne christlicher Nächstenliebe erzogen hatte, stieß sie mit dieser Haltung bei der nach Macht und Reichtum strebenden Stiefmutter auf Widerstand. Lüftildis Festhalten an christlichen Grundhaltungen ließ sie zum Leitbild vieler Folgegenerationen werden. Der Legende nach schlichtete sie einen Besitzstreit zwischen Nachbarn, indem sie mit verbundenen Augen eine Grenze mittels ihrer Spinnspindel zog, woraufhin sich angeblich der noch heute sichtbare Lüftildisgraben öffnete. Die versilberte Spindel ist neben dem Ginsterzweig, der auf die Schläge der Stiefmutter hinweist, zu ihrem „Erkennungszeichen", ihrem Attribut, geworden. An den Seitenwänden des Längsschiffes ist die legendenhafte Vita der Heiligen dargestellt. Die letzte Tafel zeigt auch einen Jakobspilger am Grab von Lüftildis. Der Zulauf von Pilgern und die vielen Krankenheilungen, die meist durch

Geweihte Brötchen vor der Lüftildis-büste

die Berührung mit der Spindel bewirkt wurden, führten 1623 zur Öffnung des Grabes und Umbettung ihrer Gebeine in ein Hochgrab. In der Seitenkapelle ist die Deckplatte dieses Lüftildis-Grabes zu sehen, die aus poliertem

Kalksinter oder auch Aquäduktmarmor (Ablagerungen aus den ehemaligen römischen Wasserleitungen) gefertigt wurde. Der Linienverlauf im Stein verdeutlicht die jährlichen Kalkausfällungen des Eifelwassers, vergleichbar den Jahresringen eines Baumstamms.

10 *Rheinbach*

St. Martin, Rheinbach

Die Schlagader Rheinbachs, die heutige Hauptstraße, ist die alte Aachen-Frankfurter Heerstraße. Durch sie wurden in karolingischer Zeit die Zentren des Reichs in Ost-West-Richtung verbunden. Als Heerstraße in die Verkehrsgeschichte eingegangen, war sie gleichzeitig Krönungs-, Pilger- und Handelsstraße. Der Pilgerpfad wurde in beiden Richtungen genutzt. Der englische Mönch William Wey nahm sie um 1460 auf seinem Weg nach Jerusalem. In umgekehrter Richtung wählten die Pilger diese Straße vor allem zu den Heiligtümern in Aachen. An der Hauptstraße liegt die vom Bonner Architekten Toni Kleefisch entworfene, 1950 eingeweihte Kirche St. Martin. Ihr ging ein gotischer Bau voran, der im Zweiten Weltkrieg zerstört wurde. Von der ehemals reichen Ausstattung verblieben nur einige Stücke, so ein hölzernes Standbild des Pfarrpatrons aus dem 15. Jh.

Der aus Italien stammende „Schmerzensmann" des 14. Jh. im linken Seitengang wurde von einem sudetendeutschen Rheinbacher aus seiner böhmischen Heimat hierher gebracht. Die Stadt hat nach dem letzten Weltkrieg viele Sudetendeutsche aufgenommen, die die Glaskunst hier einführten. Durch die Existenz zahlreicher Veredelungswerkstätten und die Einrichtung einer Glasfachschule entwickelte sich Rheinbach zur Stadt des Glases und erhielt 1968 ein Glasmuseum, das heute in den Himmeroder Hof integriert ist. Zwei Ausstellungsobjekte zeigen Jakobusdarstellungen: ein Deckelpokal sowie ein „Apostelbecher", beide um 1700 aus farblosem Glas mittels Matt- und Klarschliff gefertigt. Ein anderer Teil des ehemaligen Zisterzienserhofes von 1317 beherbergt das Haus der Natur.

RHEINBACH →
BAD MÜNSTEREIFEL

Über die Bachstraße, unter der heute das Wasser fließt, das früher die Gerber brauchten und das die Getreidemühle Ecke Mühlengasse antrieb, führt der Weg aus der mittelalterlichen Stadt an den Resten der Rheinbacher Burg vorbei. Im Schatten einer Lindenallee geht es in den Stadtwald und auf dem „Pilgerpfad" zur Waldkapelle. Ab hier wird der Weg zunehmend einsamer. Die ersten Anstiege zu den Eifelhöhen werden mit Weitsichten zur Tomburg und über das Rheintal belohnt. Von nun an überwiegen die landschaftlichen Impressionen bis am „Friedwald", vor Bad Münstereifel, der hiesige Weg auf den Kölner Weg trifft.

Links: Lindenallee von Rheinbach zum Stadtwald

Pilgerspuren ...

Für den Jakobspilger, der über etwas mehr Zeit verfügt, ist ein Abstecher zu zwei in der Nähe liegenden Jakobuskirchen lohnend. Die neugotische Kirche St. Jakobus d. Ä. ist der Ortsmittelpunkt des 5 km südöstlich gelegenen **Meckenheim-Ersdorf**. Ähnlich wie in Gielsdorf geht auch das hiesige Patrozinium auf das frühe Mittelalter zurück, als mit dem Pilgerwesen nach Santiago auch die Jakobuskirchen zunahmen. Nach einem Brand entstand in den Jahren 1877–79 ein Neubau nach Plänen des Bonner Architekten Schubert. Zu der bis heute existierenden Originalausstattung gehören neben einer hölzernen Jakobusstatue zwei Jakobusfenster: ein großes im Kirchenraum und ein kleines in der ehemaligen Sakristei und heutigen Kapelle. Vielleicht stellt auch das Steinrelief in der Kirchhofmauer mit der Ölbergszene den Heiligen dar. Es zeigt einen Jünger in tiefem Schlaf, und Jesus, der seinen Vater bittet: „Herr, lass diesen Kelch an mir vorübergehen!" (→ S. 61).

Pilgerweg

Jakobusfenster in St. Jakobus, Ersdorf

Jedes Jahr führt die Pfarre eine Wallfahrt nach Mayschoss an der Ahr durch, wo der heilige Pilger Rochus verehrt wird. Die Ersdorfer St. Jodokus-Bruderschaft zieht im September nach Sankt Jost bei Langenfeld in der Eifel.

Altar der Jako-
buskapelle,
Wachtberg-
Werthoven

Wie St. Jakobus in Ersdorf zählt auch die Jakobuskapelle in **Wachtberg-Werthoven** zum Dekanat Me-
ckenheim-Rheinbach. Der wehrhaft anmutende,
schlichte Bau von 1498 birgt einen barocken Hochaltar, auf dem Maria von Jakobus und Sebastian ein-
gerahmt werden.

Nördlich der **Rheinbacher Waldkapelle** zeigt ein
überwachsener Damm den Verlauf einer Altstraße an.
„In der nachrömischen Zeit wird diese Straße kaum
größere Bedeutung gehabt haben, wenn wir von den
Pilgern zum heiligen Rock nach Trier und weiter nach
Santiago de Compostela absehen. Diese Pilger werden nach der Gründung der Waldkapelle mit dem angeschlos-
senen Kloster gern hier geweilt haben." *(Klaus Grewe: Auf Rö-
merspuren rund um Rheinbach, Köln 2001)* Grewe vermutet, dass die
Zunahme der Pilgerströme um 1690 der Anlass für den Ausbau
des Weges von Rheinbach zur Waldkapelle gewesen ist.

22 km   Wegbeschreibung und Hinweise

Fuß- und Radwegstrecke sind weitgehend identisch.
Schwierigkeitsgrad: leicht bis mittel, auf asphaltierten Straßen und
befestigten Waldwegen
Ausgangspunkt Rheinbach, St. Martin: Über die Bachstraße vorbei an der **Burg (1)** und dem **St. Joseph-Gymnasium (2)** Am Stadtwald bis zum Waldrand, dort links und sofort rechts in den „Pilgerpfad" (Wanderweg 2) entlang des **Eulenbaches (3)** einbiegen, der
zur **Waldkapelle (4)** führt: rechts 20 m der Straße Richtung Rheinbach folgen und links den Waldweg (A 7) einschlagen, geradeaus
bis zur Autostraße (L 113), dort links und sofort wieder rechts entlang
des Waldrandes bergauf. Nun dem Eifelvereinsweg (>) folgen über
Loch und **Queckenburg (5)**, hinunter zum Madbachtal, rechts
durchs Tal und dann halb links am Waldrand entlang bis Wander-
parkplatz, weiter durch den Wald zum **Kloster Schweinheim (6)**,
am Ende links bis zur **Talsperre (7)** Seerundweg und weiter dem
Eifelvereinsweg > 3 durch den Iversheimer Wald kurz vorm
Herrenbäumchen (→ S. 63) folgen, ab hier gemeinsam wie in Etappe 3 bis **Bad Münstereifel**.

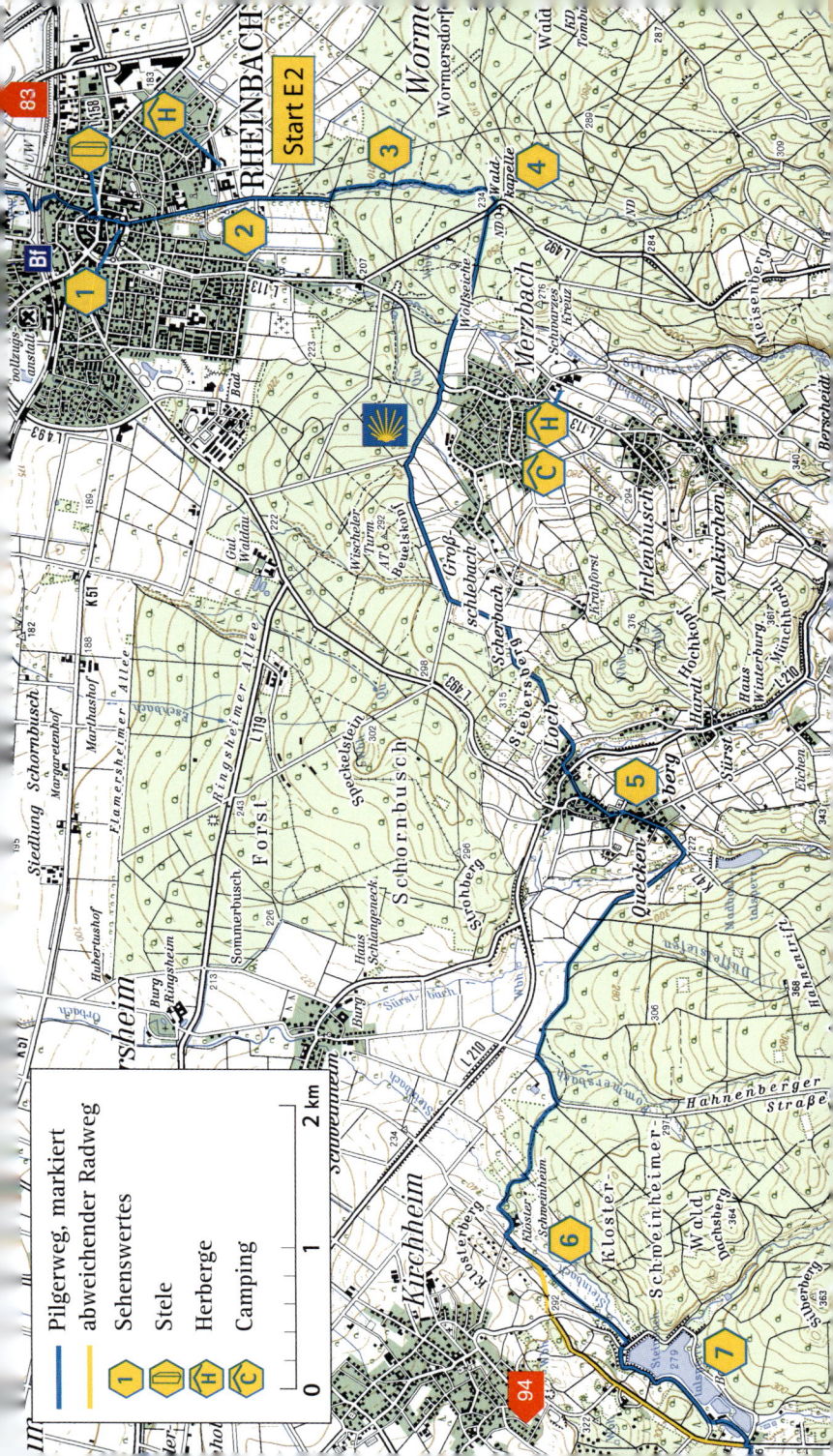

RHEINBACH

Start E2

Wormer

Wormersdorf

Wald

Merzbach

Wolfseiche

Waldkapelle

Bf

Großschubach

Scherbach

Schornbusch

Forst

Stingsheimer Allee

Flamersheimer Allee

Speckelstein

Strohberg

Wischeler Turm

Beuelshof

Gut Waldau

Siebenberg

Loch

Irlenbusch

Neukirchen

Queckenberg

Hahnenberger Straße

Kirchheim

Kloster

Kloster Schweinheim

Wald

3
4
2
1
5
6
7

Legend

Pilgerweg, markiert
abweichender Radweg
Sehenswertes
Stele
Herberge
Camping

2 km

1

0

Rheinbacher Burg

1 *Rheinbacher Burg*

Mit dem Hexenturm erreichen wir die alte Stadt-grenze, die Hermann Löher um 1675 folgender-maßen beschrieb: „Die Stadt hat rundherum Wassergräben, hohe Mauern, sieben Türme, zwei hohe Pforten und zwei Burgtürme, sodass sie von Ferne wie eine große wehrhafte Stadt anzu-sehen ist."

Erhalten blieben nach der Niederlegung der Befestigung ab 1800 nur das Burgtor und ein Tor-bogen sowie drei Türme, darunter der ehemalige Bergfried, der sogenannte Hexenturm. Im zwei-ten der vier Geschosse wird durch den Austritt zum Wehrgang die Höhe der einstigen Stadtmauer anschaulich. Das Baumaterial stammt überwiegend vom Römerkanal. Gut erkennbar sind die Materialbrocken im Bogen über der Toranlage auf der Rücksei-te. Das Kellerverlies wurde in den Jahren der Hexenverfolgungen (1631–36) als Folterkammer und Kerker genutzt.

2 *St. Joseph-Gymnasium, Rheinbach*

Die Niederlassung des Ordens der Schwestern „Unserer Lieben Frau" und die Errichtung der Schule mit Internat eröffneten den hiesigen Mädchen im Jahre 1911, ein halbes Jahrhundert nach den Jungen, den Weg zu einer höheren Bildung. Der Bau des Rheinbacher Architekten Friedemann wurde im Barockstil durch-geführt. Die Hauskapelle erhielt aus der Rheinbacher Pfarrkirche, die 1905 vergrößert und modernisiert worden war, den barocken Hochaltar mit Kommunionbank und Beichtstuhl. Für die Altarni-sche wurde 1957 in Süddeutschland ein barocker „Christus als Wandersmann" zusammen mit zwei Engeln erworben.

Seit 2005 wanderte jährlich ein Teil der angehenden Abiturien-tinnen im Rahmen von Besinnungstagen drei Tage lang einen Abschnitt des Jakobsweges Rheinbach-Schengen.

3 Eulenbach, Rheinbach

Die Grünverbindung zwischen Stadt und Landschaft ist dem Engagement des Rheinbacher Verschönerungsvereins zu verdanken, einem Vorgänger des Eifelvereins im 19. Jh. und Teil der damaligen gesellschaftlichen Bewegung zur Landesverschönerung. Auch die Weiher am Eulenbach wurden in ihr Konzept aufgenommen. In altem Kartenmaterial ist zu erkennen,

Stauweiher im Rheinbacher Stadtwald

dass der Eulenbach, der diese Teiche speist, hier erst seit etwa 200 bis 300 Jahren verläuft. Ursprünglich knickte er bei der Waldkapelle nach Nordosten Richtung Rheinbacher Feld ab, wo auch heute noch am Unterlauf der Name auftaucht. Wahrscheinlich steht die Umleitung und Bevorratung des Wassers im Zusammenhang mit der Verhüttung von Eisenerz, wie es für einen benachbarten Stauweiher auch nachgewiesen werden konnte. Heute überdeckt die romantische Situation mit dem mäandernden Bach und dem sich in den Teichen widerspiegelnden Buchenhallenwald allerdings diesen Teil vorindustrieller Geschichte.

4 Waldkapelle, Rheinbach

Auf einer Waldlichtung, umgeben von zwölf Kreuzwegstationen, steht die Waldkapelle zum Heiligsten Namen Jesu aus dem Jahr 1681. Bau und Namensgebung zeugen von der wundersamen Auffindung des „IHS", des Jesus-Monogramms, das man in der Maserung einer frisch gespaltenen Buche entdeckt hatte. Die Statistik von 1682 dokumentiert in eindrucksvoller Weise die Beliebtheit des Wallfahrtsziels: 96 Prozessionen, 1.250 hl. Messen, 13.919 Beichten. 1686 wurde hier ein Kloster gegründet, das zunächst von den Franziskanern und später von den Servitenmönchen vom Bonner Kreuzberg bewohnt wurde. Die aufgemauerten Reste der 1846 abgebrochenen Gebäude vermitteln einen anschaulichen Eindruck von der Gesamtanlage (Tafel vor Ort).

Stechpalme

Im Unterwuchs der Buchenwälder der Eifel finden wir die schattenliebende Stechpalme (Ilex) mit ihren immergrünen, dunkel-glänzenden Blättern und leuchtend roten Beeren. In alten Ortsnamen begegnet uns heute noch oft der Name Hülse für die Stechpalme. Im Rheinland, dessen Klima durch die vom Golfstrom erwärmte Meeresluft beeinflusst ist, hat dieser frostempfindliche Vorbote des atlantischen Pflanzenreiches sein nordwestlichstes Verbreitungsgebiet.

Stele in Bollendorf

Die Früchte werden von Vögeln gern gegessen, vom Vieh hingegen gemieden. Sie finden sich nur auf den weiblichen Exemplaren des getrenntgeschlechtlichen Strauchs. Als der Wald noch zum Weiden genutzt wurde, konnte der Ilex (lat.: stachelige Eiche) sich aufgrund seiner „Wehrhaftigkeit" ausbreiten. Auffällig ist, dass die Blätter in Reichweite des Viehs dornig gezähnt und in größeren Höhen glattrandig sind. Erst später – nämlich vor ungefähr hundert Jahren – waren die Bestände der Stechpalme ernsthaft bedroht, da sie in großen Mengen für die Ausschmückung kirchlicher und profaner Feste genutzt wurden. Der Eifelverein, der durch Unterschutzstellungen zum Erhalt des Baumes beitrug, übernahm die charakteristische Pflanze ebenso in sein Wappen wie der Deutsch-Luxemburgische Naturpark im Süden der Eifel.

5 St. Joseph, Rheinbach-Queckenberg

Zeichen der Gesellschaft Jesu, St. Joseph, Queckenberg

Die Ausmaße der heutigen Pfarrkirche weisen schon darauf hin, dass ihr Ursprung 1753 in einem Kapellenbau lag. Über der Eingangstür begegnet dem Ankömmling erneut das Jesus-Monogramm IHS, das sich aus den beiden ersten und dem letzten Buchstaben der im Mittelalter üblichen Schreibweise des Wortes Jhesus zusammensetzt, aber auch für Iesus Huos Soter (griech. Jesus Sohn Erlöser) steht. Es wurde vor allem

im 15. Jh. von dem Franziskaner Bernhard von Siena bekannt gemacht, der den Gläubigen nach seiner Predigt eine Scheibe mit dem IHS, zumeist umgeben von einem Strahlenkranz, zeigte. Weite Verbreitung erfuhr das Zeichen durch die Gesellschaft Jesu, die Jesuiten. Ihr Gründer Ignatius von Loyola wählte das IHS in der Strahlensonne zum Signet des Ordens.

Bald wurde es um die drei Nägel ergänzt; sie symbolisieren die Gelübde der Jesuiten: Armut, Ehelosigkeit und Gehorsam. Dies macht auch verständlich, dass die Jesuiten lange Zeit das IHS-Zeichen der Waldkapelle von Rheinbach in der Bonner Namen-Jesu-Kirche hüteten. Auf den Fassaden der Jesuitenkirchen von Bonn und Münstereifel finden wir das Monogramm ebenso wie auf Darstellungen des hl. Ignatius als dessen Attribut. Das Innere der Kapelle überrascht durch seine reiche Ausstattung, zu der auch eine Kopie des Kölner Gero-Kreuzes, das ehemalige Gestühl der Bonner Stiftskirche und – als Vorboten für Münstereifel – Figuren der Hll. Chrysanthus und Daria gehören.

6 *Kloster Schweinheim, Euskirchen-Kirchheim*

Die einsame Lage in der Nähe eines Gewässers war Teil des Programms des Zisterzienserordens, der durch die Urbarmachung von Land einen wesentlichen Beitrag zur Wirtschaft des Mittelalters leistete. Mit seinen Niederlassungen verbreitete er die gotische Architektur über ganz Europa. Ausgehend von der Gründung 1098 in Cîteaux im französischen Burgund, entstanden in Europa gut 1.500 Männer- und Frauenklöster. Zisterzienserinnen gab es seit dem 12. Jh. Einen wichtigen regionalen Beitrag zur lange vernachlässigten Forschung über die weiblichen Mitglieder des Ordens leistete Anja Ostrowitzki mit der Veröffentlichung „Die Ausbreitung der Zisterzienserinnen im Erzbistum Köln" von 1993. Sie stellt fest, dass zwischen 1188 und 1277 den vier Mönchsabteien im Gebiet des damaligen Erzbistums Köln 34 Nonnenkonvente, vielleicht sogar 36, gegenüberstehen.

Kloster Schweinheim im Steinbachtal

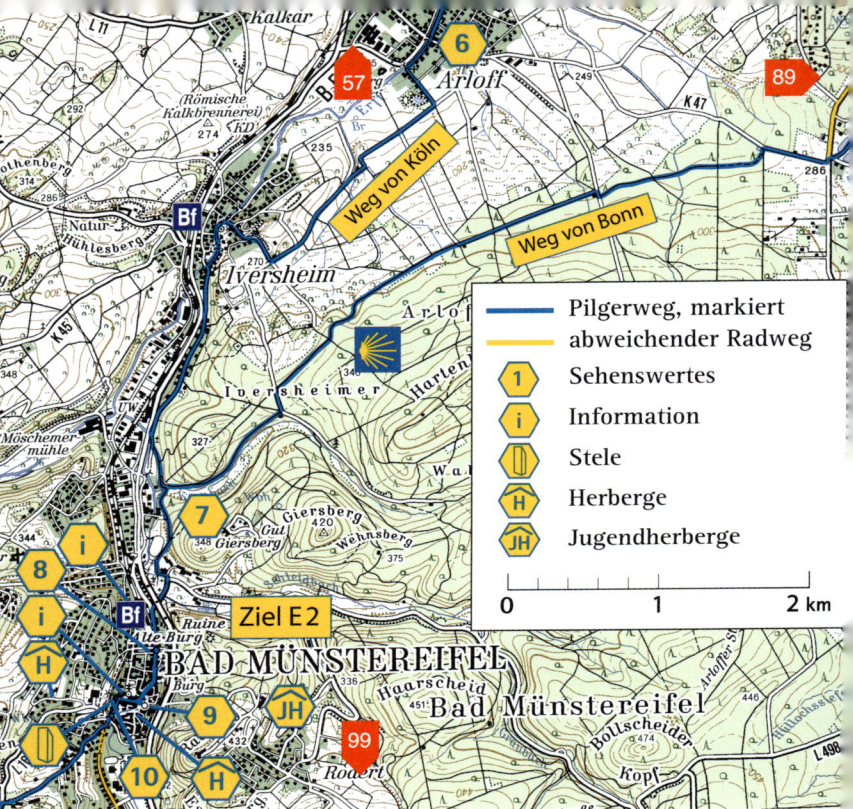

Pilgerweg, markiert
abweichender Radweg
1 Sehenswertes
i Information
Stele
H Herberge
JH Jugendherberge
0   1   2 km

Die Nonnen, derer es mindestens 13 für eine Gründung bedurften, entstammten meist Adelsfamilien und waren unterteilt in Chorschwestern, die sich dem Gebet widmeten, und Laienschwestern, die körperliche Arbeit verrichteten. Das Schweinheimer Kloster „Porta coeli" (lat.: Himmelspforte) wurde 1228 gegründet. Von der vierflügeligen Anlage, die sich aus der Kirche, den Wohnräumen des Priors, der Äbtissin und der Nonnen zusammensetzte, sind das Priorat und ein zweigeschossiger Flügelbau in rotem Sandstein erhalten.

7 *Steinbachtalsperre, Euskirchen-Kirchheim*

In den 1930er-Jahren wurde die Talsperre in der Hauptsache für die Euskirchener Tuchindustrie angelegt. Das saubere und vor allem weiche Wasser sollte das des Veybaches ersetzen, dessen Qualität durch den Bleibergbau in Mechernich so gesunken war, dass es nicht mehr den Anforderungen für die Herstellung von Wolltuchen entsprach. Aber auch die Zucker-, Papier- und Lederfabrikation gehörten zu den Nutznießern der Talsperre. Mit dem Niedergang der Euskirchener Tuchbranche nach dem Zweiten Weltkrieg schwand die industrielle Bedeutung des Stausees. Heute ist der idyllisch in den Wäldern der Voreifel liegende See ein beliebtes Naherholungsgebiet. An heißen Sommertagen ist besonders das Naturschwimmbad in Kombination mit dem benachbarten Waldgasthaus ein stark frequentiertes Ausflugsziel.

Freudig eilt man nun zur Schenke,
freudig greift man zum Getränke,
Welches schon seit langer Zeit
In des Klosters Einsamkeit
Ernstbesonnen, stillvertraut,
Bruder Jakob öfters braut.
Hierbei schaun sich innig an
Pilgerin und Pilgersmann

Wilhelm Busch: Die fromme Helene, 12. Kapitel: Die Wallfahrt

Tarta de Santiago (Galicische Mandeltorte)

Ob einst Jakobsritter das Rezept der Mandeltorte mit nach Galicien brachten oder ob ein frommer Herrscher den einfachen Kuchen in einem erhabenen Augenblick dem prominenten Heiligen und Schutzpatron ganz Spaniens widmete, ist nicht überliefert. Seit Jahrhunderten jedenfalls trägt die Torte auf ihrer Oberfläche das Kreuz der Jakobsritter, aufgetragen aus feinem weißen Puderzucker.

Zutaten: 5 Eier,
200 g Zucker,
250 g gemahlene Mandeln,
abgeriebene Schale einer Zitrone,
1 Teelöffel Zimt,
Puderzucker

Eier und Zucker schaumig schlagen, dann die Zitronenschale, die gemahlenen Mandeln und den Zimt unterrühren, den Teig in eine gefettete Springform von 22 cm Durchmesser füllen und bei 180° ca. 30 Minuten im vorgeheizten Backofen goldbraun backen. Die Mandeltorte in der Form auskühlen lassen. Auf eine Platte geben und vor dem Anschneiden mit Puderzucker bestäuben. Nach Wunsch kann man mit einer Schablone dabei ein Jakobskreuz auftragen.

BAD MÜNSTEREIFEL →
BLANKENHEIM

Südlich von Bad Münstereifel beginnt der Anstieg auf die in einzelne Bergrücken gegliederte Kalkeifel. Der Weg führt über die offene Hochfläche, durch den bewaldeten Pfaffenbusch, durch Wiesentäler und kleine Orte. Auf der ehemaligen Römerstraße Bonn–Trier erreichen wir Blankenheim, das von der Burg überragte mittelalterliche Städtchen an der Ahrquelle.

Pilgerspuren ...

Wer von **Engelgau** zur Ahekapelle im Genfbachtal geht, setzt seinen Fuß auf einen Weg, den schon Tausende von Wallfahrern vor ihm gegangen sind. Denn in dieser Kapelle wird der früher sehr beliebte hl. Servatius, der erste Bischof von Maastricht, verehrt. Neben der Wallfahrtskapelle wurde ein Wirtshaus errichtet und sogar Viehmarkt abgehalten.

Pilgerweg

Der Ort **Blankenheim** besaß wegen des in der Burgkapelle aufbewahrten Reliquienschatzes einst Bedeutung über sein Territorium hinaus. Zu ihm fand die „Blankenheimer Heiltumsfahrt" statt, die sich bis ins 17. Jh. großer Beliebtheit erfreute. Die letzte Gräfin von Blankenheim rettete die Reliquien Ende des 18. Jh. vor den französischen Truppen nach Prag, von wo sie 1821 zurückkehrten. Seitdem befinden sie sich im Besitz der Pfarrkirche. An erster Stelle ist die Büste des hl. Georg zu nennen, die am Samstag nach dem 23. April, seinem Gedenktag, in feierlicher Prozession durch den Ort getragen wird. Eberhardt von Manderscheid-Blankenheim (1542–1608) unternahm 1571 eine Pilgerfahrt zum Grab des hl. Jakobus nach Spanien und 1582 nach Jerusalem. Für Blankenheim ist er besonders wichtig, da er laut dem „Statusbuch den ersten Anfang zum dortigen Hospital gemacht hat durch die gethanen Fundationen und Legaten". Pilger fanden in diesem Gasthaus gleich hinter dem Stadttor an der Ahr – am Standort des heutigen Rathauses – befristet Aufnahme. Sein offizieller Charakter zeigte sich schon in der Steinbauweise im Unterschied zu den örtlichen Fachwerkbauten. 1681 holte Graf Salentin Ernst die Elisabethinnen zur Betreuung des Hauses nach Blankenheim. Dieser 1626 von Apollonia Rademacher gegrün-

Links:
Georgs-
Prozession
durch
Blankenheim

dete Orden war die einzige Hospitalkongregation der Region. Nach der Gründung eines Spitals in Aachen hatten die Schwestern die Gasthäuser in Düren und Jülich übernommen. Das Hospitalgebäude wurde im 19. Jh. abgerissen. Die 1683 errichtete Hospitalkapelle diente nach der Säkularisation erst als Spritzenhaus, dann als Garagenbau und musste in den 1970er-Jahren schließlich der Ortskernsanierung weichen.

21 km Wegbeschreibung und Hinweise

Fuß- und Radwegstrecke sind weitgehend identisch.

Schwierigkeitsgrad zu Fuß und per Rad: leicht bis mittel, auf befestigten – zum Teil sandigen – und geteerten Wegen sowie entlang von Straßen

Ausgangspunkt Bad Münstereifel, Rathaus: Marktstraße bergan, links Heisterbacher Straße, nach dem Heisterbacher Tor die L 165 queren und bergan auf Bergstraße zur L 165, links bergan zum P Nöthener Berg, am Ende des P durch freie Feldflur geradeaus, die Straße an Wegekreuz queren (links WP Pfaffenbusch) zunächst mit

Ahekapelle, Nettersheim-Engelgau

JH, nach 125 m links, rechts auf Waldstraße nach **Roderath (1)**, gegenüber der Kirche an der Buswartehalle links auf der „Münstertalstraße" abwärts, später bergauf nach Frohngau (geradeaus Ab-

stecher zur Kirche **St. Margareta (2)**), rechts in die Greußstraße, später durch Allee nach **Engelgau**, an B 477 rechts auf Dürener Straße in den Ort hinein, links auf der Ahestraße bergab zur **Ahekapelle (3)**, im **Genfbachtal (4)** nach Überschreiten des Baches links zunächst auf Radweg bis zu einer Kreuzung, hier halb rechts bergan, an Sperrschranke geradeaus auf Römerstraße vorbei am Jagdhaus Mürel, später zusammen mit JH B 51 überqueren – ab hier Radpilger auf markiertem Radweg ins Zentrum von **Blankenheim (5)** – Fußpilger mit JH zur Burg Blankenheim, rechts Burgtreppe bergab, über Zuckerberg zur Kirche, vor Hirtentor links Treppe zur Ahrquelle und zur Jakobsweg-Stele am Curtius-Schulten-Platz.

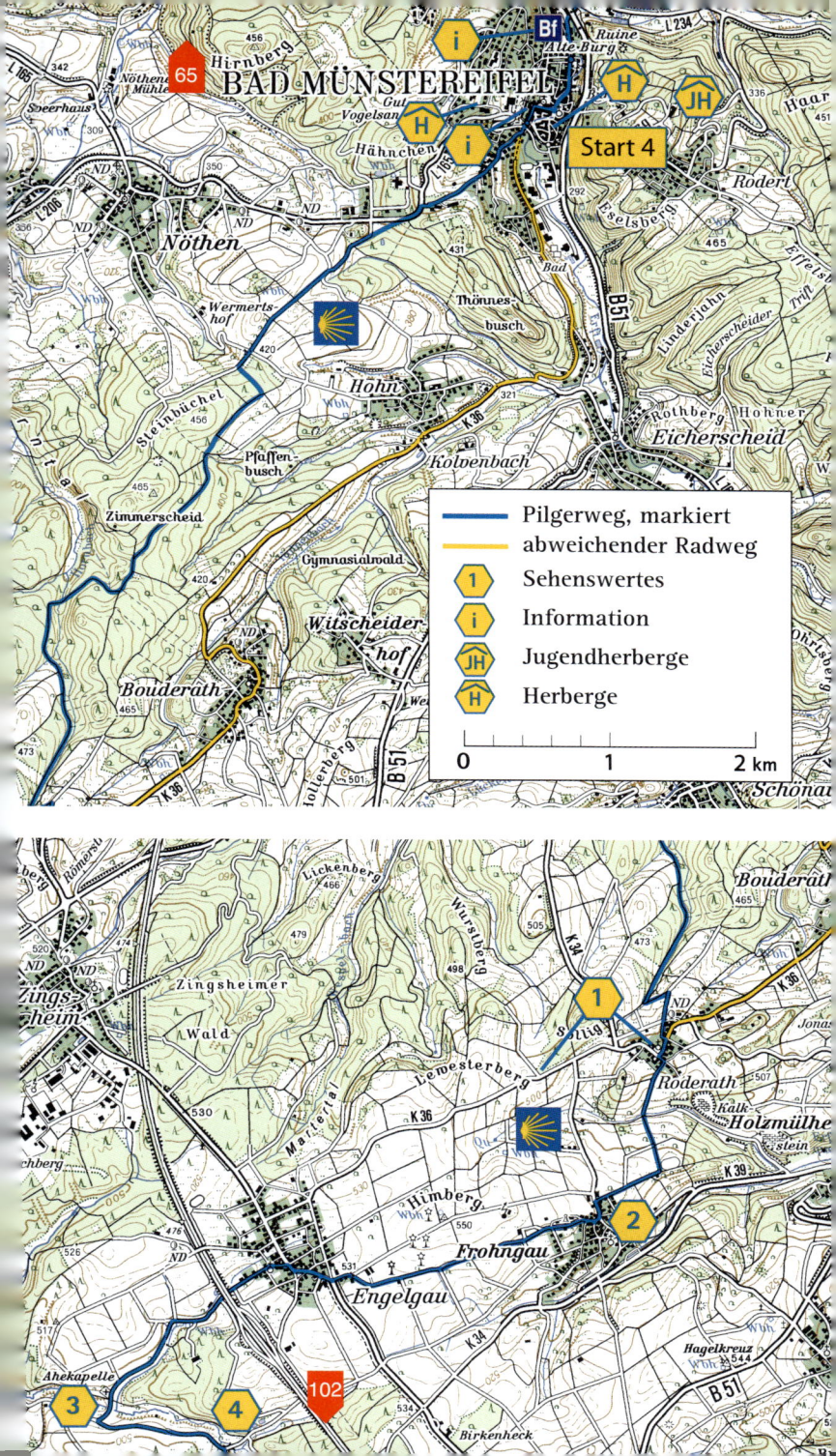

Legend:

— Pilgerweg, markiert
— abweichender Radweg
⬡ 1 Sehenswertes
⬡ i Information
⬡ JH Jugendherberge
⬡ H Herberge

0   1   2 km

Antonius-
kapelle,
Roderath

1 Nettersheim-Roderath

Westlich von Roderath wurden Teile eines römischen Gutshofes („Villa rustica") freigelegt. Der Siedlungsplatz ist im Zusammenhang mit den in der Nähe vorbeiführenden Römerstraßen Bonn–Trier (durch Nettersheim-Tondorf) und Köln–Trier (durch Nettersheim-Marmagen) zu sehen. Während ihrer Zugehörigkeit zur Grafschaft Blankenheim (1222–1794) mussten die Roderather als Naturalabgabe der Herrschaft pro Feuerstelle ein „Rauchhuhn" liefern. Im Rahmen der Spanndienste führten sie die in der gesamten Eifel üblichen „Moselfahrten" durch: Im Frühjahr brachten sie die leeren Weinfässer an die Mosel, die sie im Herbst gefüllt zurücktransportierten. Zur Kirchweih durfte ausschließlich gräflicher Wein gezapft werden.

Eckquader, Gewände und das Taufbecken der neugotischen Kapelle sind aus „Roderather Marmor", einem Kalkstein, der aus Ablagerungen der Korallen und anderer Riffbewohner zur Zeit des Mitteldevons entstand und in einem Steinbruch im Süden des Dorfes gebrochen wurde. Den Altar flankieren die Figuren der Kirchenpatrone Maternus und Antonius. Der hl. Maternus (um 313) ist der erste namentlich bekannte Bischof von Köln.

Friedhofs-
kreuz von
St. Margareta,
Frohngau

2 St. Margareta, Nettersheim-Frohngau

Die Kirche bildet zusammen mit dem Pfarrhaus und der früheren Schule den typischen Mittelpunkt des Eifeldorfes. 1923 wurde an den spätgotischen Westturm, der aus Bouderather „Marmor" besteht, eine Saalkirche angebaut. Die ländliche Barockausstattung der alten Kirche blieb weitgehend erhalten. Außen am Chor steht das ehemalige Friedhofskreuz von 1849 mit einer Darstellung der Pfarrpatronin St. Margareta.

3 Wallfahrtskapelle St. Servatius,
sogenannte Ahekapelle, Nettersheim-Engelgau

Das Gebiet um die einsam gelegene Kapelle war früher besiedelt. Beim Bau des romanischen Schiffes wurden römische Werkstücke wiederverwendet. Neben der Kapelle wurden römische Gräber gefunden. 1501 weist das Grundbuch der Abtei Steinfeld drei zinspflichtige Höfe „in der Ahe" aus. Die Grafen von Blankenheim unterhielten hier eine Mühle mit Weiher und vier Fischteichen, die sich noch im Gelände abzeichnen. Die Wallfahrtskapelle St. Servatius besteht aus einem romanischen Schiff des 12. oder 13. Jh. und dem breiteren spätgotischen Chor. Durch ein Gitter im Vorraum kann man in das schlichte Innere blicken. Auf der Altarfront ist der Patron im Bischofsornat zu sehen.

4 Naturschutzgebiet Genfbachtal, Nettersheim

Das Genfbachtal ist eines der schönsten Wiesentäler der Eifel. Der von Erlen und Weiden galerieartig begleitete Genfbach fließt durch Berg-Glatthaferwiesen. Auf den mäßig feuchten Standorten beginnt im zeitigen Frühjahr das Wiesenschaumkraut die Aue mit einem Schleier aus weißlila Blüten zu überziehen, auf den feuchten bis nassen Stellen breiten sich die üppigen Wiesenknöterichfluren mit ihren rosaroten Blütenähren aus. Es schließt sich eine Pracht an aus bunt blühenden Kräutern wie der Kuckuckslichtnelke, dem Scharfen Hahnenfuß, der Schwarzen Teufelskralle, der Bach-Nelkenwurz, dem Wiesen-Pippau, zahlreichen Orchideen und Gräsern wie dem Glatthafer und dem Wiesenfuchsschwanz. Ein Höhepunkt ist erreicht, wenn Anfang Juni der Waldstorchschnabel weite Teile der Wiesen mit seinem blauen Flor bedeckt. Das Ende der Blütenpracht bilden die unzähligen rosa Kelche der Herbstzeitlosen.

Genfbachtal während der Waldstorchschnabelblüte

Die hohe Artenvielfalt entsteht durch die extensive Bewirtschaftung, die in einem Düngerverzicht und der einmal im Jahr stattfindenden Mahd Anfang Juli liegt. Auf ausgewählten Weiden werden seit 1993 die hellbraunen Glanrinder gehalten, eine alte Haustierrasse, die bei niedrigem Besatz ebenso zur Erhaltung der Wiesen beiträgt.

5 *Blankenheim*

Der Weg in den Ort führt am Tiergartentunnel vorbei, der zusammen mit anderen Resten der Wasserleitung einen einzigartigen Einblick in die spätmittelalterliche Wasserversorgung der Burg gewährt.

Die steinerne Burganlage auf dem Bergrücken dominiert das geschützt im Tal liegende Fachwerkstädtchen an der Ahrquelle. Im 15. Jh. von einer Burg zum Schloss erweitert, wurde die Anlage im Laufe der Jahrhunderte beständig ausgebaut. Nach der Flucht der letzten Regentin 1794 vor den Franzosen nach Böhmen verkam sie zur Ruine. Doch seit sie 1929 als Jugendherberge wie-

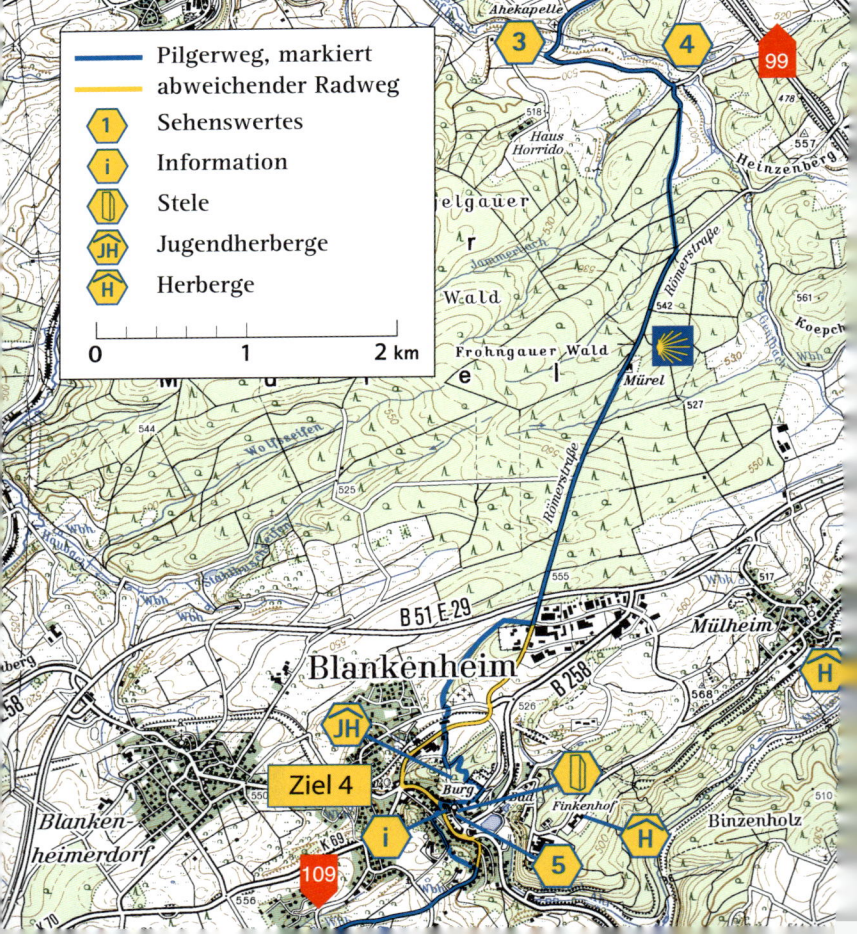

deraufgebaut wurde, beherrscht die Anlage erneut das Ortsbild. Auf halber Höhe steht anstelle einer früheren Muttergotteskapelle die 1505 geweihte Talkirche. Der Bauplatz war eng begrenzt und somit auch die Ausmaße der neuen Kirche, die weniger Stützen erforderte, als es Apostel gibt. Also wurde an manche Wandpfeiler einfach ein Apostelpaar gestellt, sodass der Symbolsprache der Gotik – nach der die Apostel die Säulen der Kirche auf Erden sind – dennoch Rechnung getragen wurde. Die Figuren aus Tuffstein wurden gegen Ende des 16. Jh. gefertigt (→ S. 104).

Bei der Renovierung der Kirche 1870 wurden drei gotische Schnitzaltäre der nicht wieder errichteten Burgkapelle aufgestellt. Im Figurenprogramm des Hochaltars mit elf Propheten, dem Kirchenpatron und den zwölf Aposteln über einer Kreuzigungsdarstellung ist Jakobus d. Ä. der Erste von rechts in der oberen linken Nische. Der linke Seitenaltar zeigt Szenen aus dem Leben Marias, der rechte die Passion Christi. Das Gewölbe ist mit dekorativen, spätgotischen Malereien verziert. Mitten im Chor hängt eine Madonna im Strahlenkranz, ebenfalls aus dem 16. Jh. In die linke Chorwand ist die Grabplatte der Kirchenstifter von 1524 eingelassen. Unter dem Wappen des Grafen Johann I. sitzt eine schöne Frau dem Tod gegenüber. Die erheblich jüngere Gräfin, die erst 18 Jahre nach ihrem Ehemann starb, errichtete nicht nur sich, sondern auch späteren Generationen mit diesem Denkmal ein

Blick auf
Blankenheim

Mahnmal. Die einzige Hoffnung der Darstellung geht von den Muscheln aus, die auf das ewige Leben verweisen. In einer vergitterten Nische neben dem Grabstein wird das Büstenreliquiar des hl. Georg aufbewahrt. Es entstand um 1450 und zeigt den Patron der Ritter als Soldat des römischen Heeres. In der Krypta unter dem 1616 errichteten Westturm wurden nach dem Verfall der Burg die sterblichen Überreste der in der Burgkapelle bestatteten Mitglieder der Grafenfamilie beigesetzt. Wem nach dem Besuch der Ahrquelle und des Eifelmuseums noch Zeit bleibt, der sollte über den Prozessionsweg hinaufsteigen zur nahen Hülchrather Kapelle. Gleich auf der ersten der sieben Fußfallstationen ist Jesus am Ölberg mit den schlafenden Aposteln Johannes,

Jakobus und Petrus zu sehen (→ S. 61). In der barocken Kirche auf der Höhe, die über das benachbarte Altersheim zugänglich ist, erwartet den Besucher eine für die Eifel besonders seltene Raumgestaltung im Rokokostil. Die drei hölzernen Barockaltäre kamen aus der Pfarrkirche hierher, als dort die Ausstattung der Schlosskirche einzog. Die Front des Hauptaltars zeigt die Georgslegende, die Seitenaltäre sind den Nebenpatronen der Pfarrkirche, Georg und Margarete, gewidmet.

St. Jakobus auf Eifeler Eisengussplatten

Die Entwicklung des regionalen Kunsthandwerks hing früher wesentlich vom Vorkommen geeigneter Rohstoffe ab. War am Niederrhein Ton der Werkstoff für die Gebrauchsgegenstände des Haushalts und im Fichtelgebirge das Glas, so bildeten in der Eifel die reichlichen Roteisensteinvorkommen und die heimische Holzkohle die Grundlage zur Verhüttung.

Auf dem Gebiet der gusseisernen Bildplatten entwickelten die Eifeler Hütten zwischen 1500 und 1900 ein Kunsthandwerk ersten Ranges. In seiner 1541 erschienen „Cosmographey" zitiert Sebastian Münster den Trierer Arzt Dr. Richwinus: „In der Herrschaft Schleiden, Kronenburg und

Herdgussplatte mit Christophorus und Jakobus, Heimatmuseum Sinzig

Kall gibt es Eisenwerke, wo Formen (massae) und Eisenöfen gegossen werden, die jenseits und diesseits (des Rheins) durch ganz Deutschland gebracht werden." Die Bildplatten schützten die Herdwand vor dem Feuer und reflektierten mit der dekorierten Seite die Wärme in den Raum. Heute begegnen sie uns gelegentlich an Hauswänden.

Eine weiterentwickelte Form ist die Takenplatte, eine Warmluftheizung, die sich von der Kaminplatte durch den unverzierten Rand unterscheidet. Die Takenplatte wurde in einen Mauerdurchbruch eingelassen und leitete die Wärme des Herdraums in die anschließende Bauernstube („stuff"), die somit rauchfrei blieb. Ihre Bildseite war der Stube zugewandt und meist vom sogenannten Takenschrank eingefasst, der im Bereich der Platte eine durchbrochen gearbeitete Tür und darüber einen Einbauschrank besaß.

Die Ausgestaltung der Platten mit Ziermotiven, Einzelfiguren und Szenen variiert nach Zeit und Region. Die Wiedergabe von Heiligenfiguren ist jedoch typisch für die Mittlere und die Südeifel zwischen 1500 und 1700. Jakobus d. Ä. ist oft neben anderen beliebten Heiligen des Spätmittelalters wie Anna und Maria dargestellt oder zum Pilgerpatron Christophorus in Beziehung gesetzt.

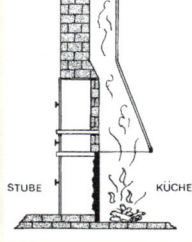

Von l. n. r.: Takenschrank (Eisenmuseum Jünkerath), Anordnung einer Takenplatte, Kamin (Eifelmuseum Blankenheim)

Der Weg führt weiter durch die Kalkeifel, über Höhenrücken und durch tief eingeschnittene Bachtäler. Die Landschaft wird zunehmend einsamer: Durch ruhige Dörfer, über bewaldete Kuppen und vorbei an Wiesen und Weiden erreichen wir das romantische Kronenburg, das „Juwel des Oberen Kylltales".

In seiner Planung sollte man sich darauf einrichten, dass Prüm erst der nächste Ort mit Einkaufsmöglichkeiten ist.

Wasserflaschen kann man an Friedhöfen füllen.

Pilgerspuren ...

Hinter Blankenheim verläuft die Route ein Stück auf einem der Wallfahrtswege zum Grab des Apostels Matthias in Trier (→ S. 205 f.).

Pilgerweg

Über Jakobspilger im Wald südlich von **Blankenheim** berichten Gerichtsprotokolle des 18. Jh.: Anlässlich einer sogenannten „General lands visitation" 1738, bei der man bemüht war, Vagabunden und sonstige verdächtige Personen festzunehmen, ist von einem Verhör des „von allmosen lebenden Jacobsbruder" Henricus Hoffmann die Rede, der sofort des Landes verwiesen wurde. Auch im Jahre 1742 wurde im Blankenheimer Gebiet ein „Jakobsbruder", nämlich Hans Peter Spine, festgenommen. Er und seine Verwandten hatten Pässe dabei, die „allen Anscheins

Im Blankenheimer Wald

Links:
Blick von Kronenburg ins Kylltal

nach wegen gehaltener andacht zu Cöllen, Rom und Compostell" ausgestellt worden waren.

Von Blankenheim bietet sich als Fahrrad-Variante der Weg über das Kyll- und Moseltal nach Trier an.

23 km Wegbeschreibung und Hinweise

Schwierigkeitsgrad zu Fuß: mittel, überwiegend auf Wander- und Wirtschaftswegen

Ausgangspunkt Blankenheim, Jakobsweg-Stele: Mit dem JH über **Nonnenbach (1)** bis Stromberghütte, dort rechts zur K 69, jenseits rechts, nach 100 m links, ab Ahrmühle Radweg über **Waldorf (2)** bis K 69 weiter auf dem JH über **Vierherrenstein (3)** zur Kreuzung vor Baasem, dort geradeaus auf der Hammer- und der Hüttenstraße zur Kirche **St. Mariä Geburt (4)**, nun der Kronenburger Straße (auf der Höhe rechts) bis **Kronenburg (5)** folgen.

Schwierigkeitsgrad per Rad: mittel, auf Wirtschaftswegen und verkehrsarmen Straßen

Ausgangspunkt Blankenheim, Jakobsweg-Stele: Auf dem Nonnenbacher Weg bis Russenkreuz, weiter mit Fußpilgern nach **Nonnenbach (1)**, zum **Vierherrenstein (3)**, mit dem Radweg hinunter nach Dahlem, bei der Kirche St. Hieronymus (innen: Jakobusfigur) links in die Trierer Straße (L 110), bei der Hofschaft Fuchskaul rechts in die Straße nach Baasem, auf der Hammer- und der Hüttenstraße zur Kirche **St. Mariä Geburt (4)**, von dort weiter wie der Wanderweg.

Abrahamfenster, St. Mariä Geburt, Baasem

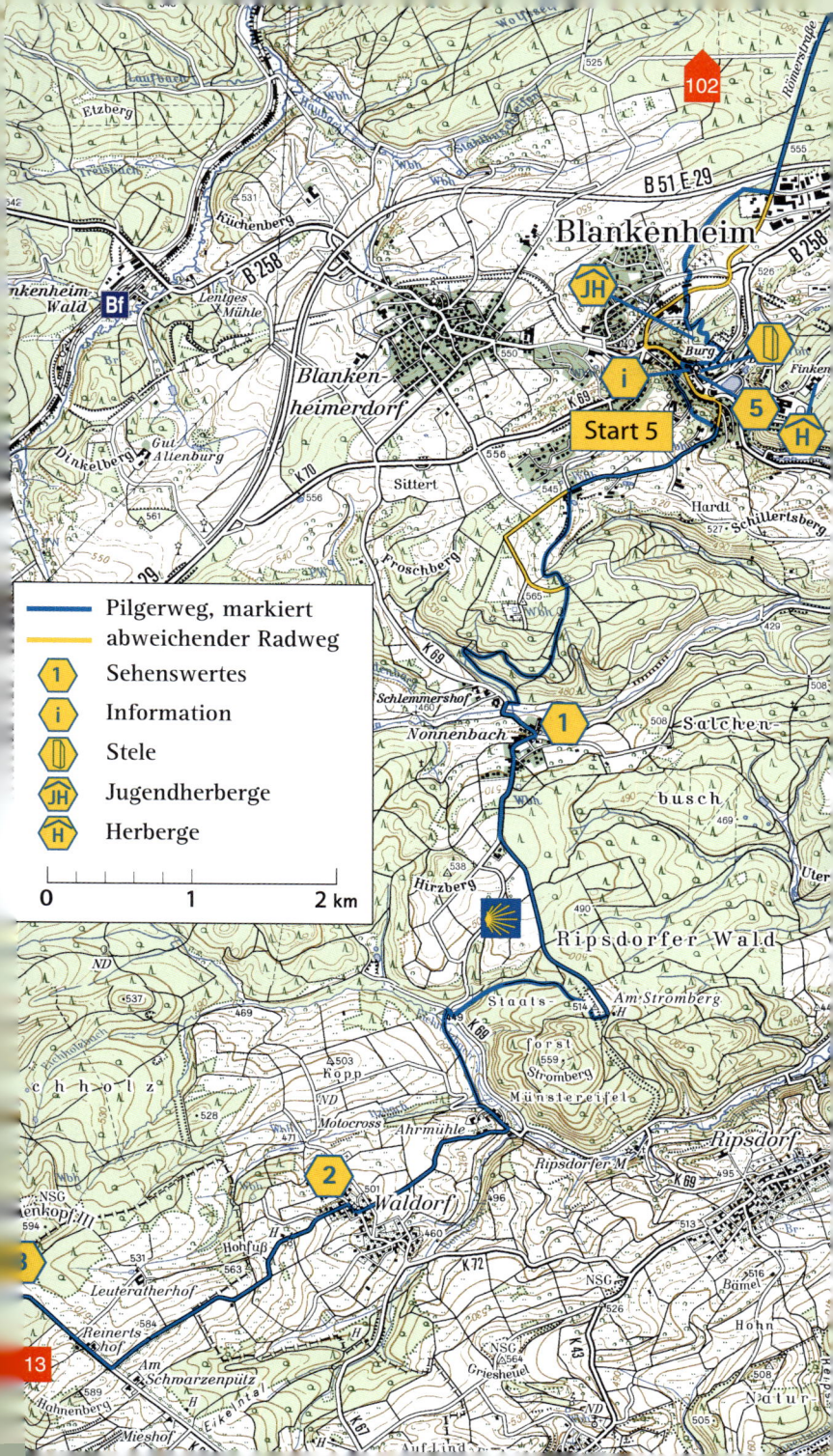

Legend

Pilgerweg, markiert
abweichender Radweg

1 Sehenswertes

i Information

Stele

JH Jugendherberge

H Herberge

0 1 2 km

Blankenheim

B 51 E 29

B 258

Blanken-
heimerdorf

Start 5

Schillertsberg

Froschberg

Salchen-

busch

Schlemmershof
Nonnenbach

Hirzberg

Ripsdorfer Wald

Staats-
forst
Stromberg
Münstereifel

Am Stromberg

Ahrmühle
Ripsdorfer M.

Ripsdorf

2 Waldorf

Hohfuß

Leuteratherhof

Reinerts-
hof

1 *Kapelle St. Brigida, Blankenheim-Nonnenbach*

Über dem Nonnenbachtal liegt der nach ihm benannte Ort mit der Brigidakapelle, einem verputzten Bruchsteinbau.

Die Gründer der Abteien Prüm und Münstereifel brachten die Verehrung der irischen Heiligen in die Eifel, wo in vielen Kirchen Statuen von ihr stehen. St. Brigida von Kildare (453–521) gründete den Brigidenorden und stiftete mehrere Klöster, unter ihnen eines in Kildare. Als erstes Doppelkloster bot es auch Frauen die Möglichkeit des Lebens in der Ordensgemeinschaft. Von Irland ausgehend, wurden die Doppelklöster kennzeichnend für das Christentum des 7. Jh. in Frankreich, England und Spanien. „In ihnen entfaltete sich das monastische Leben der Frauen, denen das Männerkloster Unterstützung, Hilfe und notfalls auch Schutz gewährte. Es fällt auf, dass nur in Spanien die Nonnen von den Mönchen abhängig waren. In allen anderen Ländern war es die Äbtissin, die den gesamten Komplex des Doppelstiftes verwaltete." *(Régine Pernoud: Die Heiligen im Mittelalter, Lübbe 1984)* Auch noch als Äbtissin kümmerte Brigida sich um den klösterlichen Wirtschaftsbetrieb, um Viehzucht und Molkerei, Aussaat und Ernte. Der Überlieferung nach blieb eine ihr anvertraute Herde auf wunderbare Weise von einer verheerenden Viehseuche verschont.

Altarbild der Brigidakapelle, Kronenburger-hütte

Darum hat die Landbevölkerung sie zur Patronin ihrer Tiere erwählt, des Geflügels und des Hornviehs, aber auch der Kinder und Wöchnerinnen. Dargestellt wird Brigida meist als Äbtissin mit (Feder-)Vieh. Die hiesige Figur der Patronin wird wie jene in der Kapelle von Kronenburgerhütte und in der Basilika von Prüm von einem Kalb begleitet. Eine prächtige Figur des Erzengels Michael auf der gegenüberliegenden Seite repräsentiert den zweiten – vielleicht sogar älteren – Patron der Kapelle, der im Bewusstsein der Landbevölkerung aber eher ein Schattendasein führt.

2 Kapelle St. Dionysius, Blankenheim-Waldorf

Im Schatten einer mächtigen Linde liegt die St. Dionysius-Kapelle auf der Bergkuppe von Waldorf. Das Innere des spätgotischen Saalbaus überrascht mit einer reichen Barockausstattung von drei Altären. Besonders eindrucksvoll ist am Hochaltar die Holzstatue des hl. Bartholomäus, der seine Haut über dem Arm trägt. Er weist damit auf sein Martyrium hin, bei dem ihm bei lebendigem Leib die Haut abgezogen wurde. Im linken Seitenschiff befindet sich eine Statue des Kirchenpatrons Dionysius, der seinen Kopf in den Händen hält. Der Legende nach trug er sein abgeschlagenes Haupt vom Richtplatz auf dem Montmartre in Paris zu dem Ort vor den Toren der Stadt, wo er begraben sein wollte, dem heutigen Saint-Denis.

Hauptaltar der Dionysius-kapelle, Waldorf

Realistische Darstellungen wie diese gehen bis ins frühe Mittelalter zurück. Später wurde oft Anstoß an solchen Heiligenbildern genommen, man legte – um die Wiedergabe zu mildern – dem hl. Bartholomäus einen Mantel über den Arm und deutete die Grausamkeit des Leidens durch ein Schermesser in seiner Hand an. Aus naheliegenden Gründen wählten die Gerber ihn zum Patron, ebenso die Metzger. Beide Berufssparten genossen hohes Ansehen in der Eifel und mit ihnen ihre Schutzheiligen.

3 Vierherrenstein, Dahlem

Vierherren-stein, im Wald östlich von Dahlem

Der 500 Jahre alte Basaltstein markiert den „Vierländerpunkt" der Herrschaften Jünkerath, Kronenburg, Schmidtheim und Blankenheim. Auf drei Seiten sind die Wappen und Anfangsbuchstaben der Hoheitsgebiete mit Ausnahme von Blankenheim dargestellt. Nach einer Grenzbeschreibung („Weistum") von 1500 begann die alljährliche Begehung der Gemarkungsgrenzen durch die sieben Schöffen von Dahlem an diesem Stein.

Am Vierherrenstein zog die ehemalige Römerstraße von Köln nach Trier vorbei. Auf diesem Stück der Altstraße wallfahren seit langem die Matthiaspilger.

4 St. Mariä Geburt, Dahlem-Baasem

Beim Eintritt in die Kirche fällt der Blick des Wanderers auf das gegenüberliegende Fenster, das Schuhe, Pilgerstab und -tasche zeigt. Hubert Schaffmeister aus Iversheim verweist im unteren Teil dieses 1984/86 geschaffenen Abraham-Fensters (→ Abb. S. 108) auf den Aufbruch des von Gott Berufenen: „Der Herr sprach zu Abraham: ‚Zieh weg aus deinem

Bittprozession vor St. Mariä Geburt, Baasem

Land, von deiner Verwandtschaft und aus deinem Vaterhaus, in das Land, das ich dir zeigen werde.'" *(Genesis 12,1)*

Der zweischiffige Kirchenraum gilt als einer der schönsten der Spätgotik in der Eifel. Er erhielt seine Gestalt, als man um 1500 die Südwand der romanischen Vorgängerkirche niederlegte, durch Pfeiler ersetzte und ein gleich großes zweites Kirchenschiff anfügte. Aus jedem der Pfeiler entspringen 16 Rippen. Die Kreuzungspunkte des Netz- und Sterngewölbes bilden figürliche Schlusssteine. Eligius, der Patron der Schmiede, ist auf ihnen ebenso zu erkennen wie der hl. Quirinus von Neuss. Die Reliefs des Marienaltars im Nordchor zeigen im Stil der Spätrenaissance: Jesus als Knaben im Tempel, die Flucht nach Ägypten und die Szene des erschreckten Elternpaares auf der Suche nach seinem Kind.

5 Dahlem-Kronenburg

Kronenburg liegt auf einem zungenartigen Bergvorsprung über der Kyll auf 660 m Höhe. Dieser exponierten strategischen Lage verdankt der Ort seine Entstehung. Lediglich an der Nordseite waren mit Burggraben und Schildmauer Befestigungen notwendig. Hier grenzten früher die großen Territorien von Kurtrier und Luxemburg im Süden bzw. Südwesten und Kurköln sowie des Herzogtums Jülich im Norden aneinander. Da die Herrschaft um 1550 Luxemburg unterstand, fiel sie 1555 von Karl V., der zu dieser Zeit Herzog von Luxemburg war, an dessen Sohn Philipp II.

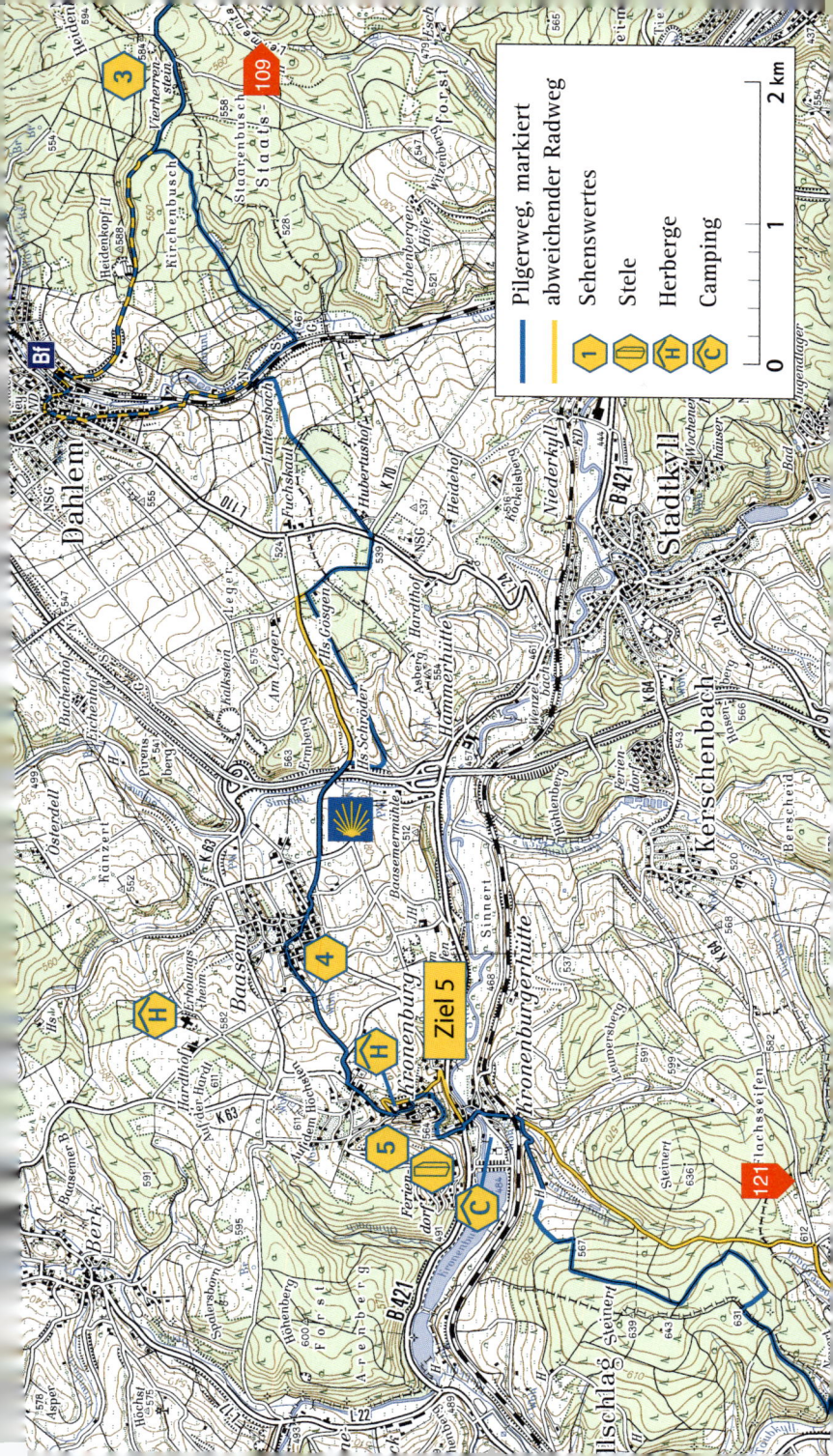

Pilgerweg, markiert
abweichender Radweg

Sehenswertes

Stele

Herberge

Camping

2 km

0   1

109

3

Staats

Heidenkopf II

Kirchenbusch

BI

Dahlem

Stadtkyll

B 421

Kerschenbach

Hammerhütte

Baasem

H

4

H

Ziel 5

Kronenburg

5

C

Feriendorf

Kronenburgerhütte

121

B 421

Berk

Gratiam *referendam*

KRONEBVRG
in der Eyfel.

von Spanien. Für die folgenden 160 Jahre bildete Kronenburg bis 1715 eine spanische Enklave mitten in der Eifel, weshalb der Ort im Volksmund auch „Spanisches Ländchen" genannt wurde.

Von der Burg aus dem 15. und 16. Jh. sind nur noch die Ruinen des Bergfrieds und zweier Flankentürme erhalten. Um die 1277 erstmals genannte Burg entstand eine Siedlung, die schon 1350 als Stadt bezeichnet wurde. Ende des 15. Jh. ließ der Johanniterorden die heutige Pfarrkirche St. Johannes Baptist erbauen. Die vier ausgemalten Sterngewölbe werden von einem einzigen Pfeiler in der Mitte des Raums getragen: Diese Konstruktion der „Einstützenkirche" ermöglichte allen Gläubigen freie Sicht auf den Altarraum und umgekehrt kann der Prediger alle Zuhörer fest ins Auge fassen. Kardinal Nikolaus von Kues hatte dieses Bauschema, das bei der Jakobinerkirche in Toulouse (1260) zum ersten Mal angewendet wurde, an der Franziskanerkirche in Salzburg kennengelernt. 1451 gab er den Auftrag zum Bau der Hospitalkirche in seiner Heimatstadt Kues an der Mosel. Anschließend breitete sich dieser Bautyp im ganzen Eifelraum aus. Von den 37 nachgewiesenen Einstützenkirchen sind noch 17 erhalten, von denen die Kronenburger dem Original am ähnlichsten ist. Wie in Kues fächert sich die eine achteckige Säule (8 ist die Zahl der Unendlichkeit) als Sinnbild für Jesus in zwölf Rippen auf, die für die Apostel stehen: Jesus und die Apostel tragen die Kirche.

Auf einem Wandbild des linken Seitenaltars, der dem hl. Georg geweiht ist, tötet dieser als Ritter den Drachen vor der Kulisse der Kronenburg. Zur Zeit der mittelalterlichen Einzelkämpfe und der Kreuzzüge war der „Drachentöter" Georg beim Adel ein beliebter Heiliger. Ein Gang um die Kirche zeigt, dass der Kirchturm – in den Mauerring einbezogen – Teil der Ortsbefestigung war. Der weitere Weg zum Burghaus führt am heutigen Hotel Villa Kronenburg vorbei, das 1955–95 Wanderheim des Eifelvereins war. In ihm begann Professor Werner Peiner (1897–1984) seine bekannte Malschule. Sie wurde in der 1937 im Heimatstil erbauten „Hermann-Göring-Meisterschule für Malerei" unterhalb des ersten Domizils fortgesetzt und bestand bis 1944. Heute nutzt das Land Nordrhein-Westfalen das denkmalgeschützte Gebäude, das auch Pilgern offen steht, für die Lehrerfortbildung. Allen ideologischen Vereinnahmungsversuchen zum Trotz war und ist Kronenburg ein beliebter Aufenthaltsort von Künstlern und Kunsthandwerkern. Alljährlich werden die Ergebnisse ihrer Arbeit am zweiten Septemberwochenende anlässlich der Kunst- und Kulturtage der Öffentlichkeit vorgestellt.

Mittelstütze der Kirche St. Johann Baptist, Kronenburg

Kronenburg über dem Kylltal

KRONENBURG → PRÜM

Die Etappe von Kronenburg bis Prüm führt über weite Teile entlang des Höhenrückens der Schne(e)ifel (Proviant mitnehmen!). Sie erreicht kurz vor dem „Schwarzen Mann" mit 675 m ü. NN die größte Höhe der Gesamtstrecke. Über den von dunklen Fichtenwäldern bedeckten Kammzug geht es am Kalvarienberg vorbei nach Prüm mit seiner berühmten Abtei.

Pilgerspuren ...

Zu Beginn der Tagesetappe erwartet den Wanderer in **Kronen-burgerhütte** eine Wallfahrtskapelle unter dem Patronat der hl. Brigida (→ Abb. S. 110). Seit einer Viehseuche im Jahre 1736 kamen besonders am Brigidatag, dem 1. Februar, zahlreiche Gläubige her, um die Heilige gegen Viehkrankheiten anzurufen. Noch heute wird der Tag mit einer feierlichen Messe begangen, gesegnetes Brot verteilt und Brigidawasser geweiht.

Pilgerweg

Südlich von Kronenburgerhütte beginnt jenseits der Grenze zu Rheinland-Pfalz das Gebiet des Bistums Trier. Mit dem Jahr 2011 hat die St. Jakobusbruderschaft Trier für den Weg der Jakobspilger die Betreuung von hier bis zur französischen Grenze ehrenamtlich übernommen.

Nach langer Wanderung durch die waldbedeckte Schneifel trifft der Wanderer erst wieder in **Prüm** auf Pilgerspuren. Das dort 721 und nochmals 752 gegründete Kloster entwickelte sich zu einem monastischen Zentrum, in dem die karolingischen Könige und Kaiser ein- und ausgingen. Pippin der Jüngere (gest. 768), Vater Karls des Großen, stattete das Kloster mit vielen Reliquien, darunter den „Sandalen Jesu Christi", aus. Wegen der Christusreliquien wurden Kirche und Kloster dem Salvator (= Erlöser) geweiht. Im Jahre 855 brachte Kaiser Lothar weitere Reliquien hierher, unter ihnen „eine Hand des hl. Jakobus, genannt Bruder des Herrn, mit einem Teile des Arms". Alle Anzeichen deuten darauf hin, dass der Kaiser die Kostbarkeiten der Pfalzkapelle zu Aachen entnommen hat. Bei diesem Reichtum an Reliquien ließen Pilger nicht lange auf sich warten. Sie fanden Unterkunft im Klosterhospital, das zwar für zwölf Arme gegründet worden war, aber aus-

Links:
Basilika
St. Salvator,
Prüm

Reliquiar der Sandale Christi, Salvator-Basilika, Prüm

drücklich auch für Pilger („peregrini") offen stand. Neben den freiwilligen Pilgerfahrten gab es auch noch die Prümer Pflichtprozessionen. Aus jedem Haushalt bestimmter von Prüm abhängiger Orte hatte eine männliche Person eine Wallfahrt nach Prüm zu unternehmen. Für das weit entfernte Münstereifel war die Prozession nur jedes zweite Jahr vorgeschrieben. 1756 wurde für die Klosterkirche eine Glocke gegossen, deren Inschrift neben Petrus und Paulus den hl. Jakobus nennt. Sie hat jedoch den Zweiten Weltkrieg nicht überstanden. Im Jahre 1954 erhielt die Salvator-Basilika fünf neue Glocken, darunter auch eine Friedensglocke, die dem hl. Jakobus geweiht ist. Die Übersetzung ihrer lateinischen Inschrift lautet: „Heiliger Jakobus, der du auf der Richtstätte dem Henker den Friedenkuss gegeben hast, schenke unseren Zeiten einen fruchtbaren Frieden. Deine Schutzbefohlenen, deren mühevolle Arbeit du mit glänzendem Erfolg gekrönt hast, sagen dir höchsten Dank, indem sie dir dieses Weihegeschenk widmen."

Insgesamt hat aber die Jakobusverehrung in St. Salvator nicht so eine große Rolle gespielt wie im ehemaligen Marienstift vor den Toren der Abtei:

1016 gründete Abt Urold (1006–18) in der Nähe des Klosters ein Kanonikerstift für die Pfarrseelsorge. Die der hl. Maria geweihte Stiftskirche besaß an zentraler Stelle einen Jakobusaltar, den wohl die Kaufleute und Krämer der Bürgersiedlung gestiftet hatten. 1685 wird dieser Altar anlässlich einer Visitation noch erwähnt. Am Festtag des hl. Jakobus, dem 25. Juli, fand ein großer Jahrmarkt in Prüm statt. Als der Trierer Erzbischof Clemens Wenzeslaus 1769 die Anzahl der Feiertage reduzierte, wurde auch der Jakobustag zu einem normalen Arbeitstag. Damit verlor der „Jakobimarkt" an Bedeutung und verschwand schließlich ganz.

Auch das Marienstift unterhielt ein Hospital, das 1187 erstmals in einer Urkunde erwähnt wird. Die heutige Spitalstraße hält die Erinnerung an diese soziale Einrichtung noch wach. Wie aus den Hospitalrechnungen zu ersehen ist, fanden darin viele arme Durchreisende, darunter auch ungarische Aachenfahrer, ein Dach über dem Kopf. Das Marienstift und sein Hospital existieren heute nicht mehr, aber ein großes Modell der Stiftskirche ist vor dem Pfarrhaus (rechts von der Abteikirche) zu sehen. 2005 wurde vor der Abteikirche die lebensgroße Bronzefigur eines Jakobspilgers aufgestellt.

Wegbeschreibung und Hinweise

25 km

Schwierigkeitsgrad zu Fuß: mittel, relativ steiler Aufstieg zum Kalvarienberg bei Prüm, überwiegend auf befestigten Forst- und Feldwegen

Ausgangspunkt Kronenburg: Vom Ortskern auf dem ▸ 5 hinunter zur Kyll und über die Brücke durch den Ort **Kronenburgerhütte (1)**, weiter auf dem ▸ 5 über den bewaldeten Steinert (639 m) und den Ort Ormont zum Schneifelhöhenweg, auf dem Höhenrücken der **Schneifel (4)** überwiegend parallel zur L 20, vorbei an Resten des **Westwalls (3)**, wenige Kilometer vor der Höhe des „Schwarzen Manns" (697 m ü. NN) links hinunter nach **Gondenbrett (5)**. Es folgt ein langer Aufstieg bis zum **Kalvarienberg (6)** oberhalb Prüms, bevor, vorbei am sogenannten **Ölgarten (7)**, das Zentrum von **Prüm (8)** erreicht ist.

Schwierigkeitsgrad per Rad: mittel; überwiegend auf befestigten bzw. geteerten Feld- und Waldwegen

23 km

Ausgangspunkt Kronenburg: Vom Ortszentrum auf der Zufahrtsstraße hinunter zur Bundesstraße kurz rechts und gleich links über die Kyllbrücke nach **Kronenburgerhütte (1)**, hier ▸ 5 folgen bis hinter Eisenbahnunterführung und dann halb rechts auf Wanderweg 9 bzw. 10 bis zur K 64 am **Goldberg (2)**, rechts hinunter nach Ormont, weiter bis **Gondenbrett (5)** über K 180 und B 265 ins Ortszentrum Prüm **(8/9)**.

Jakobspilgerdenkmal in Prüm

1 Dahlem-Kronenburgerhütte

Die Ortsgründung geht, wie der Name schon sagt, auf ein ehemaliges Eisenhüttenwerk im Kylltal unterhalb von Kronenburg zurück. Im 15. und 16. Jh. entstanden an zahlreichen Stellen der Nord-, Zentral- und Südeifel bedeutende Standorte der Eisenverhüttung und -verarbeitung. Das Metall wurde als rohes Guss- und Schmiedeeisen sowie als Fertigprodukt in Form von Waffen, Haushaltsgegenständen, Öfen, Kamin- und Takenplatten bis weit in die Niederlande sowie nach Nord- und Süddeutschland exportiert. Bekannte Industriellenfamilien wie die Hoeschs haben ihren Ursprung im Eifeler Raum.

Die Kronenburger Hütte ist erstmals Mitte des 15. Jh. belegt. Die Hütte mit angegliedertem Hammerwerk wechselte im Laufe der Zeit häufig ihre Besitzer, arbeitete jedoch insgesamt sehr erfolgreich. Das notwendige Eisenerz kam aus dem Raum Schmidtheim und Dahlem sowie bessere Erzqualitäten aus dem Raum Lommersdorf und Freilingen. Erst 1859 wurde das Werk stillgelegt. Zu dieser Zeit war die Konkurrenz im Lütticher Raum und im Ruhrgebiet für die verkehrstechnisch sehr benachteiligten Eifeler Standorte zu groß geworden. Eine Gedenktafel gegenüber der St. Brigida-Kapelle erinnert an die große Vergangenheit.

St. Brigida-Kapelle, Kronenburgerhütte

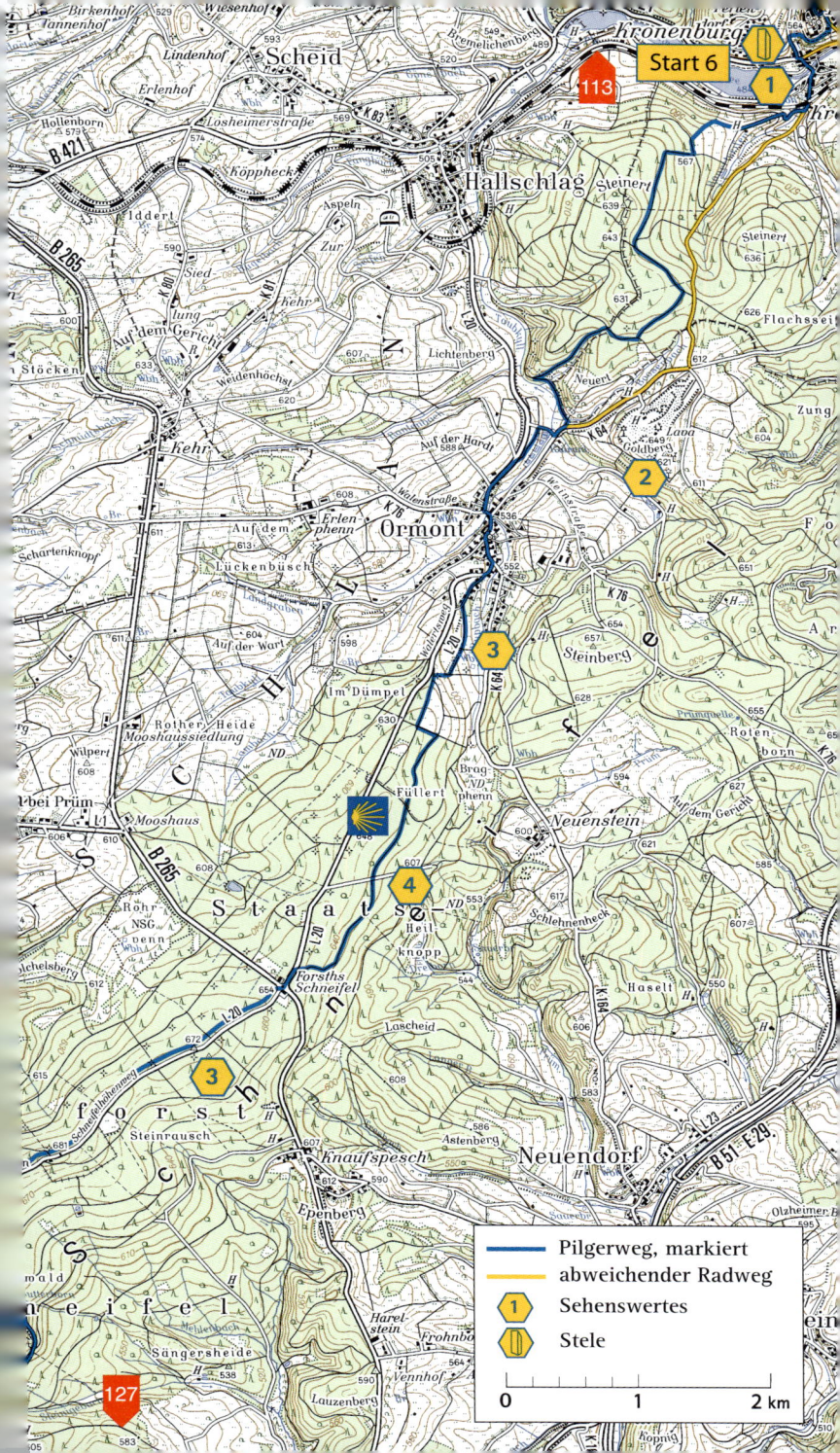

Start 6

Pilgerweg, markiert
abweichender Radweg

1 Sehenswertes
⬡ Stele

0   1   2 km

2 Goldberg mit Windkraftanlage

Windkraft-
anlage,
Goldberg

Der Goldberg entstand durch vulkanische Tätigkeit im Quartär vor ca. 400.000 bis 100.000 Jahren, bei der nicht nur Lavaschlacke, sondern vor allem Asche abgelagert wurde. Seit langem wird der daraus entstandene Vulkansand abgebaut, wodurch ein großer Teil des Goldbergs bereits abgetragen ist. Der Name leitet sich von den eingelagerten goldgelben Biotitkristallen ab. Auch der Name Ormont (Frz.: or = Erz, Gold) hat diesen Ursprung.

Auf der vom Abbau verschonten Bergkuppe wurde 1991 der erste Windpark Deutschlands im Binnenland angelegt. Mit 6,3 m/sek im Jahresdurchschnitt sind die Windverhältnisse vergleichbar mit denen in Küstenregionen. Der Erfolg dieser Pionieranlage hat dazu geführt, dass in den letzten Jahren zahlreiche Windkraftanlagen in der Eifel entstanden und heute das Landschaftsbild prägen. Eine der größten sieht man in direkter Nachbarschaft, den Windpark Hallschlag.

3 Der Westwall in der Eifel

Zahlreich sind bis heute die Spuren, die der Zweite Weltkrieg in der Eifel hinterlassen hat. Dazu zählen insbesondere die Bauten des Westwalls, den Hitler ab 1936 errichten ließ. Er war als Verteidigungslinie geplant und umfasste im Ausbauzustand des Jahres 1940 von Goch am Niederrhein bis Basel ca. 630 km Länge. Wichtige Bestandteile waren sowohl die „Höckerlinie", eine aus Beton gebaute Panzersperre, als auch Bunkeranlagen, insgesamt 17.000 betonierte „Kampfstände", die durch den Reichsarbeitsdienst errichtet wurden. Im Altkreis Prüm gab es allein zehn Lager für mehr als 7.000 Arbeiter.

Doch das Riesenbauwerk hat seine Aufgabe nicht erfüllt: Es wurde nach dem Scheitern der Ardennenoffensive relativ schnell von den Alliierten überrannt. Inzwischen sind die meisten Bunkeranlagen aus Sicherheitsgründen gesprengt und mit Erde überschüttet. Diese „Hügel" markieren in der Schneifel noch heute deutlich den Verlauf des Westwalls entlang des Höhenrückens.

4 *Schneifel*

Der Begriff Schneifel bezieht sich auf einen lang gezogenen Bergrücken, der sich über 15 km von Ormont bis Bleialf erstreckt und mit der Höhe von 697 m ü. NN am „Schwarzen Mann" die dritthöchste Erhebung der Eifel darstellt. Er wirkt wie eine Barriere für die mit Feuchtigkeit beladenen Westwinde, sodass hohe Niederschläge, im Winter vor allem als Schnee, für den Namen und die Entstehung der Hochmoore verantwortlich sind. Die kaum besiedelte Landschaft ist als Grenzgebiet lange Zeit Spielball verschiedener Kriegsgeschehnisse gewesen. Die Natur wurde über Jahrhunderte rücksichtslos ausgebeutet: Die früher neben den Mooren vorherrschenden Laubwälder sind durch umfangreiche Köhlerei vernichtet worden. Erst im 19. Jh. entstanden unter preußischer Verwaltung großflächige Aufforstungen mit Fichten, die bis heute das Landschaftsbild bestimmen. Das Forsthaus von 1880 lässt den offiziellen preußischen Stil ländlicher Bauten erkennen: an dem weit überstehenden Satteldach und den in der Eifel unüblichen Rundbogenfenstern.

Waldweg auf Schneifelhöhe

5 *St. Dionysius, Gondenbrett*

Im Dorf Gondenbrett im Mehlenbachtal fällt die stilistisch sehr eigenwillige Pfarrkirche St. Dionysius auf. Der kaum gegliederte Baukörper, den der Prümer Kreisbaumeister Guischard 1845/46 schuf, scheint einerseits noch dem Klassizismus verschrieben, andererseits lassen aber das unverputzte Bruchsteinmauerwerk und die spitzbogigen Fenster schon den Beginn des romanischen Historismus erkennen. Während der überwiegende Teil der Ausstattung neu ist, stammen eine Pietà des 16. Jh. und der Hochaltar von 1658 noch aus dem Vorgängerbau.

St. Dionysius, Gondenbrett

In der mittleren Bogennische steht der hl. Dionysius (frz. Saint Denis), Bischof von Paris.

6 Kalvarienberg bei Prüm

Ein Mahnmal und ein großer Krater von mehr als 100 m Durchmesser erinnern an die furchtbare Explosion, die sich am 15. Juli 1949 oberhalb von Prüm ereignete. Auf dem Kalvarienberg hatten die Alliierten in Bunkern ein großes Munitionsdepot angelegt, in dem 600 Tonnen Sprengstoff zur Beseitigung der Westwallanlagen lagerten. Bis heute ist nicht geklärt, wie es zu dem Feuer dort kommen konnte. Nur durch die sofortige Räumung der Stadt konnten zahlreiche Menschen gerettet werden. Immerhin starben bei der Explosion zwölf Personen, viele wurden verletzt und an die 1.000 obdachlos. Ein Viertel der Stadt wurde völlig vernichtet. Die zerstörte Kalvarienbergkapelle aus dem Jahr 1649 wurde später durch die Kreuzkapelle ersetzt.

Moderne Kreuzweg-stationen von J. B. Lenz (1990) am Kalvarien-berg, Prüm

7 Ölgarten, Prüm

Vor dem Schulhof am Kalvarienberg Nr. 25 liegt die kleine Grün-fläche des sogenannten Ölgartens. Neben einer knienden Christusfigur aus dem 19. Jh. in Lebensgröße findet sich der älteste datierte Bildstock der Verbandsgemeinde Prüm von 1597. Er war einst, wenn wohl auch an anderer Stelle, der Beginn eines Kalvarienbergweges. Das gut erhaltene Sandsteinrelief veranschaulicht in lebhafter Weise das verzweifelte Gebet Jesu im Garten Getsemani am Ölberg (→ S. 61). Welcher der schlafenden Jünger Petrus, welcher Johannes oder Jakobus d. Ä. ist, ist unklar.

8 Prüm mit seiner ehemaligen Benediktiner-Abtei

Die Geschichte der Eifel ist untrennbar mit derjenigen der Prümer Benediktiner-Abtei verbunden, die wie kein anderes Kloster über Jahrhunderte hinweg großen Einfluss auf die kulturelle und wirtschaftliche Entwicklung der Region hatte. 721 stifteten Bertrada und ihr Sohn Charibert das Kloster an der Prüm, das zunächst

von Mönchen aus Echternach bewohnt
wurde. Ein steinernes Kreuz markiert den
ehemaligen Standort auf dem heutigen
Friedhof neben der Basilika. 752 wurde
die Stiftung durch König Pippin erneuert
und mit umfangreichen Ländereien ausgestattet. 799 erfolgte der Bau einer romanischen Basilika, die laut Überlieferung
von Papst Leo III. im Beisein von Karl dem
Großen eingeweiht wurde. Die Statuen von
Pippin und Karl dem Großen flankieren
deshalb auch das Hauptportal. Die Basilika erhielt schon bald den Namen St. Salvator (Erlöser).

Hauptaltar
der Salvator-
Basilika,
Prüm

Durch Schenkungen von Reliquien (Sandalen Christi, → S. 118)
von Ländereien und durch Erteilung von Privilegien gewann das
Kloster schnell an Bedeutung und wirtschaftlicher Macht und stieg
zum „Hauskloster" der Karolinger auf. 855 trat Kaiser Lothar I.
nach seiner Abdankung ins Kloster ein und verstarb hier vier
Wochen später. Sein Grab befindet sich bis heute in der Basilika.

Seit dem 12. Jh. entstand aus den vielen Besitzungen in der
Eifel das geschlossene Herrschaftsgebiet des Abtfürstentums
Prüm mit entsprechendem Privileg aus dem Jahr 1222. Das Fürs-
tentum, zusammengesetzt aus den Räumen Schönecken und
Prüm sowie Schönberg (heute Belgien), blieb bis 1574/75 selbst-
ständig und ging danach in die Herrschaft Kurtrier ein. Eine
grundlegende bauliche Erneuerung der Klosteranlage und Kirche erfolgte ab 1721. Prüm wurde zu einer kleinen barocken Residenz ausgebaut.

Nach schweren Kriegsschäden ab 1950 wiederhergestellt,
dominiert die Salvator-Basilika mit ihrer Front aus weißem Putz
und rotem Sandstein und den beiden Türmen im Stil des Barock
bis heute das Stadtbild. Der Segmentgiebel des Hauptportals trägt
das Wappen der Abtei, links und rechts stehen auf dem Giebel
die Figuren des hl. Benedikt und der Scholastika; in der Mitte
thront eine Christusfigur. Der Innenraum zeigt noch zahlreiche
gotische Stilelemente, die beim Neubau der Kirche im 18. Jh. aufgenommen wurden und den barocken Eindruck stark in den Hintergrund treten lassen. Der barocke Hochaltar ist ursprünglich für

Hl. Brigida auf dem Hauptaltar der Salvator-Basilika, Prüm

die Karmeliterkirche in Bad Kreuznach gebaut worden und kam erst 1926 nach Prüm. Zum Originalbestand gehört die Sandsteinkanzel des Trierer Bildhauers Hans Ruprecht Hoffmann (um 1590) mit vier Reliefs. Die beiden Ölgemälde rechts und links im Chor zeigen die Gründung der Abtei und die Kirchenweihe. Die reichen Schnitzereien des Chorgestühls von 1731 stellen unter anderem Motive aus der Geschichte der Abtei dar. Nicht nur sehens-, sondern auch hörenswert ist die spätbarocke Orgel von 1782.

Mit dem Einmarsch französischer Revolutionstruppen 1794 erlosch die Reichsabtei Prüm. 1802 wurden die noch verbliebenen 17 Priester vertrieben, das Kloster aufgelöst, die Abtei- zur Pfarrkirche ernannt und die Klostergebäude zu einer Schule umfunktioniert. Zwar endete damit die geistliche Herrschaft in Prüm, der Ort entwickelte sich jedoch schnell weiter. Prüm besaß bereits seit 1016 das Marktrecht und wurde bald zum wichtigsten Markt der Region, verbunden mit einer verkehrstechnischen Erschließung. Ab 1816 wurde der Ort Verwaltungssitz des neu eingerichteten Kreises Prüm. Den Status einer Stadt erhielt Prüm allerdings erst 1856 durch die Annahme der preußischen Städteordnung. Im Laufe des 19. Jh. begann der industrielle Aufschwung. Vor allem Tuchproduktion sowie Gerbereien fanden gute Bedingungen vor. 1883 erhielt Prüm einen eigenen Eisenbahnanschluss. Die Strecke ist inzwi-

Hauptportal der Salvator-Basilika, Prüm

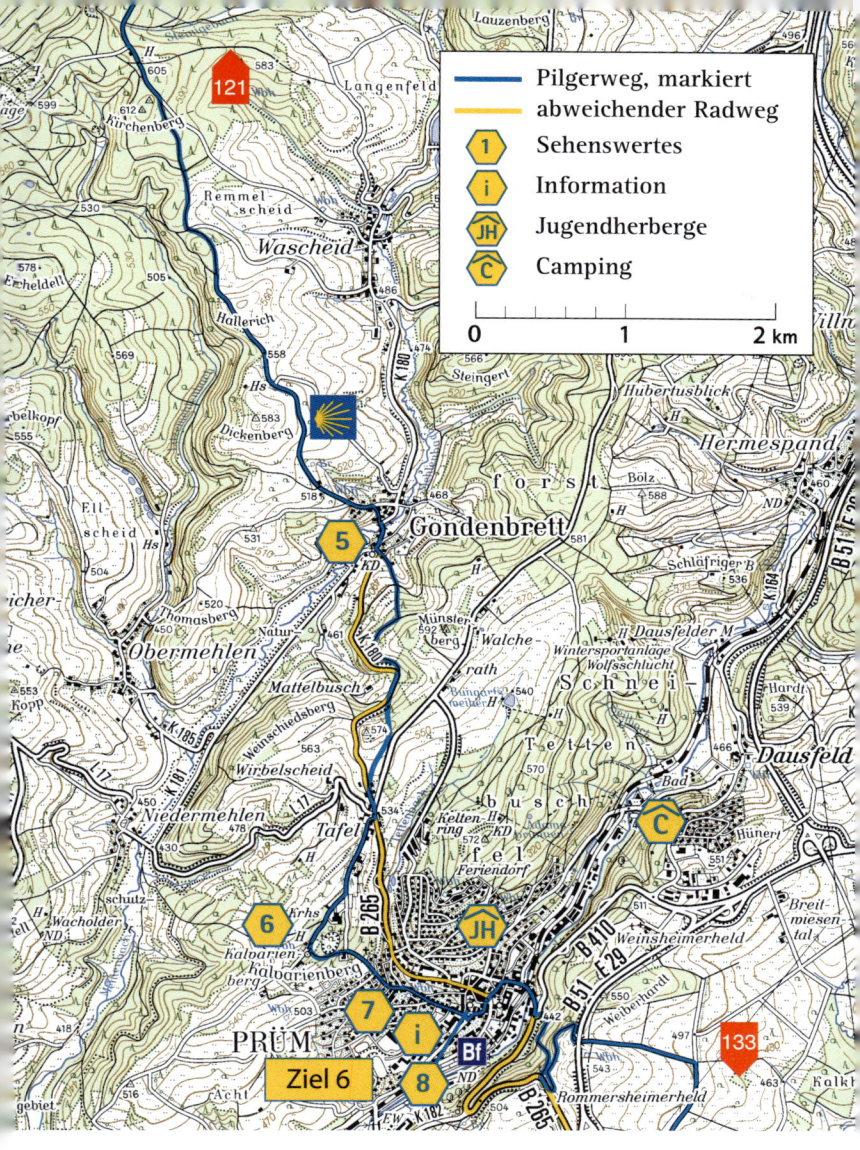

schen jedoch eingestellt worden. Im Zweiten Weltkrieg war die Stadt eine wichtige Basisstation während des Baus des Westwalls (→ Punkt 3). Der Krieg brachte schwere Schäden für den Ort, unter anderem brannte auch das Abteigebäude aus. Der Wiederaufbau erhielt durch das schwere Explosionsunglück am Kalvarienberg (→ Punkt 6) einen herben Rückschlag. Dennoch konnte das Gebäude bereits 1953 als Gymnasium, Amtsgericht und Katasteramt genutzt werden. Die Basilika wurde 1961 fertiggestellt.

Von Prüm geht es hinauf zur Prümer Kalkmulde, der südlichsten von insgesamt acht in Nord-Süd-Richtung gestaffelten Eifeler Kalkmulden. Südöstlich von Rommersheim führt der Weg durch die landschaftlich reizvolle „Schönecker Schweiz" mit ihren von bizarren Kalksteinfelsen geprägten Hängen des Kupfer- und Schalkenbachtales. Schönecken mit der über dem Ort thronenden Burgruine und seinem alten Ortskern lädt den Wanderer zur Rast ein. Der Weg führt weiter entlang der Nims nach Nimsreuland, einem kleinen Ort mit alter Baustruktur, und nach Lascheid, von wo man eine wundervolle Aussicht auf den westlichen Teil der Eifel, den Islek, genießen kann. Bis zur Mariensäule bleiben wir auf der Höhe und folgen dann dem steilen Fußpfad hinab nach Waxweiler im Prümtal.

Links: St. Antonius-Kapelle, Schönecken

Pilgerspuren ...

Auf halber Tagesstrecke, in und um Schönecken, stoßen wir auf zahlreiche Jakobusspuren:

Zunächst ist da die St. Jakobuskirche in **Niederhersdorf**, 4 km östlich von Schönecken, zu nennen. Hersdorf gehörte schon früh zu den Besitzungen der Abtei Prüm. Über der Ansiedlung, die in die Zeit der fränkischen Landnahme zurückgeht, liegt inmitten des ummauerten Kirchhofs die malerische Baugruppe der spätgotischen Jakobuskirche mit älterem Turm und einer querschiff-

Pilgerweg

Niederhersdorf auf dem Kirchenfenster von St. Jakobus

Altarfront
St. Jakobus,
Niederhers-
dorf

artigen Erweiterung aus den 1920er-Jahren. Eines der Fenster, die im Rahmen dieser Vergrößerung entstanden sind, gibt sehr anschaulich das dörfliche Ensemble wieder.

Die Figur des Jakobus, ursprünglich für das Mittelfeld des Hauptaltars in der zweiten Hälfte des 18. Jh. geschaffen, steht heute in einer eigenen Wandnische. Die Front des Altars zeigt jedoch noch eindeutig den Patron als Pilger in einem von goldenen Rocaillen umgebenen Medaillon. Beachtung verdient auch der benachbarte Burghof des ehemaligen Ortsadels. Der Eingang des mittelalterlichen Wohnhauses wird von einem Werkstein eingefasst, dessen Mitte das ausgeprägte Relief einer Jakobsmuschel schmückt. Interessant ist, dass sowohl Niederhersdorf als auch der Burgflecken Schönecken zu der schon 1330 nachgewiesenen Pfarrei Wetteldorf gehörten, von der St. Jakobus in Niederhersdorf heute noch eine Tochterkirche ist. Vielleicht begegnet uns darum der hl. Jakobus ebenfalls in **Schönecken** an exponierter Stelle. Dort sollte der Wanderer nicht versäumen, die Stufen zur sogenannten Burgkapelle auf halber Höhe des Burgberges hinaufzusteigen. In die Außenwand der Sakristei der Kirche St. Antonius ist ein steinerner Altaraufsatz von 1622 mit einer sehr schönen Jakobusfigur mit Pilgerstab in der rechten und Buch in der linken Hand eingelassen. Der Pilgerhut und der Umhang des Heiligen werden von Jakobsmuscheln geziert (→ Abb. S. 128). An der Kirche St. Leodegar, 1 km südlich, hält der Besucher schon mit dem Türgriff eine (Jakobs-)Muschel in der Hand. Wer von Schönecken den Abstecher nach Hersdorf macht, folgt dem Schild „Jakobsknopp". Auf der Tranchot-Karte um 1810 taucht dieser Name gleich zweimal auf: zum einen als „Jackochs Knop" bei dem Hügel (= Knopp), auf dem heute der gleichnamige Weiler liegt, und zum andern mit „Jacops Knops" als Bezeichnung des Höhenrückens zwischen Schönecken und Niederhersdorf. Auf welchen der beiden der alte Endlosvers zielt, den der rheinische Volkskundler Matthias Zender in der Sammlung „Volksmärchen und Schwänke aus Eifel und Ardennen" von 1984 zitiert, ist ungewiss:

Ortsschild
Jakobsknopp

Jakobspilger

Et war e Man an e kläne Bub,
De gongen noh Sankt Jakobsknupp.
Un wie de noh Sankt Jakobsknupp kamen
Du kom e Man an e kläne Bub,
De gongen noh Sankt Jakobsknupp
Un wie de …

Einen Kilometer weiter westlich verläuft eine in die Wanderkarte des Eifelvereins eingetragene „Pilgerstraße" parallel zur alten Römerstraße durch den Wald von Weißenseifen nach Neuheilenbach. In der Kartenaufnahme der Rheinlande von 1810 ist dieser Weg noch simpel als „chemin de Kyllbourg à Prum" bezeichnet worden. Verschiedene Wegekreuze zeugen von der regen Nutzung dieser Nord-Süd-Trasse durch Pilger.

In der Pfarrkirche von **Waxweiler**, dem Tagesziel, erwartet den Wanderer eine Jakobusdarstellung aus dem 18. Jh. Die Vorgängerfigur befindet sich in der Kirche St. Maria in **Reipeldingen** südwestlich von Waxweiler. Sie ist Teil eines aufwendigen Sandsteinaltars von 1611, der von Waxweiler übernommen wurde.

Der Ort Waxweiler ist für die Entstehung der Echternacher Springprozession von großer Bedeutung: Der Legende nach kam der hl. Willibrord (657–739) auf einer Missionsreise auch nach Waxweiler, um das Evangelium zu verkünden. Die Einwohner führten aber während der Predigt heidnische Tänze auf und ließen trotz Ermahnung nicht davon ab. Da rief Willibrord schließlich voller Zorn: „So springet und tanzet denn ohne Unterlass, wenn ihr von den Werken des Teufels nicht lassen wollt." Und tatsächlich konnten die Tänzer von diesem Moment an nicht mehr aufhören zu tanzen. Erst als sie Besserung gelobten, befreite sie Willibrord von dem Tanzzwang, legte ihnen aber als Buße auf, nach Echternach zu wallfahren und dort „mit heiliger Andacht" zu springen und zu tanzen. Seit dieser Zeit findet alljährlich am Pfingstmontag eine große Bußprozession nach Echternach statt, wo am Pfingstdienstag die „Tanzende Prozession" durch eine Waxweiler Springergruppe eröffnet wird.

Springprozession in Waxweiler

25 km **Wegbeschreibung und Hinweise**

Schwierigkeitsgrad zu Fuß: mittel bis hoch, steiler Aufstieg von Prüm nach Rommersheim, steiler Abstieg nach Waxweiler, zum Teil auf Fußpfaden, Wald- und Feldwegen sowie auf gering befahrenen Kreisstraßen

Ausgangspunkt Basilika Prüm: Auf der B 410/265 über die Prüm, 100 m nach Einmündung Waldpfad links auf dem ▸ 5 nach **Rommersheim (1)** und weiter durch die „Schönecker Schweiz" (2) nach **Schönecken (3)**, Hauptstraße durch den Ort (evtl. Abstecher hoch zur Burgkapelle mit Jakobusrelief), vor der Kirche links Mühlenweg und auf ▸ 5 nach Nimsreuland, dann das Tal des Heisdorfer Bachs hinauf, unter der Autobahnbrücke der A 60 nach Lascheid und weiter auf dem ▸ 5 an der **Mariensäule (4)** vorbei auf einem steilen Fußpfad bergab nach **Waxweiler (5)**.

24 km **Schwierigkeitsgrad per Rad:** mittel bis hoch, steiler Aufstieg nach Rommersheim und später aus dem Tal der Nims nach Heisdorf, zuerst auf stark befahrener Bundesstraße, dann auf befestigten Feld- und Waldwegen sowie auf Kreis- und Landstraßen

Ausgangspunkt Basilika Prüm: B 265 über die Prüm Richtung Schönecken, B 51 unterqueren und auf der L 5 bis **Rommersheim (1)**, in den Ort abbiegen, dann auf dem ▸ 5 durch die „Schönecker Schweiz" (2) nach **Schönecken (3)**, weiter auf der L 5 Richtung Nimsreuland, nach 2 km rechts auf der K 128 nach Heisdorf, hinter der Brücke über die Autobahn A 60, gleich links und sofort wieder rechts, am Feriendorf vorbei, an den letzten Ferienhäusern links geteertem Feldweg bis Lascheid folgen, dort auf L 10 Richtung Waxweiler mit Abstecher zur **Mariensäule (4)** und an der Einmündung der L 12 rechts hinab nach **Waxweiler (5)**.

Schönecker Schweiz

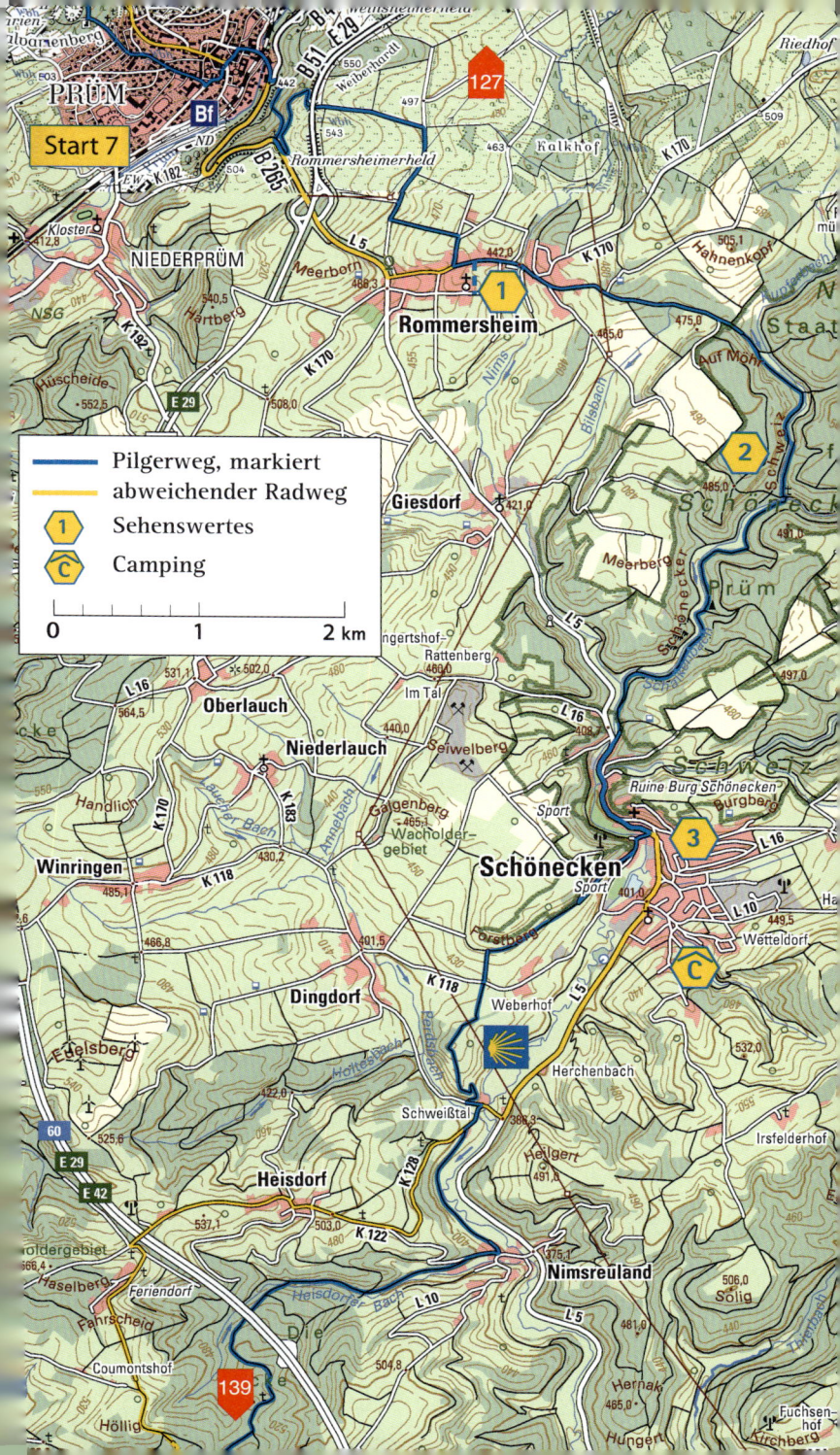

Pilgerweg, markiert
abweichender Radweg

1 Sehenswertes

C Camping

0   1   2 km

1 *Rommersheim*

Bauernhäuser in Rommersheim

Der Ort Rommersheim – durch den Oberlauf der Nims in zwei Teile getrennt – ist römischen Ursprungs, wie der Name „Romairo villa" und Funde römischer Gräber belegen. Rommersheim war die erste Besitzung der Abtei Prüm und ältester Marktort (861–1016) der Region, außerdem bis 1589 Sitz des höchsten Gerichts der Abtei. Heute hebt sich der Ort durch seine Dorferneuerung mit schön restaurierten Bauernhäusern (→ S. 155) und der spätgotischen Pfarrkirche St. Maximin aus dem Jahr 1498 hervor. Diese besitzt neben einem barocken Holzsäulenaltar aus dem Jahr 1738 einen reich verzierten Beichtstuhl mit Rokokoschnitzwerk aus dem 18. Jh. und eine Kanzel von 1865.

Altarfront St. Maximin, Rommersheim

2 Schönecker Schweiz

Mitten im Herzen der Prümer Kalkmulde liegt das Naturschutzgebiet „Schönecker Schweiz". Der Name leitet sich von den bizarren Felsformationen und wuchtigen Blöcken aus Dolomitgestein ab, die an den Talrändern des Kupfer-, Schalken- und Altburger Baches zu sehen sind. Die berühmtesten Felsen sind wohl die Jungfraulei und die Schusterlei im Schalkenbachtal. Weitere Besonderheiten des kluftigen und wasserdurchlässigen Kalkuntergrunds sind die Spalten und Höhlen, die das Wasser im Laufe der Jahrmillionen ins Gestein gearbeitet hat, sowie die überraschend verschwindenden Bäche, die sogenannten Bachschwinden, die einfach im Untergrund versickern, um an anderer Stelle wieder an die Oberfläche zu treten.

Im Schalkenbachtal begleitet den Wanderer ein botanischer Lehrpfad, der auf die reichhaltige Flora und Fauna aufmerksam macht. Der Bach wird von üppigen Pestwurzfluren gesäumt, die mit ihren riesigen Blättern an den Rhabarber erinnern. An Prallhängen reichen schluchtartige Wälder aus Bergahorn, Bergulme, Sommerlinde und Esche bis unmittelbar an die Aue. Im Schatten der Felsblöcke gedeihen feuchtigkeitsliebende Farne wie der Tüpfelfarn, der Streifenfarn oder die Mauerraute. Die weniger steilen Hänge bedeckt − sofern sie nicht mit Nadelhölzern aufgeforstet sind − ein Mosaik aus Kalkbuchenwäldern in der Ausprägung als Perlgras-, Bingelkraut- oder Bärlauch-Buchenwald. Im Frühjahr bedeckt der Bärlauch im Letztgenannten nahezu geschlossen den Waldboden und erfüllt die Luft mit seinem Knoblauchgeruch. Nach oben hin schließt sich der Orchideen-Buchenwald an mit seinen vor allem im Frühjahr reichhaltig blühenden Waldkräutern aus Buschwindröschen, Großer Schlüsselblume, Aronstab und verschiedenen Orchideen. Besonders artenreich sind die eingestreuten Kalkmagerrasen, auf denen fast 60 Falterarten und seltene Heuschreckenarten nachgewiesen werden konnten.

Oben:
Einblütiges
Perlgras

Unten:
Bärlauch

Wegekreuze im Kyllburger Land

Je weiter der Weg nach Süden führt, desto zahlreicher werden die religiösen Kleindenkmäler, insbesondere die steinernen Wegekreuze. Die meisten sind aus rotem Sandstein gefertigt, der aus den beachtlichen Buntsandsteinvorkommen des Kylltales stammt. Neben Gewerbe und Industrie nutzen auch Steinbildhauer bis heute dieses gut behaubare und zugleich sehr witterungsbeständige Ausgangsmaterial für ihre Kunstwerke. Daneben wurde für Grabkreuze und seit Mitte des 18. Jh. auch für Wegekreuze blau-grauer bis schwarzer Rechter Schiefer aus der Gegend westlich von St. Vith in Belgien eingeführt. Materialbedingt wurde dieser meist zu gedrungenen Kreuzen mit kurzen Querarmen verarbeitet. Fast immer handelt es sich bei den Flurdenkmälern um Pfeilerkreuze, bei denen der Kreuzträger größer ist als das eigentliche Kruzifix, wodurch dessen Erhöhung erreicht wird. Sie können in die Gruppe der Nischen- und Schaftkreuze unterteilt werden. Bei der älteren Form der Nischenkreuze ist zwischen Pfeiler und Kreuz ein kleines Nischengehäuse eingefügt, das manchmal eine Figur birgt. Diese Form kann meist ins 15./16. Jh. datiert werden.

Nischenkreuz in Welschbillig

Einem stärkeren Formenwandel war das sogenannte Schaftkreuz unterworfen, bei dem das Kruzifix direkt auf dem tragenden Pfeiler steht. Parallel zu den Schaftkreuzen des 17. Jh. entstanden zahlreiche Kreuzigungsbildstöcke, bei denen dem Kruzifix als plastischem Relief die Figuren von Maria und Johannes beigefügt sind. Unter dem Einfluss des Barock entwickelten sich die Schäfte mit rechteckigem Grundriss, die von einer kapitellartigen Platte abgedeckt sind, zu mehr oder minder bauchig ausgeformten Schäften. Die Figurengruppen sind nun meist als Freiplastiken gearbeitet.

Friedhofskreuz, St. Remigius, Butzweiler

Schaftkreuz an der Antoniuskirche, Schönecken

3 *Schönecken*

Schönecken im Tal der Nims, heute Fremdenverkehrsgemeinde im südlichen Teil des Deutsch-Belgischen Naturparks Hohes Venn-Eifel, zeichnet sich durch seinen historischen Ortskern und die hoch über dem Tal aufragende Burgruine aus. Wahrscheinlich schon um das Jahr 762 kam die Ortschaft Schönecken-Wetteldorf durch eine Schenkung des Königs Pippin in den Besitz des Klosters von Prüm.

Eine erste urkundliche Erwähnung ist aus dem Jahr 993 belegt.

Den Aufgang zur Burg beginnt man am besten am alten Amtshaus, heute

Burgruine Schönecken

Haus des Gastes. Der Kulturkreis Altes Amt nutzt die Räumlichkeiten für Kunstausstellungen. Oberhalb des Alten Markts in der Van-Hersel-Straße steht das „St. Vinzenzhaus", eine ehemalige Niederlassung der Vinzentinerinnen aus Köln. Im Vinzenzhaus, im Volksmund auch das „Klösterchen" genannt, nahm der Orden seit den 1890er-Jahren bis 1981 soziale Aufgaben wahr. Seither steht das Gebäude leer. Auf dem weiteren Weg kommt man durch den alten Ortskern an der ehemaligen kurfürstlichen Kellnerei, der damaligen Kämmerei bzw. Finanzverwaltung aus dem Jahre 1718, vorbei. Ein Treppenweg führt steil nach oben zur sogenannten „Burgkapelle" von 1484, wobei es sich nicht um die eigentliche Burgkapelle handelt, die sich früher ganz oben bei der Burg befand. Dieses Gotteshaus für die Burgbewohner und Handwerker des Ortes war ursprünglich der hl. Jungfrau Maria und dem hl. Martin geweiht, heute ist es die Tochterkirche St. Antonius. An der Außenwand des Sakristeianbaus aus dem Jahre 1756 ist ein steinerner Altaraufsatz von 1622 eingelassen. Zu sehen ist eine Platte, die von drei Engeln gehalten wird. Hinter den Engeln ist der Rundbogen eines Portals zu erkennen, auf dem wiederum drei Figuren stehen: links ein Bischof, in der Mitte der Erzengel Michael mit der Seelenwaage und rechts Jakobus als Pilger und Apostel (→ Abb. S. 128).

Burg Schönecken, heute nur noch eine Ruine, wurde von den Grafen von Vianden Anfang des 12. Jh. gebaut. Über Umwege kam die Burg an das Trierer Erzstift, in dessen Besitz sie bis 1794 blieb. 1802 vernichtete ein verheerender Brand die Burg und weite Teile des Ortes. Die Ruine wurde daraufhin von der französischen Verwaltung als Steinbruch für den Wiederaufbau des Ortes freigegeben, sodass heute nur noch einige Außenmauern stehen. Ein schöner Blick auf den Ort und ins Nimstal entschädigt für den Aufstieg.

Mariensäule
mit Danktafeln
bei Waxweiler

4 *Mariensäule von Waxweiler*

Etwas unterhalb des 494 m hohen Eichelbergs steht die Mariensäule, 1948 aus rotem Sandstein errichtet. Maria hält segnend die Hände über den Ort Waxweiler und das Prümtal. Die Säule hat sich inzwischen zu einer Pilgerstätte entwickelt. Zahlreiche Tafeln auch aus allerjüngster Zeit bezeugen Dank für das Erhören der Bitten. Nicht weit entfernt befindet sich ein alter Grenz-

stein von 1610, der früher die Grenze zwischen der Herrschaft Neuerburg und dem Erzstift Trier kennzeichnete.

5 Waxweiler und die Kirche St. Johannes der Täufer

Die ersten Siedlungsspuren in der Region Waxweiler sind für die Jungsteinzeit belegt. Auch zur Römerzeit hat hier vermutlich eine Raststätte an der Verbindungsstraße zwischen Bitburg und Malmedy bestanden. Eine erste gesicherte Quelle für die Existenz des Ortes findet sich im „Goldenen Buch" der Abtei Prüm aus dem Jahr 943. Bereits zu dieser Zeit muss im Ort eine Kirche existiert haben, denn eine zweite Ausfertigung dieser Urkunde nennt eine „ecclesia in waleswiler". Seit 1414 besitzt Waxweiler städtische Rechte und war eine Zeit lang im Besitz der Herren von Neuerburg, bis dieser 1553 an den Erzbischof von Trier überging.

Die Kirche St. Johannes der Täufer im Ortszentrum wird erstmals 1232 erwähnt. Allerdings erzählt die Legende, dass bereits

der hl. Willibrord auf seinen Missionsreisen hier in einer Kirche gepredigt haben soll. Der heutige Kirchenbau geht im Kern auf einen Neubau aus dem Jahr 1771 zurück, den der kurtrierische Hofarchitekt Johannes Seiz (1717–79) geplant hat. Zunächst sollte der alte Kirchenbau nur erneuert werden, doch da das Gebäude den Anforderungen schon lange nicht mehr genügte, setzte die Gemeinde einen Neubau durch. Von der alten Kirche wurde der hohe Turm aus dem 17. Jh. übernommen. 1922 wurde die Kirche noch einmal erweitert, der alte Kirchenbau blieb als Querschiff erhalten, Kirchenschiff und Chor wurden dagegen neu errichtet. Die wichtigsten Teile der Ausstattung stammen noch aus dem Jahre 1771, zum Beispiel das steinerne Taufbecken, das sich in der Kapelle neben dem Chorraum befindet, oder der hölzerne Hauptaltar, der in einem großen Relief die Himmelfahrt Mariens zeigt.

Kirche St. Johannes der Täufer, Waxweiler, mit Jakobus als Altarfigur

Die linke Figur des Hauptaltars zeigt die Skulptur Johannes des Täufers, die rechte Jakobus als Pilger. Der linke Nebenaltar ist der Willibrordusaltar, in dem sich seit 1990 Reliquien des Heiligen befinden. Die verzierte Holzkanzel im Chorraum ist wesentlich älter als die übrige Inneneinrichtung, sie stammt bereits aus dem Jahre 1624. Ein weiteres Kleinod der Kirche ist eine vergoldete Kupfermonstranz aus dem 17. Jh. Sie besitzt einen sechseckigen bekrönenden Turm, in dem sich eine Marienstatue mit Kind sowie der hl. Jakobus und die hl. Barbara befinden. Vor der Kirche steht ein Brunnen mit einer modernen Statue des hl. Willibrord (→ S. 131).

Der Rosenkranzbaum

Im Innenhof der Abtei Niederprüm wächst ein prachtvoller baumartiger Strauch, der im Volksmund Rosenkranzbaum heißt. Sein botanischer Name lautet Pimpernuss (Staphylea pinnata). Aus den Hausgärten ist er heute zwar weitgehend verschwunden, doch finden sich noch Jungpflanzen im Nutzgarten des Prümer Klosters und am Waldlehrpfad durch die Schönecker Schweiz. Von Natur aus wächst der 3–5 m hohe, wärmeliebende Strauch im kalkhaltigen Bergwald an lichten Standorten. Im Mai und Juni hängen zwischen gefiederten Blättern zahlreiche weiße Blüten an verästelten Trauben.

Die pergamentartigen, gelb-grünen Fruchtkapseln sind blasig aufgetrieben. Im Herbst fallen die reifen erbsengroßen, glänzenden, gelbbraunen Pimpernüsse in die geschlossene Fruchthöhle. Werden diese vom Wind geschüttelt, entsteht ein klapperndes Geräusch, was der Pflanze den Namen Klapper- oder auch Pimpernuss (mittelhoch-

Blüte und Frucht der Pimpernuss

deutsch: pimpern = pumpern = klappern) eingebracht hat.

Im Prümer Land lieferten sie das Material für die Herstellung der Rosenkränze. Dafür wurden die Nussperlen nach dem Trocknen mit einer glühenden Nadel durchstochen, nach Größen sortiert und zu Männer-, Damen- und Kinderrosenkränzen aufgereiht. (Pimpernüsse werden in Südmähren „Betnperlen" genannt, „paternosterbollekes" im flämischen und „patenôtrier" im französischen Sprachraum, was ihre Verarbeitung zu Rosenkränzen auch für andere Regionen Europas belegt.)

Rosenkranz aus Früchten der Pimpernuss

Der Weg von Waxweiler bis Neuerburg verläuft mit Ausnahme der Durchquerung einiger kleinerer Täler auf einer Höhe um 500 m und lässt vielfach weite Blicke über die offene, sanft wellige Hochfläche des Isleks zu. An Weilern, kleinen Bauerndörfern und landwirtschaftlich ausgerichteten Ortschaften vorbei geht es hinab ins tief in die Hochfläche eingeschnittene Enztal zu dem von der gleichnamigen Burg überragten Städtchen Neuerburg. Von dort steigt der Weg zunächst steil bergan, führt an der Kreuzkapelle vorbei zum Sinspelter Berg und in das bei Sinspelt sich öffnende Tal der Enz, dem wir bis Mettendorf folgen.

Die Etappe ist untergliedert in 2 Teilstrecken: 8 A von Waxweiler bis Neuerburg, 8 B von Neuerburg bis Mettendorf.

Links:
Ölbergszene
auf dem
Stationsweg
bei St. Martin,
Neuerburg

Pilgerspuren ...

Um Pfingsten steht ganz **Waxweiler** im Zeichen des hl. Willibrord. Schon um 6.00 Uhr am Pfingstsonntag findet in der Pfarrkirche eine Messe für die Pilger statt, die sich anschließend auf den Weg zur Springprozession in Echternach machen (→ S. 131).

Pilgerweg

Als wichtiger, zentraler Ort besaß die Stadt **Neuerburg** im späten Mittelalter ein 1435 gestiftetes Hospital, in dem Pilger um Aufnahme bitten konnten. Es lag außerhalb der Ummauerung und verfügte über eine eigene Kirche, die Eligiuskapelle.

In **Scheuern**, 3 km nordöstlich von Neuerburg, auf der Höhe über dem Tal der Enz, steht eine Jakobuskapelle.

Eligiuskapelle,
Neuerburg

18 km

Wegbeschreibung und Hinweise

Wegstrecken zu Fuß und per Rad sind weitgehend identisch.
Schwierigkeitsgrad zu Fuß: mittel bis hoch, Steigung vor allem von Waxweiler nach Krautscheid (von 340 m auf 520 m), zum Teil auf befestigten und teilweise geteerten Feldwegen

Ausgangspunkt Kirche Waxweiler: Dem ▶ ins Tal folgen, rechts die Prüm queren und geradeaus über den Berg, L 10 rechts durchs Bachtal diagonal queren und links mit Weg (Radfahrer bis Waldweg, rechts bergauf) bis Aussichtsplattform an K 123, ▶ verlassen und rechts bis Waldweg, der links bergauf nach **Bellscheid (1)** führt, dort links (geradeaus: Abstecher zur Kapelle), (Radfahrer K 184), an der Schutzhütte im Wald rechts hoch, an der Durchgangsstraße kurz nach links und in **Krautscheid (2)** in die „Dorfstraße" einbiegen, an der Kapelle vorbei rechts Kapellenstraße Richtung Auto-Cross-Rennstrecke, den Wahlbach queren und über Windhausen bis zum Waldrand, dann links nach Ammeldingen, links auf dem Kapellenweg, an der Kirche **St. Isidor (3)** vorbei und auf Wanderweg N über Plascheid bis **Neuerburg (4)**.

Von Ginster gesäumter Weg bei Waxweiler

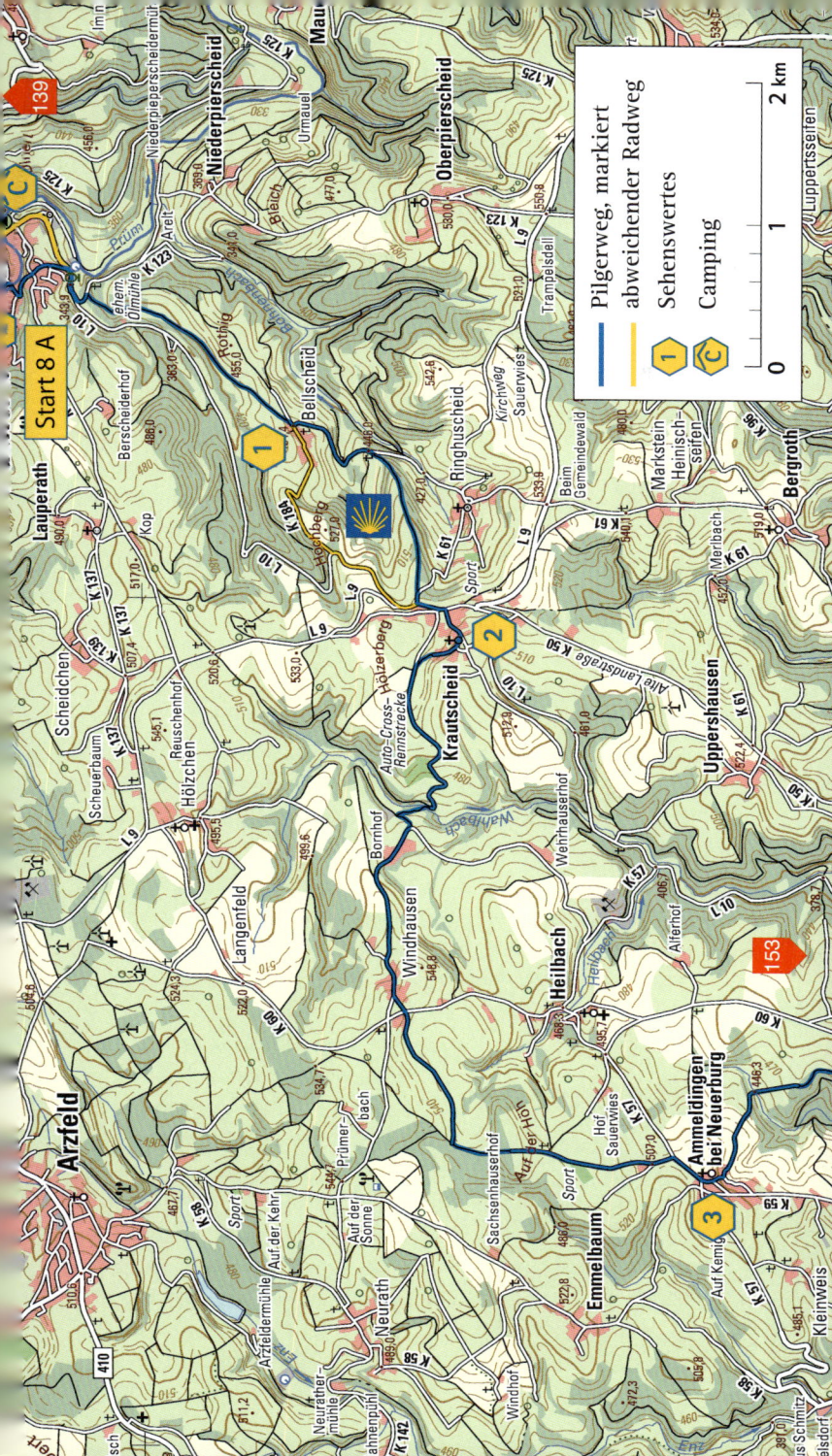

Start 8 A

Legend:

Pilgerweg, markiert
abweichender Radweg
Sehenswertes
Camping

Die 14 Not-
helfer, Kapelle
Bellscheid

1 *Krautscheid-Bellscheid*

Der sieben Häuser zählende Weiler Bellscheid ist einer der wenigen überwiegend landwirtschaftlich geprägten Orte mit erhaltener und kaum modernisierter alter Bausubstanz (traufständige Quereinhäuser bzw. Langhäuser) in der Region. Sehenswert ist die äußerlich ganz im barocken Stil gehaltene Kapelle der „14 Nothelfer" aus dem Jahr 1887 mit einem spätbarocken Säulenaltar. Die Zusammenstellung der „14 Nothelfer" erfolgte im 14. Jh. im Bamberger und Regensburger Raum und verbreitete sich bald im deutschen Sprachgebiet und darüber hinaus.

2 *Krautscheid*

Krautscheid, einer der höchst gelegenen Orte des Isleks, ist bereits 830 in einer Urkunde als „Croischeit" (Krähenwald) erwähnt. Sehenswert ist die Kapelle St. Valentin, eine romanische Chorturmkirche, deren Altarraum sich unter dem Turm befindet. Ein Säulenaltar aus dem 18. Jh. zeigt auf dem Mittelbild eine Ordensfrau bei der Verehrung des Herzen Jesu und auf seitlichen Konsolen die Figuren der hl. Gertrud und des hl. Valentin. Der hl. Valentin wird vor allem als Helfer gegen die „Fallsucht" (Epilepsie) und – für die ländliche Bevölkerung bedeutsam – gegen Viehseuchen angerufen. Der Bischof und Märtyrer Valentin von Ter-

St. Valentin,
Krautscheid

ni wurde am 14. Februar (Valentinstag) 273 zu Rom an der Via Flaminia enthauptet. Im Bistum Trier gibt es 19 weitere Kirchen und Kapellen mit Valentinuspatrozinien.

Nahe der Kapelle steht das Krautscheider Kreuz aus rotem Sandstein. Das etwa 3 m hohe Schaftkreuz trägt die Jahreszahl 1781. Ein einfaches Kapitell zeigt als Flachrelief zwei Personen in der damaligen Tracht, eine Frau mit Haube und Schriftrolle, einen Mann im Mantel und mit zum Gebet gefalteten Händen (vermutlich das Stifterehepaar).

3 *St. Isidor, Ammeldingen*

Die neugotische Kirche entstand 1896 als Nachfolgebau einer Kapelle von 1762. Der Innenraum ist überraschend aufwendig gestaltet, das Deckengewölbe mir Ornamenten und Blumen ausgemalt. Die Ausstattung aus der Bauzeit – drei Altäre, Kreuzwegstationen und Gestühl – ist nahezu vollständig erhalten.

Der heilige Isidor wurde 1070 in Madrid geboren, wo er 1130 verstarb. Er ist der Patron der spanischen Hauptstadt und sein Sterbetag, der 15. Mai, dort ein gesetzlicher Feiertag. Isidro wird als Schutzherr der Bauern verehrt. Eine Legende erzählt, dass Engel die Zugtiere bei der Feldarbeit leiteten, während er betete.

St. Isidor,
Ammeldingen

4 *Neuerburg*

Neuerburg liegt idyllisch im Tal der Enz. Hoch über dem Fluss auf einem Bergsporn thront das Wahrzeichen des Ortes, die **Burg Neuerburg**. Möglicherweise diente sie schon im 9. Jh. als Fluchtburg für Prümer Mönche, die hier Schutz vor den Normannen suchten. Im 12. und 13. Jh. war sie Sitz der Herren von Neuerburg,

Blick auf
Neuerburg

aus dem Geschlecht der Grafen von Vianden. Danach ging die Neuerburger Herrschaft auf verschiedene Adelsgeschlechter über. Von 1487 bis 1794 gehörte sie den Grafen von Manderscheid. Sie bauten im 16. Jh. die Burg zur Festung aus. Allerdings wurden im Jahr 1692 diese Befestigungen zerstört, auf

Befehl des französischen Königs Ludwig XIV., der im Pfälzischen Erbfolgekrieg die ganze Eifel bis zum Rhein besetzt hatte.

Im Jahre 1794 machte die Französische Revolution dem Feudalismus und damit auch der Herrschaft Neuerburg ein Ende. Das Neuerburger Hospital erwarb die Burg, wodurch sie in den Besitz der Stadt kam. Im 19. Jh. diente sie als Armenhaus, Archiv, Gefängnis und Landwirtschaftsschule.

1927 entdeckte der katholische Bund Neudeutschland die Burg, schloss 1930 mit der Stadt Neuerburg einen Erbpachtvertrag und baute sie zur Jugendherberge aus. Seitdem – mit Unterbrechung in der Nazizeit – befindet sich in den alten Mauern ein moderner Jugendherbergsbetrieb mit ganz besonderer Atmosphäre. Die Burg bietet den idealen Rahmen für Jugendfreizeiten, Klassenfahrten, Seminare und Tagungen – und auch seit 2001 als Unterkunft für viele Pilgerinnen und Pilger.

Unterhalb der Burg befinden sich die **Pfarrkirche St. Nikolaus** aus dem Jahr 1492 sowie das Pfarrhaus, das ehemalige Lehnshaus von 1624. Die Nähe zu Frankreich kündigt sich in Neuerburg in den hier verehrten Heiligen an. Die Kirche ist dem hl. Nikolaus, dem Patron Lothringens geweiht.

Burg
Neuerburg

Über dem inneren Südportal ist ein Mann zu sehen, der – wie es auf den ersten Blick scheint – die Hände über dem Kopf zusammenschlägt. Hierbei handelt es sich um den hl. Quintinus, der um 245 in der Umgebung von Amiens den Glauben verkündete. Auf ihn wartete ein besonders grausames Martyrium: Seine Hände wurden an den Kopf genagelt. In Daudistel, einem Ortsteil südlich von Neuerburg, ist ihm die Kapelle gewidmet. Die Pfarrkirche mit ihrem klar gegliederten, zweischiffigen Baukörper, dem Chor- und Schiffsgewölbe mit den Gewölberippen („gespaltene Rippen") in der Ausführung

Jakobus als Figurenkonsole in St. Nikolaus, Neuerburg

eines Netz- bzw. Sternornaments ist ein Meisterwerk der Spätgotik. Links vom Chor zeigt eine der Figurenkonsolen, auf denen das Gewölbe ruht, Jakobus d. Ä. Von der gotischen Ausstattung sind unter anderem ein steinerner Wandtabernakel auf der Nordseite des Chors mit der Darstellung des Kirchenpatrons Nikolaus sowie der Taufstein erhalten. Aus dem frühen 17. Jh. stammen zwei mit Gemälden versehene Altarflügel, die heute zusammen mit den später entstandenen Figuren den Hauptaltar bilden. Auf den Außenflügeln sind der hl. Rochus in Pilgertracht sowie die hl. Barbara zu sehen.

Vom Kirchplatz führt ein Treppenweg hinunter in die Stadt, begleitet von sechs Fußfällen, deren unterste Station Jakobus neben Johannes und Petrus schlafend am Ölberg zeigt (→ Punkt 5, S. 60 f.).

Die **Eligiuskapelle** von 1437 in der Weiherstraße ist die Kirche eines ehemaligen Hospitals. Eligius, Goldschmied und Münzmeister der Merowingerkönige Chlotar und Dagobert, war von 641–60 Bischof von Noyon und wurde zum Patron der Goldschmiede und Schmiede sowie der Bauern, die ihn gerne bei Pferdekrankheiten anriefen. Dargestellt wird er meist mit Hammer, Zange und abgetrenntem Pferdefuß. Die Statuen in der Eligiuskapelle und auf dem Eligiusbrunnen von Neuerburg zeigen

ihn diesmal als Kirchenmann und Münzmeister mit einem Buch, auf dem ein Beutel mit Goldstücken liegt.

Weitere Sehenswürdigkeiten Neuerburgs sind unter anderem das sogenannte „Schwarzbildchen" ca. 200 m oberhalb der Burg, eine in eine alte hohle Eiche eingesetzte schwarze Madonnenstatue mit Kind, und die Mariensäule auf dem Marktplatz, die an den verheerenden Stadtbrand von 1818 erinnert. Schöne Ausblicke auf die Stadt hat man von der Burg und vom Beilturm, einem Vorwerk der Stadtbefestigung aus dem 16. Jh.

Die Sage vom Schwarzbildchen

Ida, ein Burgfräulein von Neuerburg, wurde von vielen Rittern begehrt, doch wollte sie den Ritter Kuno von Falkenstein heiraten. Darüber war ihr Verehrer, der Ritter von Vianden, sehr erbost. Als der Graf von Falkenstein zur Hochzeit nach Neuerburg ritt, lauerte ihm der Viandener auf, erschlug dessen Begleitung und verfolgte Kuno, der Richtung Neuerburg flüchtete. Schon die Burg vor Augen, brach Kunos Pferd völlig erschöpft zusammen, doch die Verfolger waren ihm dicht auf den Fersen. In seiner Not flehte Kuno die Gottesmutter um Hilfe an. Plötzlich stand vor ihm eine lichte Gestalt und deutete auf ein Loch in einer alten Eiche. Kuno verbarg sich dort und konnte seinen Verfolgern entgehen. Nach der Hochzeit ließ er aus Dankbarkeit in der Höhlung ein geschnitztes Muttergottesbild aufstellen, das bis heute dort steht.

Eifelgold

Im Mai und Juni erlebt die Eifellandschaft durch die Ginsterblüte einen besonderen Höhepunkt. Vor allem Ödland, sonnige Hänge, Waldschläge, Lichtungen, Wald- und Wegränder werden erfüllt mit ihrem goldgelben Flor. Zahlreiche Eifelmaler haben diesen Anblick in ihren Bildern festgehalten, und auch zum Dichten hat der Ginster, wie das nachfolgende Gedicht zeigt, animiert. Diese Blütenpracht hat dem Besenginster nicht umsonst den Namen Eifelgold verliehen. Das üppige Vorkommen hat seine Ursache in der Übernutzung der Wälder in der ersten Hälfte des 19. Jh., wodurch sich die Eifel in weiten Teilen zu einer ausgesprochenen Heidelandschaft entwickelte und der Besenginster sich ungehindert ausbreiten konnte. Allerdings ist er nicht überall zu finden; er meidet Kalkböden und gilt daher in der Eifel als Charakterpflanze für bodensaure Böden aus Schiefer-, Grauwacke- und Sandstein. In jüngerer Zeit werden viele dieser Standorte aufgeforstet, sodass dieser Aspekt in Zukunft abnehmen wird. Allerdings trägt der Ginster ungewollt zu seinem Rückgang mit bei, denn dank der Fähigkeit, Stickstoff in Wurzelknöllchen anzureichern, sorgt er für die Verbesserung des Bodens und ist somit ein guter Wegbereiter für die Bewaldung. Aber nicht nur seine Blütenpracht erfreute den Menschen. In der Vergangenheit wurden seine kantigen, rutenförmigen Zweige mit den winzigen Blättchen, die er im Sommer einspart, als Besenruten und Flechtwerk verwendet. Zur Walpurgisnacht sollen sich die Hexen der Ruten als „Reittiere" bedient haben; vielerorts war es auch üblich, aus Ginster Nikolausruten anzufertigen. Nicht zuletzt liefert er Fasern, Färbmittel und Gerbstoffe.

Eifelgold

Erscheint die Eifel rauh und finster,
Verschönert sie im Lenz der Ginster,
Der wie ein leuchtend gold'nes Band
Durchzieht das schöne Eifelland.
Am Waldessaum, am Weg und Rain,
Zwischen Basalt und zwischen Stein,

Prägt er der Landschaft auf sein Siegel,
Lässt strahlen selbst den kleinsten Hügel.
Oh Ginster, Du der Eifel Gold,
Der Herrgott war dem Lande hold,
Wo Du im Reichtum sprießt und glühst,
Man Dein Anblick voll genießt.

Melitta Bolz, Düren

Ginster am
Aremberg.
Ölgemälde von
Johann Heinrich
Gillessen, 1994

10 km   Wegbeschreibung und Hinweise

Wegstrecke zu Fuß und per Rad sind weitgehend identisch.

Schwierigkeitsgrad zu Fuß: mittel bis hoch bis Niederraden, insbesondere steiler Anstieg von Neuerburg zur Kreuzkapelle, von Sinspelt bis Mettendorf leicht

Schwierigkeitsgrad per Rad: hoch bis Niederraden*, von Niederraden bis Mettendorf leicht, teilweise an Landstraße ohne Radweg
*Empfehlung: Wer auf die schönen Ausblicke und die Kreuzkapelle verzichten will, kann die leichte Variante auf der Landstraße von Neuerburg bis Sinspelt über den Enztalradweg wählen.

Ausgangspunkt Marktplatz Neuerburg: Über die Brücke mit der Nepomukstatue, an der Durchgangsstraße rechts, nach ca. 100 m links in die Herrenstraße und später die Kreuzbergstraße steil hoch (ᐸ), auf dem Kreuzweg an der **Kreuzkapelle (5)** vorbei, auf der Höhe den (ᐸ) verlassen und weiter auf dem Wanderweg 15 bis Niederraden (Abstecher nach **Niederraden (6)**), dann nach **Sinspelt (7)** (Vorsicht: Straße ohne Fußweg!), dort links der B 50 Richtung Bitburg und hinter der Brücke halb rechts den Wanderwegen F und 21 folgen, hinter dem letzten Hof rechts Feldweg (Wanderweg 21) entlang der Enz bis **Mettendorf (8)**.

Rast bei der Quirinus-kapelle im Enztal

Pilgerweg, markiert
- - - - **Abstecher**
1 Sehenswertes
i Information
H Herberge
C Camping

0   1   2 km

Plascheid

145

Altscheuern

Auf der Höh

Rosenberg

Scheuern

Conrath

Kielwersdell

Fischbach

JOHANNESHOF

Ziel 8 A

NEUERBURG

Grieselberg

H

Ruine Beilsturm

Kreuzkapelle

Blockhausen

4

i

Start 8 B

5

Fischbach–Oberraden

Görgenhof

Ackelshof Maiberg

DAUDISTEL

Kühenberg

Segelfluggelände Utscheid

Utscheid

Buscht

Zweiter Berg

Rucksberg

Krummacker

Hamerskaul

Kehrberg

Niederraden

6

Schlammenberg

NSG Neuhaus

Obergeckler

50

50

7

Erftz-Ardennen-Straße

Industriepark

Auf Herrel

Niedergeckler

Brückenhof

Sinspelt

Geisberg

Burg

Ehlenhof

Kronenberg

Bierendorf

Windhof

Ziel 8 B

163

8

Mettendorf

5 *Kreuzkapelle, Neuerburg*

Vom Ort führt der Kreuzweg mit seinen 14 Stationen hinauf zur einsam im Wald gelegenen Kreuzkapelle. Die Stationsbilder wurden in der Trierer Werkstatt Walter aus Terrakotta angefertigt und 1896 eingeweiht. Seit Mitte des 17. Jh. haben hier die sechs Kreuzwegstationen gestanden, die sich inzwischen am Aufgang zur Pfarrkirche von Neuerburg befinden; die lebensgroße Darstellung der Grablegung von 1880 in der Vorhalle der Kreuzkapelle am Ende des Weges ersetzt die zerstörte VII. Station. Die Kapelle ist ein barockes Kleinod. Sie wurde nach mehreren Bauphasen 1745 eingeweiht. Die reich verzierten Altäre im Inneren stammen von dem Neuerburger Schreiner und Bildhauer Hubert Litge aus den Jahren 1747–49. Die beiden Seitenaltäre zeigen rechts den hl. Donatus, im oberen Teil den hl. Antonius von Padua, links die hl. Walburga und oben den hl. Dominikus. Der Hochaltar trägt ein großes Kruzifix sowie Statuen der Gottesmutter und des Jüngers Johannes.

Alte Linde bei
Niederraden

6 *Niederraden*

Hinter der Brücke über den Radenbach, nahe einem alten Bauernhof, steht eine 600 bis 650 Jahre alte Linde. In einen Hohlraum des Baumes ist ein Marienbildstock eingesenkt. Der Ort Niederraden ist urkundlich erstmals 1507 erwähnt. An ihm werden besonders die Notzeiten des 17. Jh. mit Pest und Kriegswirren deutlich: In den beiden Dörfern Ober- und Niederraden existierte damals nur noch ein einziger Haushalt. Heute wirkt der kleine Ort mit seinen 60 Einwohnern und der schönen alten Bausubstanz (→ Punkt 7) sehr idyllisch. Über dem Ort thront die Marienkapelle mit dem Friedhof.

7 Historische Bauweise in der Südeifel

In der gesamten West- und Südeifel, aber auch im Saargau und weit nach Luxemburg hinein, findet man das Steinhaus, das sich nach den Verwüstungen des Pfälzischen Erbfolgekrieges gegen den Fachwerkbau durchsetzte. Es gibt zwar keinen einheitlichen Hoftyp, doch dominiert das sogenannte Trierer Einhaus oder Langhaus, das Wohnteil, Stall und Scheune in einem langen Baukörper unter einem Giebel vereint. Die Eingänge befinden sich an der Traufseite. Der Wohnteil ist in der Regel zweistöckig und zweiraumtief. Häufig ist die Stube unterkellert.

Hofeingang in Mettendorf

Im 19. Jh. baute man insbesondere auf den wohlhabenderen Höfen zusätzliche Wirtschaftsgebäude entweder im rechten Winkel an, sodass ein windgeschützter Hof entstand, oder stellte sie parallel zu den bereits bestehenden Langhäusern. Beispiele dafür finden sich in Sinspelt und in Mettendorf. Für diese historischen Gebäude gilt, dass sie in der Regel verputzt sind und Fenster und Türen eine Einrahmung aus Sandstein besitzen. Das Dach war früher mit Stroh oder bei reicheren Bauern mit Schiefer gedeckt. Zwischen den Weltkriegen wurden immer mehr Dächer der Wirtschaftsgebäude mit Blech bzw. nach dem Zweiten Weltkrieg mit Asbestzementplatten belegt. Als seltene Sonderform der Trierer Häuser gelten Gebäude mit einem Treppengiebel, wobei die „Stufen" mit Sandstein- oder Schieferplatten abgedeckt sind. Ein Beispiel dafür gibt es auf dem Weg in Nimsreuland.

Bauernhaus in Mettendorf

8 *Mettendorf und die Pfarrkirche St. Margareta*

Zahlreiche Beispiele historischer bäuerlicher Architektur des 18. und 19. Jh. stehen auch in Mettendorf. Der Ort ist 832/33 urkundlich als „Machconvillare" erwähnt, doch reichen die Siedlungsspuren weit in die Römerzeit zurück. Im 9. Jh. gehörte Mettendorf zur Herrschaft der Abtei Prüm. Die erste Mettendorfer Kirche wurde 1063 geweiht. 1477 erfolgte ein Kirchenneubau, an dem mehrere Bauherren beteiligt waren: Die Grafen von Vianden ließen das Kirchenschiff, der Orden der Trinitarier den Chor und die Gemeinde den Turm errichten.

Der Orden der Trinitarier, der heiligen Dreifaltigkeit, wurde 1198 für den Loskauf christlicher Gefangener gegründet. 900.000 Christen sollen durch ihn teils durch Geld, teils durch persönliche Stellvertretung – über 7.000 Mitglieder haben sich geopfert – befreit worden sein.

Kirchenpatron war bis 1782 Johannes der Täufer, heute ist es die hl. Margareta. Eine größere Umbau- und Erweiterungsphase ab 1890 wurde durch den Trierer Dombaumeister Reinhold Wirtz, der unter anderem auch die Kirche in Welschbillig (→ S. 181) gebaut hat, durchgeführt.

Dreifaltigkeits-
altar mit
Jakobusfigur
in St. Mar-
gareta

Die letzten Kriegsmonate im Winter 1944/45 brachten die Zerstörung der Kirche mit sich. Bereits 1949 baute man das Gotteshaus jedoch als dreischiffige Anlage mit basilikalem Querschnitt wieder auf. 1971 erfolgte die Erweiterung der Kirche um drei Joche, die das heutige Erscheinungsbild bestimmen.

Für Jakobspilger von Interesse ist der steinerne ehemalige Hauptaltar, der Trinitarieraltar aus dem 17. Jh. in der südlichen Kapelle. Unter dem Altarbild mit der Darstellung der Dreifaltigkeit in Form des sogenannten Gnadenstuhls, die den thronenden Vater mit dem Sohn in menschlicher Gestalt und den Hl. Geist als Taube zeigt, stehen in von Säulen flankierten Nischen vier Heilige, von links nach rechts: Matthias, Jakobus als Pilger mit Pilgerstab, Kalebasse und Muschel am Hut, Bartholomäus und Judas Thaddäus.

Jakobusverehrung in Luxemburg

In dem 1964 erschienenen Beitrag „Sankt Jakobus der Ältere in Luxemburg" hat Emile Donckel wichtige Zeugnisse des Nachbarlandes zusammengetragen. *(Quelle: Alex Centre for Multimedia & Libraries)*

Als Einflusszentren des Jakobuskultes sieht er Prüm, Trier und Echternach. Die wandernden Schottenmönche, denen er eine große Verehrung für den Apostel Jakobus nachsagt, hält er auch für die Erbauer der ersten Jakobusheiligtümer des Landes. Sie trugen die sogenannte Jako-

Der Pilgerheilige auf dem Hauptaltar von St. Jakobus in Münschecker

bus-Tonsur, bei der die Haare des Hinterhauptes bis auf die Schulter wuchsen, vorne aber bis auf einen kurzen Haarkranz geschoren wurden. Den ersten dokumentierten Luxemburger Jakobspilger konnte er für das Jahr 1290 ausmachen.

Die Recherchen von Donckel sind für das heutige Luxemburger Staatsgebiet auf einer Kultkarte dargestellt, die 16 Orte aufzeigt, in denen Jakobus als Hauptpatron, vier, in denen er als Nebenpatron verehrt wurde. Für 24 weitere Ortschaften konnte er Kultäußerungen wie Jakobusreliquien, -altäre, -glocken, -brunnen, -messen und -statuen nachweisen. Neben Martinus entwickelte sich Jakobus Donckels Recherchen zufolge zum volkstümlichsten Heiligen in Luxemburg. Davon zeugen sowohl die noch bis ins 20. Jh. besonders beliebten Vornamen Jacques und Jacqueline als auch die häufige Verwendung von Familiennamen, die aus Jacques gebildet sind. Seit 1338 ist der Festtag Jakobus d. Ä. als gebotener Feiertag belegt, der erst 1776 durch das Bistum Trier aufgehoben wurde.

Ein Überblick über die altluxemburgische Jakobusverehrung unter Einbeziehung der mittelalterlichen Archediakonate Longuyon und Perl ergibt, dass drei ehemals Luxemburger Pfarrkirchen (Niederstedem, Wintersdorf und Littorf-Rehlingen) und vier Kapellen (Dasburg, Rodershausen, Niederhersdorf und Kesslingen) unter dem Patronat des Apostels heute in Deutschland und je eine Pfarrkirche in Belgien (Messency) und in Frankreich (Remoiville) liegen. Für Messancy, Niederstedem und Wintersdorf stellt er eine Jakobusbruderschaft fest, für Fresnoy-la-Montagne, das heute zu Frankreich gehört, das einzige spätmittelalterliche Jakobusspital.

Eine Liste des Pfarrers Fernand Reuter aus Echternach von 2002 führt sieben Jakobus d. Ä. geweihte Gotteshäuser in Luxemburg auf. Sie befinden sich in Reuland, Herborn, Ehlingen, Greiveldingen, Münschecker, Roodt-Sur-Syre und Welscheid.

2004 wurde die „Frënn vum Camino de Santiago de Compostela asbl" gegründet. Sie hat einen Weg für Jakobusfreunde beschrieben und ausgeschildert, der von Ouren nach Echternach und weiter über die Landeshauptstadt nach Schengen führt.

Von Mettendorf aus verläuft der Weg zunächst weiter im Tal der Enz und führt dann hinauf auf die sanftwellige, nur von einzelnen Kuppen geprägte Ackerbaulandschaft des fruchtbaren Gutlandes, die sogenannte Kornkammer der Südeifel. Vorbei an kleinen, von Grünland und Obstwiesen umgebenen Ortschaften erreicht man das Massiv des Ferschweiler Plateaus mit seinen historischen, fast mystischen Plätzen wie der Wikingerburg und dem Fraubillenkreuz. Ein schöner Abstieg durch Felsformationen mit hohem Buchenwald führt nach Bollendorf an der Sauer mit der gleichnamigen Burg und der römischen „Villa rustica". Hier überquert der Weg die Sauer und verläuft auf luxemburgischer Seite bis Echternach, einem der früheren geistlichen Zentren der Region.

Links: Stufenweg durch die bizarre Felsenlandschaft des Ferschweiler Plateaus

Die Etappe ist in 2 Teilstrecken unterteilt: 9 A von Mettendorf bis Bollendorf (Übernachtungsmöglichkeit), 9 B von Bollendorf bis Echternach.

Pilgerspuren ...

Von Prüm ab ist unser Pilgerweg in mehr oder minder großem Abstand den Spuren der Willibrordus-Wallfahrer gefolgt. Diese Tagesetappe endet vor der ehemaligen Abtei dieses Heiligen in Echternach. Zuvor sollte man aber der Kirche von **Bollendorf** an der Sauer einen Besuch abstatten. Denn dort flankieren die Statuen der zwei Patrone der Reisenden, links der hl. Nikolaus und rechts der hl. Jakobus d. Ä., den Hochaltar.

Pilgerweg

Einige Kilometer flussabwärts liegt die ehemalige Kloster- und heutige Wallfahrtskirche des hl. Willibrord (658–739) in **Echternach**. Dieser Heilige zählt zu den großen angelsächsischen Missionaren, die den christlichen Glauben auf dem Kontinent verbreitet haben. Als Apostel der Friesen, erster Bischof von Utrecht und Gründer der Abtei Echternach ging er in die

Jakobus in St. Michael, Bollendorf

Echternacher Springprozession, Dokumentationszentrum, Basilika Echternach

Geschichte ein. Zur Ehre des hl. Willibrord findet jedes Jahr am Morgen des Pfingstdienstages die berühmte Echternacher Springprozession statt. Bereits im 11. Jh. erwähnt Abt Thiofrid einen bedeutenden Pilgerandrang zu diesem Fest. Allerdings ist die Prozession, deren Teilnehmer sich sprungweise vorwärts bewegen, erst seit dem Ende des 15. Jh. bezeugt.

Angesichts der großen Verehrung des Abteigründers sind die anderen Heiligen mit Ausnahme des Pestheiligen Sebastian in Echternach im Hintergrund geblieben. Doch gab es hier auch Reliquien anderer Heiliger, ja sogar des hl. Jakobus. Nach alter Überlieferung erhielt der hl. Willibrord 690 vom Papst Sergius I. Reliquien der zwölf Apostel als Geschenk; darunter befand sich unter anderem ein Stück vom Kleide des hl. Jakobus. Die Reliquien wurden im Hochaltar und der Krypta der Basilika aufbewahrt. Auch in der Pfarrkirche St. Peter, neben der Abteikirche auf einer kleinen Anhöhe gelegen, finden sich im Altar Reliquien der Apostel Johannes des Evangelisten und seines Bruders Jakobus.

Jakobusfenster in St. Jakobus, Niederstedem

12 km östlich des heutigen Weges liegt das noch bäuerlich geprägte Dorf **Niederstedem** mit einer dem hl. Jakobus geweihten romanischen Chorturmkirche. Den zweigeschossigen Altaraufbau der Spätrenaissance krönt ein kräftiger Jakobus als Pilger.

Wegbeschreibung und Hinweise

18 km

Schwierigkeitsgrad zu Fuß: mittel bis hoch, auf Feldwegen und wenig befahrenen Straßen (ohne Bürgersteig), im Bereich des Ferschweiler Plateaus Waldwege und (schwierige) Fußpfade

Ausgangspunkt St. Margareta Mettendorf: Auf der Durchgangsstraße Richtung Enzen, am Ortsausgang rechts über die Brücke in die Luxemburger Straße, gleich links der Hauptstraße Richtung Nusbaum folgen, gegenüber Ausfahrt des Einzelhofes links in Feldweg mit Markierung **G** abbiegen, nach ca. 1,5 km Abzweig Wanderweg 17 den Berg hoch bis **Nusbaum (1)**, dort auf Weg 18 an der Kirche vorbei bis zur Hauptstraße, dann links, am Ortsausgang links auf Weg **G** bis Rohrbach, den Rohrbach queren und hinauf zum Parkplatz, dort Weg 22 auf das **Ferschweiler Plateau (2)** bis zur **Wikingerburg (3)**, auf breitem Forstweg **A** am **Fraubillenkreuz (4)** vorbei Richtung Bollendorf, auf Wegen **A** und **33** auf Fußpfad zwischen Sandsteinfelsen an der Bildcheslay und dem Artistenplatz vorbei, zuletzt auf 4 an **Römischer Villa (5)** und **Burg Bollendorf** vorbei hinab ins Sauertal und rechts zum Ortszentrum von **Bollendorf (6)**.

Schwierigkeitsgrad per Rad: mittel, Ausnahme kurzer steiler Aufstieg auf das Ferschweiler Plateau und steile Abfahrt nach Bollendorf, überwiegend auf wenig befahrenen Straßen und auf befestigten Waldwegen

16 km

Ausgangspunkt St. Margareta Mettendorf: Auf der Durchgangsstraße Richtung Enzen bis **Nusbaum (1)**, links in die Schulstraße bis zur Pfarrkirche, rechts zur Hauptstraße zurück, weiter Richtung Rohrbach, an Weggabelung Wegmarkierung **G** verlassen und bis zum Ortsende fahren, links zum Parkplatz, weiter Waldweg **22** auf das **Ferschweiler Plateau (2)** bis zur **Wikingerburg (3)**, auf breitem Forstweg **A** am **Fraubillenkreuz (4)** vorbei Richtung Bollendorf, auf Weg 8 steile Abfahrt nach **Bollendorf (6)**.

Unterkunft am Jakobsweg

Altar in
St. Petrus,
Nusbaum

1 Nusbaum

Der Ort, 1317 als „Noszboum" erstmals urkundlich als Besitz des Klosters Echternach erwähnt,
weist bereits Siedlungsspuren aus der Steinzeit
auf. Die katholische Pfarrkirche wurde in einer
langen Bauzeit von 1848–76 errichtet. Der ge-
wölbte Saalbau mit Chor, an den sich ein drei-
geschossiger Turm anschließt, trägt das Patrozinium des hl. Petrus, dessen Statue zusammen
mit der des hl. Bartholomäus den Altar flankiert.

2 Ferschweiler Plateau

Eine der bemerkenswertesten Landschaften der Eifel ist das
Ferschweiler Plateau:

Wie eine Trutzburg thront das aus dem Unterjura stammende
Sandsteinplateau auf dem devonischen Grundgebirge. Gebildet
hat es sich durch Ablagerungen des Liasmeeres, die Erosion hat
die steil nach drei Seiten abfallenden, zerklüfteten Ränder aus
Buntsandstein freigelegt. Das ca. 8 km lange und 4 km breite Plateau stellte bereits seit dem 2. oder 3. Jahrtausend v. Chr. eine
natürliche Zufluchtsstätte für Menschen dar. Durch seine zahlrei-

Bildcheslay,
Ferschweiler
Plateau

chen prähistorischen Monumente wie Menhire,
Fliehburgen, Wälle und „Opfersteine" haftet der gering besiedelten Hochfläche bis heute etwas Mysti-
sches an. Aber auch römische und mittelalterliche
Funde belegen, dass diese bizarre Felslandschaft
immer wieder die Menschen anzog. Heute sind es in
erster Linie Wanderer, die diese Landschaft mit ihren
Felsdurchgängen, kulturellen Schätzen und dem an
vielen Stellen noch naturnahen Buchenwald durch-
streifen. Das Besucherzentrum Teufelsschlucht bei
Ernzen bietet zahlreiche Informationen rund um die
Natur- und Kulturgeschichte der Region.

3 Wikingerburg

Eine der zwei prähistorischen Ringburgen auf dem Ferschweiler Plateau ist die Wikingerburg auf einem schmalen Zugang im Nordwesten. Wahrscheinlich in keltischer Zeit errichtet, versperrte ein 160 m langer, 25 m breiter und über 10 m hoher Steinwall, der nach Süden einen offenen Bogen bildete, den natürlichen Zugang. Ein zusätzlicher Palisadenzaun auf dem Wall machte diesen „Durchgang" auf das Plateau fast uneinnehmbar. Mit Wikingern hat das Bauwerk allerdings nichts zu tun. Es wird angenommen, dass der Name Wikingerburg aus der karolingischen Zeit stammt, in der die Fliehburg zum letzten Mal als Zufluchtsort benutzt sein dürfte, als 822 Normannen das Land stürmten. Heute lassen nur noch Gräben und Bodenerhebungen im Wald das einstige Ausmaß der Anlage erahnen.

4 Fraubillenkreuz

Das Fraubillenkreuz ist einer der wenigen noch in der Region existierenden Menhire (keltisch: langer Stein) und damit eines der ältesten Zeugnisse menschlicher Besiedlung auf dem Ferschweiler Plateau. Wahrscheinlich schon im 2. oder 3. Jahrtausend v. Chr. errichtet, dienten sie der Götterverehrung und dem Totenkult. Der ca. 3,5 m hohe Stein wurde offensichtlich mit der Christianisierung der Region zu einem Kreuz umgestaltet; einer

Fraubillen-kreuz, Ferschweiler Plateau

Legende zufolge soll er sogar von dem hl. Willibrord persönlich umgemeißelt worden sein. Die Nischen auf der Vorder- und Rückseite dienten zur Aufnahme von Muttergottes- und Heiligenfiguren. Der Stein wurde lange Zeit auch als Grenzstein genutzt und markiert noch heute die Gemarkungsgrenze zwischen Nusbaum und Bollendorf. Daher sind seine Namen auch schriftlich überliefert worden: Ende des 16., Anfang des 17. Jh. wurde er bereits „Fraw Billen Creutz" bzw. „Sybillen Creutz" genannt und somit möglicherweise mit den „Sibyllen-Weissagungen" in Verbindung gebracht.

5 *„Villa rustica", Bollendorf*

Das Herrenhaus eines römischen Gutshofes am Ortsrand von Bollendorf ist eines von mehreren römischen Zeugnissen in der Region. Seine Fundamente sind 1907/08 vom damaligen Trierer Provinzialmuseum ausgegraben worden. Es handelte sich um das 27 x 23 m große Hauptgebäude eines römischen Landsitzes aus dem 2. bzw. 3 Jh. n. Chr. mit einem später angebauten Badetrakt. In dem 1997 vom Eifelverein über der Ausgrabung errichteten modernen Schutzgebäude sieht man heute noch gut die Lage des Lau- und Kaltbades, die Feuerstelle und Heizungsanlage. Die Ausgrabungen können kostenlos besichtigt werden.

Bollendorf mit
St. Michael

6 *Bollendorf*

Bollendorf im Tal der Sauer wurde bereits 716 n. Chr. als „bollunthorp" erwähnt. 1.000 Jahre bestand eine enge Verbindung zur Abtei Echternach. Die Bollendorfer Burg, wahrscheinlich auf Fundamenten eines römischen Bauwerks errichtet, war von der Abtei zu einer gut gesicherten Wehranlage ausgebaut und lange Zeit Edlen und Adligen zu Lehen gegeben worden. Später diente sie Ministerialen und Vögten als Wohn- und Amtssitz. 1739 erhielt die Anlage unter Abt Gregorius Schouppe (1728–51) ihr heutiges Aussehen. Wahrscheinlich war der Architekt Sigmund Mungenast aus Landeck/Tirol (1694–1770) an dem Ausbau beteiligt (dessen Sohn Paul (1734–84) Schloss Weilerbach einige Kilometer flussabwärts erbaut hat). Heute beherbergt die Burg ein Hotel mit Restaurant.

Die oberhalb des Ortes im Hang liegende, im klassizistischen Stil erbaute Pfarrkirche St. Michael birgt eine Jakobusfigur (→ S. 159). Die Apostelleuchter an den Längswänden sind mit Messingplaketten namentlich gekennzeichnet. Unter reliefartig geprägten Pilgerattributen ist der Schriftzug S. JACOBUS zu lesen.

Ein Detail
des Apostel-
leuchters

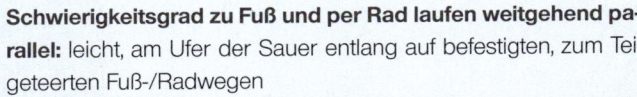

BOLLENDORF → ECHTERNACH

8 km Wegbeschreibung und Hinweise

Schwierigkeitsgrad zu Fuß und per Rad laufen weitgehend parallel: leicht, am Ufer der Sauer entlang auf befestigten, zum Teil geteerten Fuß-/Radwegen

Ausgangspunkt Bollendorf: Auf deutscher Seite flussabwärts auf ausgewiesenem Fußweg am Ufer der **Sauer (7)**, bei Weilerbach Abstecher zum **Schloss Weilerbach (8)** (ca. 500 m): links auf dem Forstweg bis zur Durchgangsstraße, diese überqueren und weiter hoch auf ehemaliger Zufahrtsstraße bis zum Schloss, zurück zur Sauer über die Fußgängerbrücke auf die luxemburgische Seite wechseln, dort auf dem Fuß-/Radweg am Ufer entlang bis **Echternach (9)**.

Die Luxemburger Jakobusfreunde haben – anknüpfend an das deutsche und belgische Wegenetz – eine Route vom Dreiländereck in Ouren über Echternach nach Schengen mit dem europäischen Muschelsymbol ausgeschildert. Stationen an dem von Echternach nach Süden führenden Pilgerweg sind der Jakobsberg (Überreste einer Klause), Münschecker (Jakobuskirche), Grevenmacher (Bodenfund einer Jakobsmuschel), Roodt/Syr (Jakobuskirche), und Luxemburg (Marienwallfahrtszentrum).

(→ www.caminosantiago.lu)

Jakobs-
muschel
am Sauer-
Übergang

Legend

Pilgerweg, markiert	
Abstecher	
abweichender Radweg	
1	Sehenswertes
i	Information
JH	Jugendherberge
C	Camping

0   1   2 km

Holsthum
Rochusk
Nusbaumer
266,5
nbruch
Wikingerburg
387,6
Klause
Schankweiler
Römisches
Gräberfeld
310,5
Hardt
404,9
163
K 19
401,7
242,7
Fraubillenkreuz
405,1
394,7
Sport
Laeisenhof
Prü
391,7
365,9
Ferschweiler
350,2
uzlay
218,0
376,2
Sport
Diesburgerhof
373,3
Neu-Diesburgerhof
Johannesberg
363,2
321,1
K 21
L
denlay
L 3
Ossenlay
JH
Bildcheslay
Kiesgräber
289,0
K 19
K 20
el 9 A
endorf
215,0
6
Sport
5
enhof
Start 9 B
247
i
Sport
175,0
Mutterbuche
Staats-
338,2
Schlösserlay
310,0
Bollendorf Pont
L 1
Niederburg
forst
ndorferbuch
Laufen-
wehr
Hambof
382
Laufenraeht
7
Weilerbach
Jegerkreuz
310,2
Sport
315,2
Seitert
348
Weilerbach
8
euerburg
378
Maison
de repos Helaw
M 10
165,8
313,2
Langent
339
Birkelt
Halsbach
347
Hs. Hübe
Erna
Kletschberge
177
Folken-
bach
i
Kelsmu
Gorge
du loup
C
Natur
Libori
162,0
L 1
9
Ziel 9 B
ECHTERNACH
334
Melicksberge
C
Melickshof
367
JH
Spocksmühle

7 *Sauer*

Die Sauer bei Bollendorf

Die Sauer entspringt in Belgien in den Ardennen und ist mit 173 km der längste Fluss Luxemburgs. Seit dem Wiener Kongress 1815 bildet sie mit der Our, die oberhalb von Wallendorf in die Sauer mündet, die Staatsgrenze zwischen Luxemburg und Deutschland. Von Wallendorf bis Echternach durchbricht die Sauer den Bergstock der südöstlichen Luxemburger Hochfläche und trennt das Ferschweiler Plateau von der Echternacher Schweiz. Steil aufragende, waldbewachsene Höhen begleiten hier den Fluss in seinem weitgehend natürlichen Verlauf. Felsbrocken, die besonders bei Niedrigwasser infolge langer Trockenheit aus dem Wasser ragen, heißen noch heute „Hungersteine". Dass auf der Sauer bereits zur Römerzeit Schifffahrt betrieben wurde, verdeutlicht ein römisches Felsgrab unweit des Hofes Altschmiede oberhalb Bollendorfs, die letzte Ruhestätte des Schiffers Arecaippos. Erst nach dem Ersten Weltkrieg verlor die Sauer den Status der Wasserstraße. Vor dem Flussübergang liegt linker Hand das Atelier des Luxemburger Künstlers Michel Schiltz. Er fertigte 2010−11 die Steinskulptur, die die Pilger jenseits der Kastenbrücke in Luxemburg willkommen heißt (→ Abb. S. 166).

8 *Schloss Weilerbach*

Eines der schönsten Beispiele barocker Schlossarchitektur in der Region und einer der bedeutendsten Standorte der ehemaligen Eifeler Eisenindustrie sind Schloss und Hütte Weilerbach. Gegründet wurde die Anlage durch den Abt Emmanuel Limpach von Echternach. Er entwarf selbst die Pläne für einen Hochofen, eine Gießerei und Schmiedeanlagen und plante außerdem Wohnungen für die Direktion und die Arbeiter sowie die Gartenanlage. 1775 ging Limpach unter der Bauleitung des Baumeisters Paul Mungenast, Sohn des Baumeisters der Echternacher Abtei und der Bollendorfer Burg (→ Punkt 6), an die Verwirklichung seiner

Pläne. Neben der Hütte ließ sich der Abt 1780 ein Barockschloss mit großen Wein- und Obstgärten als Sommerresidenz bauen, in dem er einen großen Teil seiner Zeit verbrachte.

In der Hütte waren im 18. Jh. bis zu 220 Arbeiter beschäftigt, die in erster Linie Roheisen, Stabeisen und Gusswaren produzierten. Zwischen den Weltkriegen geriet das Werk durch den Verlust der Absatzmärkte in Lothringen und Luxemburg unter starken Druck. Nach dem Zweiten Weltkrieg wurde der Betrieb nicht wieder aufgenommen und die Anlage verfiel schnell.

Schloss Weilerbach

Von der Hütte sind heute nur noch Ruinen übrig geblieben, die dem ausgedehnten Gelände des Schlosses einen romantischen Charakter verleihen. Das Schloss ist in den letzten Jahren restauriert worden, die barocke Gartenanlage in ihrem Grundriss wieder erkennbar. Wer sich einen Überblick über die Produktpalette der ehemaligen Weilerbacher Hütte verschaffen will, der sollte die Ausstellung im Museumscafé „Remise" besuchen.

9 *Echternach mit Abtei*

Echternach ist die älteste Stadt Luxemburgs. Dort, wo heute die Kirche **St. Peter und Paul** auf dem Hügel thront, stand einst ein römisches Kastell. Hier befand sich der erste Siedlungskern des Ortes mit einer römischen Befestigungsmauer aus dem Jahr

Basilika St. Willibrord

275 n. Chr. Der eigentliche Aufschwung von Echternach begann mit dem Jahr 698, als die Äbtissin Irmina von Ören (bei Trier) dem angelsächsischen Benediktinermönch, Missionar und Bischof von Utrecht, Willibrord, das inzwischen auf dem Hügel entstandene kleine Kloster für Wandermönche mit Ländereien

Verklärung Jesu (Markus 9) aus dem Codex Escorialensis, Folio 73r (Echternacher Skiptorium 1045)

schenkte. Willibrord, 658 im britischen Northumberland geboren, hatte als Geistlicher einige Zeit in Irland verbracht und war 690 zur Missionierung Frieslands aufgebrochen. Kurze Zeit später wurde er zum Bischof von Utrecht ernannt. Aufgrund weiterer Schenkungen von Ländereien durch Pippin II. begann Willibrord um 704 an der Stelle der späteren Abtei in Echternach die erste **Klosterkirche** zu bauen. Hier wurde er nach seinem Tod am 7. November 739 auch beigesetzt. Schon bald setzte eine Wallfahrt zum Grab des vom Volk verehrten Bischofs ein. Die Pilger, darunter auch geistliche und weltliche Herrscher, brachten Geld und damit Wohlstand in den Ort, sodass noch vor Ende des 8. Jh. mit einem weiteren Ausbau von Abtei sowie Kirche mit Krypta begonnen werden konnte. Nach einem Brand, den nur die Krypta überstand, wurde 1031 ein neuer, dreischiffiger Kirchenbau mit flacher Balkendecke auf den Grundmauern errichtet und im 13. Jh. um zwei mächtige Westtürme, gotische Gewölbe und Fenster ergänzt. Sein Aussehen ist bis heute weitgehend erhalten geblieben. Nach Zerstörungen im Zweiten Weltkrieg wurde der Innenraum nach Vorbildern aus dem 11. Jh. rekonstruiert. In der Krypta unter dem Hauptaltar befindet sich der Sarkophag mit den Reliquien des Heiligen.

Auch die eigentliche **Benediktinerabtei** wuchs im Mittelalter zu ansehnlicher Größe. Sie besaß großen Einfluss auf das geistliche, aber auch wirtschaftliche und kulturelle Leben der Region. Eine erste Blütezeit war zwischen dem 11. und 13. Jh., als in dem

Skriptorium berühmte Werke wie das Goldene Evangelienbuch, der Codex Caesareus oder das Echternacher Perikopenbuch Heinrichs III. entstanden. Die Geschichte des Skriptoriums reicht bereits in die Zeit Willibrords zurück, als dieser und seine Gefährten Handschriften nach Echternach brachten. Die Mönche entwickelten die Tradition des Schreibens und der Buchmalerei weiter, sodass ein eigener Echternacher Stil entstand. Kaiser, Könige, Fürsten und Bischöfe ließen hier ihre Handschriften, Evangeliare und Urkunden herstellen, die heute noch in Museen in ganz Europa bewundert werden können. Mit der Auflösung des Klosters in der Franzosenzeit gingen viele Handschriften verloren. Heute befindet sich im Keller der Abtei ein Museum der Buchmalerei.

Noch kurz vor der Auflösung des Klosters Ende des 18. Jh. hatte 1727–31 ein kompletter Um- und Neubau unter dem Baumeister Sigmund Mungenast zu einem herrschaftlichen, barocken Komplex mit Wohn- und Nebengebäuden, Gartenanlagen und Pavillons stattgefunden. Teile der Gartenanlagen sind bis heute am Sauerufer erkennbar. Inzwischen wird die ehemalige Abtei als Gymnasium genutzt.

Echternach ist bis heute Wallfahrtsort geblieben. Weithin berühmt ist die Echternacher Springprozession am Pfingstdienstag. Den Anfang der Prozession macht die Geistlichkeit. Ihr folgen die Sänger, deren Lied vom stetig wiederholten Ruf „heiliger Willibrord" unterbrochen wird. Den Zug begleiten Musikkapellen, die eine mitreißende Marschpolka, einen echten „Ohrwurm", spielen. Kinder, Frauen und Männer halten sich an weißen Tüchern und springen im Rhythmus der Melodie. Der Zug endet am Grab des Heiligen in der Krypta der Echternacher Basilika.

2010 wurde die Echternacher Springprozession in die Liste der immateriellen Kulturgüter der UNESCO aufgenommen. Seitdem gibt es ein Dokumentationszentrum im Binnenhof der Basilika.

Oben:
Tanzgruppe bei der Springprozession

Unten:
Marktplatz von Echternach

ECHTERNACH →
WELSCHBILLIG

Diese relativ kurze Etappe bietet schöne und weite Ausblicke auf das Sauertal und das Bitburger Gutland.

Im Sauertal führt ein reizvoller Fußpfad zwischen ehemaligen Weinhängen hindurch nach Minden, wo die Prüm in die Sauer mündet. Bergauf geht es entlang einer alten Römerstraße auf die Hochfläche des Bitburger Gutlandes, vorbei an ehemaligen Westwallbunkern und einem Windpark. Hinter der Unterquerung der B 51 – bereits zur Römerzeit eine Nord-Süd-Verbindung – erreicht man bald Welschbillig.

*Links:
Fußpfad
durch die
ehemaligen
Weinberge im
Sauertal*

Pilgerspuren ...

Am Weg hinter Minden steht auf der Höhe ein Kreuz, das die **Matthiasbruderschaft** Kempen 1992 errichtet hat. Für sie ist der Ort die letzte Quartierstation auf dem Weg vom Niederrhein nach Trier. Die Kempener konnten im Jahr 2002 stolz auf eine 550-jährige Tradition der Wallfahrt zum Grab des Apostels Matthias zurückblicken. Verschiedene ihrer Mitglieder haben auch schon den Weg zum Grab des Mit-Apostels Jakobus fortgesetzt. Die Bruderschaft hat ihrer Verbundenheit mit den beiden Aposteln in dem Matthias-Jakobus-Fenster bildlich Ausdruck verliehen, das sie für ihre Kirche Christ-König in Kempen-Hagelkreuz gestiftet hat. Während unser Weg nordwestlich über Biewer mit seiner Jakobuskirche nach Trier führt, gehen die Kempener Pilger weiter durch das Tal der Sauer und feiern die Morgenmesse in der **Wintersdorfer Jakobuskirche**. Das Gotteshaus auf der Höhe entstand über einer Quelle, deren Wasser heute zu Füßen einer steinernen Jakobusstatue in einen 1983 eingeweihten Brunnen am Kirchenplatz fließt. Jakobusstätten an Brunnen und Quellen sowie auf Anhöhen hält Donckel, der sich mit der Verehrung des Heiligen im Luxemburger Raum intensiv befasste (→ S. 157), für die ältesten. Die romanische Kirche um 1100, die schon einen Vorgängerbau hatte, entspricht dem Typus der im Rheinland sehr verbreiteten Ostturmanlagen, bei denen der Chor in der Turmhalle

Pilgerweg

*Jakobus-
kirche von
Wintersdorf
auf einem
Messgewand*

angelegt ist. Selten sieht man allerdings, dass sie wie hier von
zwei quadratischen Jochen flankiert werden. Das romanische
Langhaus wurde 1901/03 durch ein neuromanisches mit Westchor ersetzt, das sich harmonisch an den alten Bauteil anfügt.
Das Gotteshaus besitzt heute gleich drei Jakobusaltäre: den Altar mit einer Nischenfigur des Heiligen im alten Ostchor (Anfang
des 18. Jh.), den Hauptaltar (von 1902) mit einer Jakobusstatue
im Westchor und davor den neuen Altartisch mit einem sichtbaren Jakobusreliquiar im Sockel. Der Kirchenpatron ist auch
auf einem der Apostelfenster der Nebenschiffe und auf einem
roten Messgewand, das am Patronatsfest getragen wird, dargestellt. Früher wurde der Gottesdienst am Festtag des hl. Jakobus mit einer Prozession eröffnet, die auf dem Kirchweg bis
zu einem Wegekreuz (bei Haus-Nr. 16) verlief. Im Volksmund heißt
dieses Kreuz bis heute Jakobskreuz.

Unweit unseres Weges, etwa in der Mitte zwischen Bitburg
und Trier beim fünften Meilenstein der Römerstraße von Köln, befindet sich das **Kloster Helenenberg**. Schon früh hat hier, am
Schnittpunkt vieler alter Pilgerwege, ein Hospital gestanden.
1485, lange nach dessen Verfall, schenkte der Erzbischof von
Trier das Grundstück „Zum Spiddel" seinem Kanzler mit der Auflage, sich um alte und gebrechliche Hofleute zu kümmern. Die
aus Köln gerufenen Kreuzherren weihten den Konvent der hl.
Helena am 18. August 1488, ihrem Festtag. Als Auffinderin des hl.
Kreuzes wurde sie von den Kreuzherren besonders verehrt.
Schon bald erhielt das Kloster den Namen Helenenberg. Die

Kreuzherren-
kloster
Helenenberg

Kreuzherren betreuten nicht nur Kranke, Alte und Pilger, sondern gründeten im Hospital zu Bitburg auch eine Schule. Die 1489 dem hl. Valentin, dem Helfer bei der „Fallkrankheit", gewidmete Konventskapelle wurde Ziel von Wallfahrten, zeitweise sogar von Springprozessionen. Im Dreißigjährigen Krieg wurde die Kloster- anlage stark beschädigt und geplündert, 1740 begann der Um- und Neubau im barocken Stil. Die 1766 neu gebaute Wallfahrts- kirche wird heute nur noch in ihrem Chorteil als Sakralraum ge- nutzt, während das Langhaus in Wohnetagen unterteilt ist. Den Kirchenraum dominiert ein norddeutscher gotischer Flügelaltar, in dessen Mittelteil zwölf Apostel, unter ihnen auch ein sehr schö- ner Jakobus, Maria in der Mandorla umgeben. Während

Jakobusfigur
in Hohen-
sonne

der Säkularisation wurde das Kloster aufgeho- ben und an Privatleute verkauft. Doch schon Ende des 19. Jh. erwarben die Eheleute Puricelli die Anlage und schenkten sie dem Trierer Bischof mit der Bitte, dort ein „Diözesanwaisenhaus" einzurichten. Zu- nächst widmeten sich Franziskaner die- ser Verpflichtung, 1925 übernahmen die Salesianer Don Boscos das Eduardstift, das noch heute erzieherische Aufgaben erfüllt.

Ebenfalls an der B 51, südlich von un- serem Pilgerweg, steht in **Hohensonne** eine Kapelle mit einer Jakobusstatue.

14 km **Wegbeschreibung und Hinweise**

Schwierigkeitsgrad zu Fuß: mittel, lang gezogener Anstieg hinter Minden. Weg zum Teil auf Nebenstraßen, Fußpfaden, befestigten Feldwegen

Ausgangspunkt Echternach: Über die Sauerbrücke, dann auf einem Fußpfad, dem ▸ 5, entlang des Sauertales durch ehemalige **Weinberge (1)**, bis hinter **Minden (2)** der ▸ 5 in Serpentinen aus dem Tal führt und in einer Linkskehre abzweigt, dort auf dem geteerten Feldweg bleiben und weiter bergauf, immer rechts vom Mindener Bach, auf der alten Trasse einer ehemaligen **Römerstraße (3)** zur B 51. Hier hat man einen weiten Blick auf das **Bitburger Gutland (4)**. Nach der Unterquerung der Bundesstraße links Feldweg zum **Kloster Helenenberg** (→ Pilgerspuren) oder geradeaus nach **Welschbilig (5)**.

14 km **Schwierigkeitsgrad per Rad:** leicht bis mittel, langer Anstieg von Minden aus dem Sauertal*, kurzes Stück entlang der B 418 (ohne Radweg), ansonsten Nebenstraßen bzw. überwiegend geteerte Feldwege

* Da vor allem die Etappe Welschbilig–Trier für Radfahrer sehr anstrengend ist, kann man als Alternative direkt weiter im Sauertal bis zur Mosel und dann nach Trier fahren.

Ausgangspunkt Echternach: Über die Sauerbrücke auf ▸ 5, wo der Fernwanderweg als Fußpfad in die ehemaligen Weinberge **(1)** abbiegt, weiter auf der B 418 nach Minden, kurz vor Minden **(2)** auf die alte Durchgangsstraße einbiegen und weiter wie beim Fußweg.

Die Sauer bei
Echternach

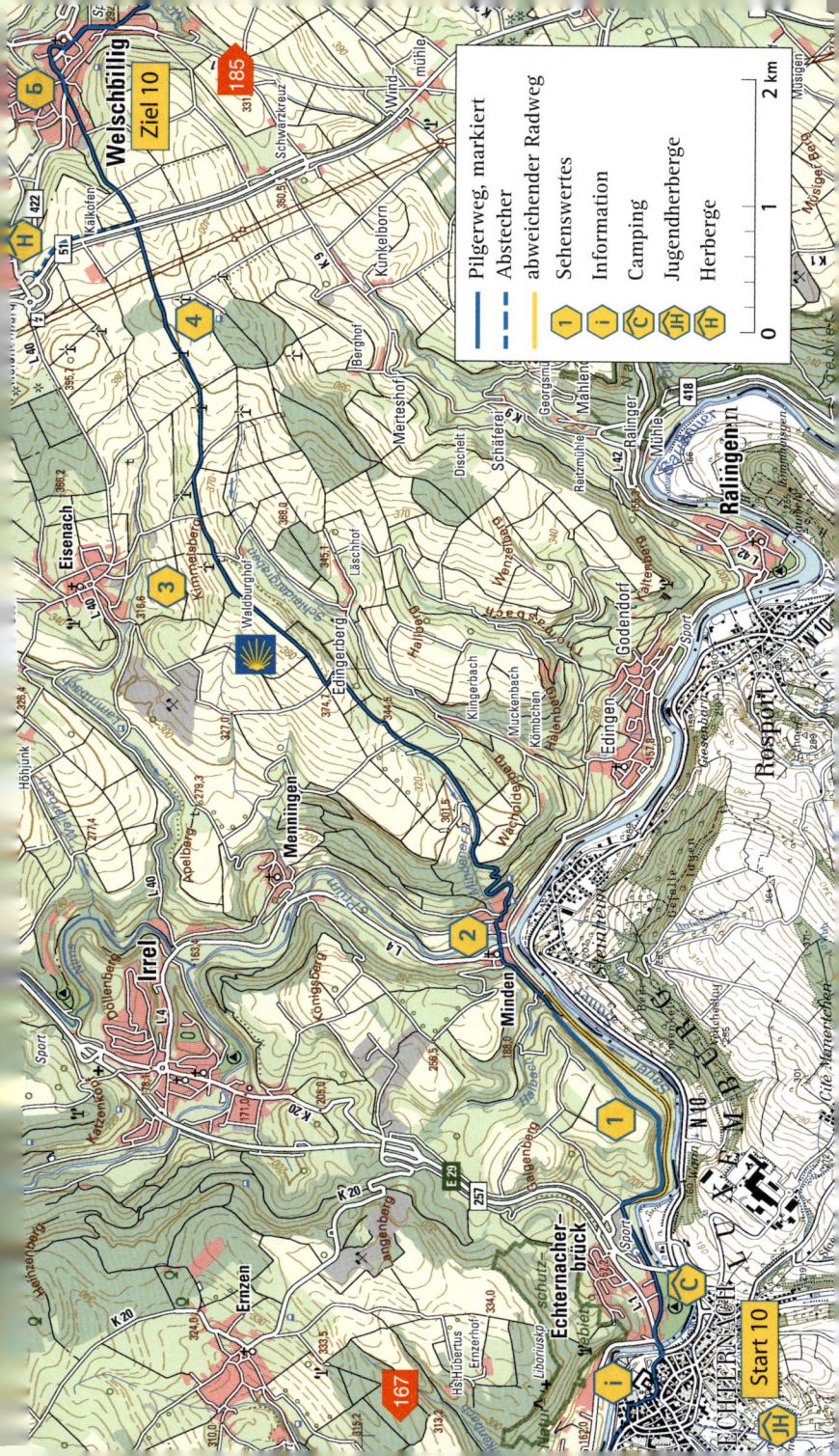

Legend

		Pilgerweg, markiert
		Abstecher
		abweichender Radweg
1		Sehenswertes
i		Information
C		Camping
JH		Jugendherberge
H		Herberge

0   1   2 km

Welschbillig

Ziel 10

185

Eisenach

Ralingen

Rosport

Menningen

Irrel

Minden

Edingen

Godendorf

Ernzen

Echternacher-brück

Echternach

Start 10

167

SEHENSWERTES ENTLANG DER STRECKE

1 *Weinbau an der Sauer*

Auf der Strecke von Echternacherbrück nach Minden folgt der Wanderer einem alten Weg durch ehemalige Weinbauterrassen. Typisch sind die stellenweise noch vorhandene Terrassierung und Abstützung des Geländes mit Bruchsteinmauern und die sich ausbreitende Nachfolgevegetation: Hundsrose, Schlehe, Weißdorn und Brombeere bilden ein fast undurchdringliches Gebüsch. Die Weinbauflächen an der Sauer – heute nur noch wenige Hektar an der unmittelbaren Mündung des Flusses in die Mosel – gehören zum Mosel-Saar-Ruwer Weinbaugebiet, dem viertgrößten in Deutschland. Dominierende Traube an der oberen Mosel und im Sauertal ist der Elbling, eine der ältesten kultivierten Rebsorten (→ S. 224). Aus der zuletzt genannten Traube wird ein leichter, säurebetonter Weißwein gekeltert, der sich gut zur Sektherstellung eignet. Ob in diesem klimatischen Gunstgebiet zwischen den Mittelgebirgen Wein in wilder Form bereits vor römischer Zeit gewachsen ist, ist nicht ganz klar. Auf jeden Fall erlebte der Weinbau in den ersten Jahrhunderten n. Chr., insbesondere im Moselgebiet, einen bedeutenden Aufschwung. Eine erhebliche Ausweitung der Anbaufläche brachte die Kulturarbeit der Klöster seit dem 8. Jh. mit sich. An Mosel, Sauer, an der Our und

Ehemalige Weinbauterrassen an der Sauer, östlich von Echternach

sogar bis in die Höhenlagen des Öslings (luxemburgischer Teil des Islek) hinauf wurde auf Betreiben des Klosters Echternach Wein angebaut. Doch im Laufe des 17. und 18. Jh. begannen sich die klimatischen Verhältnisse zu verschlechtern. Nach einem äußerst strengen Winter 1709 waren fast alle Weinstöcke zerstört. Aus dem Ösling verschwand der Weinanbau vollständig und auch an der Our ging er stark zurück. Mit der Säkularisierung gingen die Weinberge des Klosters Echternach in den Besitz der Weinbauern über. Heute konzentriert sich der Anbau auf wenige Gunstgebiete.

2 Minden

Der kleine Ort an der Mündung der Prüm in die Sauer zeichnet sich durch seine dörfliche Architektur und seine romanische Kirche aus dem 12. Jh. aus. Auf ihrem Barockaltar begegnet uns neben anderen Heiligen auch der Pilgerheilige Wendelinus.

Hauptaltar
St. Silvester,
Minden

Die Siedlungsgeschichte Mindens reicht bis in die Steinzeit zurück. 1914 wurden 40 Brandgräber mit teilweise wertvollen Grabbeigaben aus der Römerzeit gefunden. Aus einem Gräberfeld der Franken stammt die „Dreikönigs-Gewandnadel" (sogenannte Magierbrosche von Minden, 7. Jh.), die im Landesmuseum in Trier gezeigt wird.

3 Römische Zeugnisse im Raum Bitburg

Von der Sauer bis zur B 51 folgt der Weg der Strecke einer alten Römerstraße, der ehemaligen Querverbindung vom Sauertal zur Hauptheerstraße Köln-Trier. Im Raum Bitburg (lat. Beda) verläuft die heutige Bundesstraße auf dieser alten Heerstraße. Ähnlich der nördlichen Eifel ist auch die Südeifel voll von römischen Spuren, von denen schon einige auf den Etappen erwähnt wurden (zum Beispiel die „Villa rustica" in Bollendorf, → S. 165). Bei Butzweiler oberhalb des Kylltales sind noch Spuren römischen

Kupferbergbaus vorhanden. Eine weitere Besonderheit ist die römische Langmauer, deren Reste
vor allem östlich von Welschbillig und Butzweiler
zu sehen sind. Im Westen verlief sie entlang der
römischen Heerstraße, also der heutigen B 51 bis
Bitburg. Diese Langmauer umspannte ein Oval,
das in der Nord-Süd-Ausdehnung ca. 72 km lang
und in der West-Ost-Ausdehnung ca. 12 km breit
war und eine Fläche von 220 km^2 umfasste. Die
Reste dieser Mauer zeigen noch Stärken von ca.
65 bis 90 cm. Zu welchem Zweck sie von römischen Legionssoldaten errichtet wurde, ist bis
heute ein Rätsel geblieben. Die wahrscheinlichs-
te Deutung geht von einem riesigen Wildgehege
aus, das für Staatsjagden genutzt wurde.

Windkraft-
anlage auf
dem
Kimmelsberg,
Eisenach

4 *Das Bitburger Gutland*

Auf der Höhe des Kimmelsbergs bei Eisenach hat man bei kla-
rer Sicht einen weiten Blick auf die Hochflächen des Bitburger
Gutlandes. Im Gegensatz zur Hocheifel mit ihren Landschaften
Schneifel und Islek ist das Bitburger Gutland ein landwirtschaft-
liches Gunstgebiet. Auf den triasischen Buntsandsteinen und
Kalken konnte sich ein relativ fruchtbarer Boden bilden. Hinzu
kommen wesentlich günstigere klimatische Verhältnisse als in
der regenreichen und kalten Hocheifel. Hier dominieren Futter-
rüben- und Getreideanbau. Vom Gersten- sowie vom Hopfen-
anbau am Unterlauf der Prüm profitiert auch die größte Brauerei
der Eifel in Bitburg. Heute muss Hopfen und Braugerste allerdings noch zusätzlich importiert werden.

5 *Welschbillig*

Welschbillig liegt in einer sanften Talmulde des Felzerbaches. Bereits zur Römerzeit muss der Ort von Bedeutung gewesen sein,
denn im 4. Jh. errichtete man hier eine Prachtvilla mit einem Teich,
dem Hermenweiher: ein großes Wasserbecken, umgeben von
112 Hermen, die als Pfeiler der Bassin-Balustrade dienten. Eine
Vielzahl dieser Kopfbildnisse auf Pfeilerschaften konnten gebor-

gen und ins Landesmuseum Trier überführt werden. Nachbildungen einiger der Skulpturenköpfe sind auf dem Dorfplatz vor der Kirche zu sehen. Die Anlage wurde in der Zeit der Völkerwanderung zerstört. Im 13. Jh. ließ Arnold von Isenburg auf dem Gelände der Villa eine Burganlage mit Wassergraben und vier großen Ecktürmen errichten. 1291 erhielt Welschbillig die Stadtrechte. Nach der Zerstörung der Burg 1673 sind nur noch Reste des Nordwestturms, des Torbaus mit den beiden Rundtürmen und der einst 1,5 km langen Stadtmauer erhalten geblieben. Sehenswert ist außerdem das Amtshaus von 1711 und der davor errichtete Brunnen, Anfang des 19. Jh. entstanden. Die erste Kirche des Ortes war schon bald nach der Stadtwerdung, spätestens um 1328, erbaut worden. Sie wurde mehrmals zerstört und 1891 endgültig abgebrochen. 1889–91 errichtete man eine größere Kirche in neugotischem Stil auf dem ehemaligen Burggelände, die dem hl. Petrus geweiht ist. Der Bau von Dombaumeister Reinhold Wirtz aus Trier gehört zu den qualitätsvollsten Sakralbauten aus der Zeit der Neugotik im Bistum Trier. Sowohl die Architektur der gewölbten Basilika aus gelbem Sandstein als auch die Ausmalung, der Bodenbelag, Figurenschmuck sowie das Inventar zeigen eine ungewöhnliche Geschlossenheit. Die 1976 durchgeführte Restaurierung hat diesen Eindruck noch verstärkt.

Eingang zum Pfarrhaus, Welschbillig

Blick auf Welschbillig

Von Welschbillig führt der Weg über sanfte Bergkuppen und durch kleine Täler. An den von Streuobstwiesen umgebenen Ortschaften vorbei kommen wir nach Butzweiler. Wir erreichen Biewer durch das gleichnamige Bachtal, ab dem wir dem ehemaligen Leinpfad der Mosel bis ins Wallfahrtszentrum Trier folgen. **Die Etappe ist untergliedert in 2 Teilstrecken:** 11 A von Welschbillig bis Trier und 11 B, einen Pilgerweg durch Trier.

Pilgerspuren ...

Auf dieser Etappe kommt der Jakobspilger durch zwei Orte, die ganz unterschiedliche Beziehungen zum hl. Jakobus d. Ä. haben.

Eine erste Verbindung des Ortes **Butzweiler** zum Apostel ist in einer Urkunde aus dem Jahr 1448 zu finden. Damals verkaufte der Grundherr dem Jakobsspital von Trier die Jahresrente aus dem Lehen zu Butzweiler. Noch heute haben die Trierer „Vereinigte Hospitien" (→ S. 203) Grundrechte in Butzweiler. Dem Pfarrer Jakob Müller (1931–56 in Butzweiler) sind weitere Zeugnisse der Verehrung seines Namenpatrons zu verdanken. Zum silbernen Priesterjubiläum schenkte die Pfarrgemeinde ihrem Pastor 1947 einen roten Chormantel mit den Bildern der Hll. Remigius und Jakobus und zum silbernen Ortsjubiläum 1956 ein weißes Marien-Messgewand, das auf der Vorderseite Jakobus zeigt.

In **Trier-Biewer**, dessen Kirchen- und Ortspatron der hl. Jakobus ist, blieb immer in Erinnerung, dass hier in früheren Zeiten Jakobspilger durchgezogen sind. Nach dem langen Weg durch die Eifel ist Biewer der erste Ort, an dem sich wieder eine Jakobusbruderschaft nachweisen lässt. Zu Beginn war sie ein Zusammenschluss der Siechen des benachbarten Leprosenhauses und anderer Siechenhäuser im Bistum Trier, die hier jährlich an zwei Tagen Messen lesen ließen.

Pilgerweg

Jakobusfigur in St. Jakobus, Biewer

Links: St. Jakobus, Biewer

21 km Wegbeschreibung und Hinweise

Schwierigkeitsgrad zu Fuß: anfangs mittel wegen zahlreicher Steigungen und eines steilen Abstiegs; ab dem Biewerbachtal leicht; die Wegführung verläuft unterschiedlich, vom Fußpfad bis zur Kreisstraße

Ausgangspunkt Kirche Welschbillig: Richtung Möhn der Trierer Straße folgen, nach ca. 200 m links Richtung Möhn, hinter der Brücke im Möhner Grund nach ca. 20 m rechts in Feldweg **W 3** abbiegen, auf dem geteerten Weg bis kurz vor der Höhe, rechts in Feldweg entlang einer Hecke und ersten Weg links, vom Messenberg in Serpentinen hinab nach **Möhn (1)**, an der **Obstbrennerei (2)** vorbei, am Ortsausgang rechts Richtung Kimmlingen, auf dem Teerweg am Hof vorbei ins Tal und auf der K 22 nach Kimmlingen, im Ort die Senke queren und an dem Vorfahrtsschild rechts den Teerweg hinauf zum Jungenwald und rechts am Waldrand, rechts in den Wald und steil hinab nach **Butzweiler (3)**, an der Kirche rechts an der L 43 Richtung Beßlich und am **Wegekreuz (4)** links den ansteigenden Weg, auf der Höhe rechts auf der Straße nach **Lorich (5)**, hinter dem letzten Haus bis zum Wald, auf Fußpfad **T 6** ins Biewerbachtal, Autobahnbrücke unterqueren auf der K 5 nach 30 m links in Wirtschaftsweg bis Schneidersmühle, kurz danach links den Aacherbach queren und links am Biewerbach entlang bis zum Jakobusbrunnen von **Biewer (6)** (Abstecher B 53 links zur Kirche St. Jakobus) K 5 und schräg gegenüber der Einmündung links in den **T 8** bis zur Eisenbahnunterführung, (Abstecher davor rechts den Fußweg entlang der Bahn bis zur **St. Jost-Kapelle (7)**), nach Unterführung entlang der **Mosel (8)** nach Trier, vor der Brücke rechts die Eisenbahn unter- und die Uferstraße überqueren, über die Brücke, geradeaus auf der Merianstraße bis zum Alleenring, diesem nach links bis zur Porta Nigra folgen.

23 km
Schwierigkeitsgrad per Rad: hoch bis ins Biewertal, danach leicht bis Trier, auf Feldwegen und wenig befahrenen Straßen

Ausgangspunkt Kirche Welschbillig: Richtung Möhn und am Ortsausgang links nach Träg und Möhn **(1, 2)**; bis Lorich siehe Fußstrecke; am Ortsanfang Lorich rechts über K 27, K 26 und K 5 nach Biewer **(6, 7)**, von hier bis Trier wie Fußweg.

Start 11

Pilgerweg, markiert
abweichender Radweg

1 Sehenswertes
JH Jugendherberge
H Herberge

0   1   2 km

Stadtplan S. 192

Ziel 11

TRIER

1 *Möhn*

Der noch überwiegend landwirtschaftlich struk-
turierte Ort besitzt mit St. Lucia eine schöne
Kapelle mit barocker Ausstattung. Besonders
bemerkenswert ist die Darstellung der Sieben-
schläfergruppe aus rotem Sandstein aus dem
16. Jh. sowie ein barockes Altarbild mit dem
gleichen Motiv. Die Siebenschläfer wurden lange als Heilige verehrt. Der Legende nach handelte es sich um sieben junge Christen, die sich
im Jahr 251 bei einer Verfolgung durch Kaiser
Decius in einer Berghöhle in Sicherheit brachten. Dort wurden sie von ihren Verfolgern eingemauert und schliefen 195 Jahre lang. Am 27.

Sieben-
schläfer-
gruppe,
St. Lucia,
Möhn

Juni 446 wurden sie zufällig entdeckt, wachten auf, um den Glauben an die Auferstehung der Toten zu bezeugen, und starben
wenig später. Seither gilt der 27. Juni als Siebenschläfertag, der
auch als Prognosetag für das Wetter bekannt ist: „Das Wetter am
Siebenschläfertag sieben Wochen bleiben mag." Von Gläubigen
wurden die Siebenschläfer als Helfer gegen Schlaflosigkeit und
Fieber angerufen. Die legendäre Höhle und die Ruine der dortigen Kirche liegen bei Ephesus (Türkei).

2 *Obstbrennen in der Südeifel*

Wie zahlreiche andere Orte der Südeifel besitzt auch Möhn noch
einen breiten Gürtel mit Streuobstwiesen. Mit dem Begriff Streu-
obst bezeichnet man die scheinbar unregelmäßige Anordnung
und Zusammensetzung von Obst-Hochstämmen auf Grünland.
Die Früchte werden von den in Möhn ansässigen Brennereien zu
edlen Tropfen verarbeitet.

In der Südeifel entstanden seit dem 18. Jh. Obstbrennereien.
Es waren landwirtschaftliche Betriebe, die so einen kleinen Er-
werb neben der Viehhaltung und dem Ackerbau hatten. Als im

Laufe des 19. Jh. der Schnapskonsum deutlich anstieg, begann sich der Staat um die Kontingentierung und Besteuerung zu kümmern. 1922 trat das Branntweinmonopolgesetz in Kraft, das das Brennen regelte. In der Eifel besitzen noch ca. 200 Landwirte das „Abfindungsbrennrecht": Bei ihnen wird auf die sonst üblichen staatlichen Verschlüsse wie Plomben

Streuobstwiesen bei Möhn

bzw. Zollschlösser verzichtet und sie dürfen mengenmäßig beschränkt produzieren. Im Trierer Raum und im Saargau werden aus dem Obst Apfelmost (Viez) und Obstbrände hergestellt. Durch diese Nutzung und mithilfe staatlicher Zuschüsse werden die regional typischen Streuobstwiesen geschützt, gepflegt und auch verjüngt. Eine alte Obstpresse kann man auf dieser Etappe in Lorich sehen.

3 *Butzweiler*

Apostelleuchter Jakobus d. Ä. in St. Remigius

Der Ort Butzweiler liegt geschützt in der Quellmulde des Butzerbaches. Dass es hier bereits zur Zeit der Römer Besiedlung gab, dokumentieren Zeugnisse wie eine römische Hausanlage, ein Steinbruch und wahrscheinlich auch ein Kalkofen. Bis in die zweite Hälfte des 2. Jh. wurde ein noch in Resten vorhandenes römisches Kupferbergwerk, ca. 2 km nordöstlich des Ortes, betrieben. Außerdem verlief hier in unmittelbarer Nähe die römische Langmauer (→ S. 180). Im Mittelalter gehörte Butzweiler zum Besitz der Trierer Benediktinerabtei St. Marien. Im 19. Jh. gab es im Ort eine nennenswerte jüdische Gemeinde, die 1892 auch eine Synagoge mit eigener Schule baute. Diese ist heute zu einem Wohnhaus umfunktioniert.

Die Längswände der barocken Kirche St. Remigius schmücken zwölf große Apostelabbildungen über den Apostelleuchtern. Zum St. Matthias-Fest 1951 wurde für die vor einigen Jahren der Pfarrkirche von der Abtei St. Matthias geschenkte Matthiasreliquie ein Reliquiar beschafft. Es ist ein auf vier Säulchen stehendes Kästchen in Gold und Silber mit vier Silberstatuetten der Apostel Matthias und Jakobus sowie der Bischöfe Remigius und Germanus.

4 *Wegekreuz an der Einmündung der K 26*

Der Raum Butzweiler ist seit dem 17. Jh. besonders reich an alten Wegekreuzen. Grund dafür ist der qualitativ gute Sandstein, der an verschiedenen Stellen der Region abgebaut wurde. An der Abzweigung der K 26 nach Lorich steht ein Kreuz aus dem Jahr 1688, das laut Inschrift 1881 erneuert wurde. Leider ist nicht mehr erkennbar, ob es sich um ein Gedenkkreuz oder, an dieser Stelle wahrscheinlicher, um ein Wege- bzw. Flurkreuz handelte. Auf dem weiteren Weg kommen die Pilger an einer Gedenkkapelle aus dem Jahr 1946 vorbei.

5 *Lorich*

Der kleine Ort liegt wie eine Insel, von steil abfallenden Hängen umgeben, am Rande des Bitburger Gutlandes. Bis heute ist Lorich überwiegend landwirtschaftlich geprägt. Die sehenswerte Kirche St. Paulinus, die schon auf die Verehrung des hl. Paulin in Trier hinweist, liegt über dem Dorf im Schatten alter Esskastanien. Dieser wärmeliebende Baum ist auch im Wald zur Mosel hinunter stark vertreten. Die Radfahrer werden auf ihrer Abfahrt Richtung Biewer am unmittelbaren Talabhang westlich von Lorich noch einige Steinbrüche passieren, in denen der rote Sandstein, den man in der Region an zahlreichen historischen Bauwerken sieht, gebrochen wurde.

Birkelsmühle im Biewertal und idyllische Häuserfront bei Lorich

6 Trier-Biewer

Der Trierer Stadtteil Biewer liegt an der Mündung des Biewer- bzw. Aacherbaches in die Mosel. Begrenzt wird der Ort durch die steilen Moselhänge und die linksseitige Moselbahnstrecke. Biewer war bereits zur Römerzeit von Bedeutung, da durch das Biewertal eine Römerstraße die Mosel mit der Heerstraße Trier-Köln verband. In frühchristlicher Zeit trafen sich im Ort die ersten Christen der Region zu ihren Gottesdiensten. Neben der Pfarrkirche St. Jakobus ist die Kapelle St. Jost (→ Punkt 7) am westlichen Ortsausgang erwähnenswert.

Palliener Buntsandsteinfelsen

Beim Jakobusbrunnen erreicht der Weg das Moseltal. Über diesen 1832 errichteten Brunnen schrieb F. Keil in der Ortschronik: „Am Jakobusbrunnen haben die Einwohner von Biewer seit mehr als 150 Jahren ihre Eimer, Kannen und Krüge gefüllt und auch ihr Vieh ‚am Kump‘ getränkt. Aber auch Tausende von Pilgern, Durchreisenden, Wanderern und Soldaten haben sich hier mit köstlichem Nass gelabt und erfrischt." Die Jakobusfigur auf dem Brunnen gleicht in ihrer Gestik der alten Statue in der Pfarrkirche, trägt aber neben dem Pilgerstock auch die anderen Attribute des Heiligen: Hut, Jakobsmuschel, Kalebasse und Pilgertasche.

Im Jahre 1017 schenkte der Trierer Erzbischof Poppo (1016–47) dem Trierer Kloster St. Maria ad martyres eine Kapelle mit dem dazugehörenden Land in Biewer, über die weiter nichts bekannt ist. Schon etwas mehr wissen wir von der 1664 errichteten Jakobuskapelle, die auf dem späteren Schulhof der St.-Jost-Straße stand. Sie wurde 1920 abgerissen, nachdem die heutige Pfarrkirche 1911/12 in romanischen Formen an der Biewerer Straße entstanden war. Der rote Sandstein für den Bau wurde gleich hinter dem Kirchengelände gebrochen. Aus der alten Kapelle stammt die barocke Jakobusfigur am rechten Pfeiler vor dem Chor. Im Neubau wurden Jakobus ein Fenster und eine lebensgroße Statue gewidmet, die links vor dem Chor

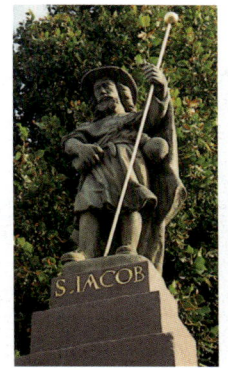

Jakobusbrunnen, Biewer

steht. Neueren Datums ist das Jakobusreliquiar, das Jakobus und Jodokus zeigt, beide im Gewand des Jakobspilgers, Letzteren mit einem Tier zu seinen Füßen. Ein modernes Fenster hinter dem Taufbecken im Eingangsbereich nimmt auf die Jakobuslegende von der Taufe des Josias Bezug: Kurz vor seiner Hinrichtung bekehrte Jakobus den Mann, der ihm den Strick umlegen sollte. Mit dem Wasser, das der Henker ihm in dem Glauben reichte, er wolle damit seinen Durst stillen, taufte Jakobus Josias, der daraufhin mit ihm zusammen enthauptet wurde.

Taufe des Josias, St. Jakobus, Biewer

7 Kapelle St. Jost, Trier-Biewer

Zur Kapelle gehörte einst ein Siechenhaus, das bereits 1283 erwähnt wird. Das Trierer Leprosenhaus St. Jost (= Jodokus, → S. 46) bei Biewer war neben Estrich – jenseits der Stadt auf der anderen Moselseite – die zweite Einrichtung zur Aufnahme der Aussätzigen, die wegen der damals vermuteten Ansteckungsgefahr aus der Gesellschaft ausgeschlossen wurden. Die Lepra war von den heimkehrenden Kreuzfahrern nach Europa eingeschleppt worden. In den sogenannten Siechenhütten, die sich im Mittelalter neben dem ebenfalls 1283 schon genannten Gotteshaus befanden, wurden die Leprakranken aus dem ganzen damaligen Erzbistum Trier untergebracht. Der heutige Kapellenbau stammt aus dem 18. Jh.

Leprosenhaus und Kapelle St. Jost, Biewer

Als die Lepra zu Beginn des 18. Jh. erfolgreich bekämpft worden war, nahm das Haus andere unheilbar Kranke auf. 1804 ging das Vermögen durch Erlass Napoleons in den Besitz der „Vereinigten Hospitien" über, die ein Krankenhaus in St. Irminen errichteten. Das Siechenhaus in Biewer wurde geschlossen. Fortan fanden Wallfahrten zum hiesigen hl. Jodokus statt. Im 20. Jh. verfielen die Gebäude zusehends. Nach 20 Jahren hat die „Interessengemeinschaft zur Rettung der St. Jost Kapelle Biewer" die Sanierungsarbeiten an dem Gebäude 2011

abgeschlossen. Seit 2012 ist die Kapelle wieder für sakrale und kulturelle Zwecke nutzbar.

Das Ehepaar Biedinger wurde 2014 vom Trier Forum für sein 25-jähriges Engagement bei der fachgerechten und behutsamen Restaurierung sowie Wiederbelebung der St. Jost Kapelle mit dem Hermann-Münzel-Preis ausgezeichnet.

8 *Moseltal*

Mosella, „kleine Maas", nannten sie schon die Römer. Die Mosel ist 545 km lang, tangiert auf ihrem Weg von der Quelle am Col du Bussang in den Vogesen bis zu ihrer Mündung in den Rhein in Koblenz drei Staatsgebiete (Frankreich, Luxemburg, Deutschland) und liegt in einer Kulturlandschaft, die bereits in römischer Zeit

Blick auf Trier

geformt wurde. Die Länge des Flusses erklärt sich durch die zahlreichen Schleifen, die das Wasser im Laufe der Zeit in das Gestein des rheinischen Schiefergebirges gegraben hat. Damit trennt die Mosel die Eifel vom Hunsrück. Um den Fluss für die Großschifffahrt nutzen zu können, wurde er zwischen den Jahren 1957 und 1964 ausgebaut und mit 14 Wehranlagen versehen. Über Schleusen gelangen die Schiffe seitdem durchgehend bis in das französische Thionville.

Charakteristisch für das Tal ist der Weinbau, den bereits die Römer mitgebracht haben. Seit 1977 haben die Archäologen im Moseltal acht römische Kelteranlagen nachgewiesen. Allerdings ist bis heute nicht klar, ob die Römer die Weinrebe importiert haben oder ob diese in wilder Form hier bereits vorkam. Der Weinbau und der damit verbundene Fremdenverkehr stellen nach wie vor wichtige wirtschaftliche Standbeine der Region dar. Jedes Jahr kommen Tausende von Touristen, um in den romantischen Fachwerkorten entlang des Flusstales an Weinproben teilzunehmen sowie die historischen Zeugnisse aus der Römerzeit und dem Mittelalter zu bewundern.

PILGERWEG DURCH TRIER

Pilgerweg zu acht Stationen in Trier

Detail der Jakobusfigur an der Steipe (Original, Museum Simeonstift)

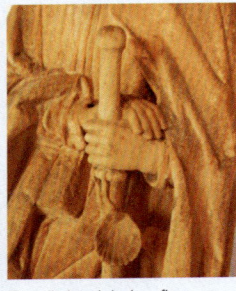

1 Porta Nigra und Städtisches Museum Simeonstift
2 Steipe am Hauptmarkt
3 Dom und Diözesanmuseum
4 Liebfrauenkirche
5 Jesuitenkirche mit Priesterseminar
6 Ehemaliges Bürgerspital St. Jakob
7 St. Irminen und die Vereinigten Hospitien
8 Benediktinerabtei St. Matthias

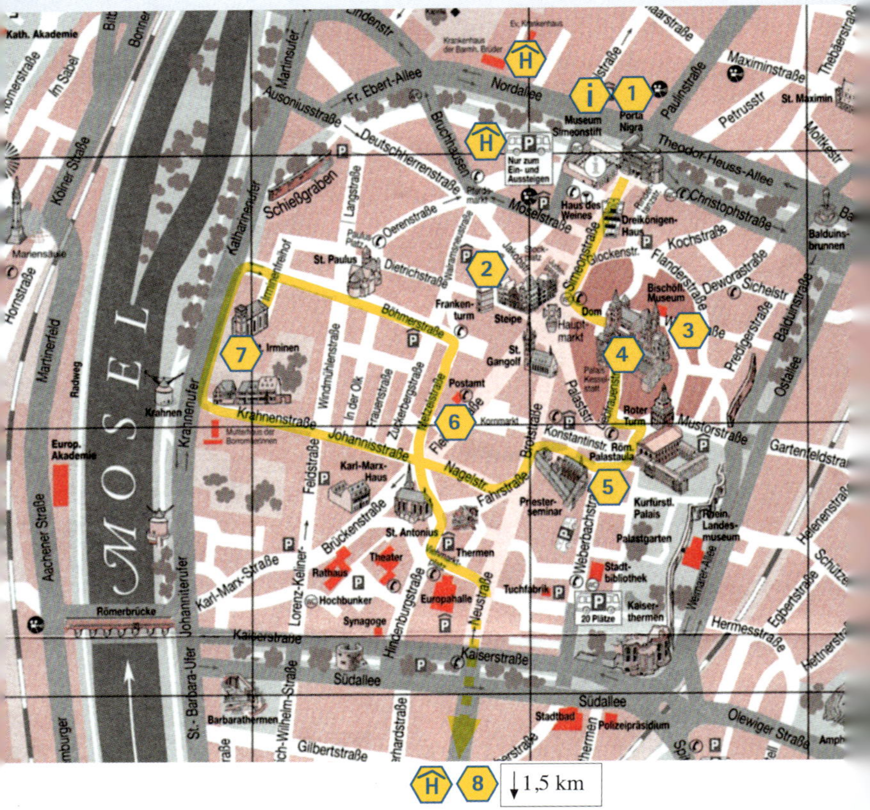

Trier, älteste Stadt und ältester Bistumssitz Deutschlands, wurde 16 v. Chr. von den Römern als Augusta Treverorum, als Stadt des Kaisers Augustus im Lande der Treverer, gegründet. In der Folgezeit wurde sie Hauptstadt des von Britannien bis Spanien reichenden weströmischen Teilreiches und Residenz einiger römischer Kaiser. Nirgendwo sonst nördlich der Alpen haben sich so große Monumente römischer Baukunst erhalten wie in Trier. Neben den römischen Zeugnissen entstanden im Verlauf des Mittelalters zahlreiche Kirchen, Klöster und Stifte, deren Bauten noch heute das Bild der Stadt prägen.

Jakobusfigur der Vereinigten Hospitien am Krahnenufer in Trier

Pilgerspuren ...

„Trierer Land ist uraltes Pilgerland." Mit diesen Worten beginnt Hans-Joachim Kann seinen „Wallfahrtsführer" für Trier und Umgebung. Die Wallfahrten zum Grab des Apostels St. Matthias in der gleichnamigen Abtei und zum Heiligen Rock im Dom zählen zu den bedeutendsten Wallfahrten im alten Erzbistum Trier.

Auch die Jakobspilger besuchten auf ihrem weiten Weg gerne Trier, wo sie im schon 1186 bezeugten Jakobsspital Unterkunft fanden. Im Dom gab es früher einen 1339 gestifteten Jakobusaltar beim Eingang zur Blasiuskrypta. Nicht wenige Trierer Bürger begaben sich selbst nach Santiago de Compostela. Unter ihnen war der Weber Wilhelm, genannt Winter, der bis 1464 dreimal eine Pilgerfahrt zum Grab des hl. Jakobus unternahm. Er gründete eine Jakobusbruderschaft, die seit 1460 bei den Franziskanern an der Brotstraße bestand. Zuletzt wurde sie 1611 als Jakobs- und Rochusbruderschaft erwähnt. Bekannter als diese und die bereits erwähnte Jakobusbruderschaft von Biewer war jedoch die Jakobsspitalbruderschaft, deren Mitglieder angesehene und wohlhabende Bürger der Stadt waren. Sie unterhielt das Trierer Jakobsspital, von dem noch Teile erhalten sind, und entwickelte sich zu einer Ratsherrenbruderschaft, deren Mitglieder sich in der „Steipe" am Markt trafen. Dort ließen sie an der Fassade eine Statue des hl. Jakobus anbringen.

1 *Porta Nigra und Simeonstift, Trier*

Die Porta Nigra ist nicht nur der bekannteste Römerbau Deutschlands, sondern auch das besterhaltene Stadttor der antiken Welt. Seine charakteristische Farbe und seinen Namen, der erstmals im 11. Jh. auftaucht, erhielt das Bauwerk aufgrund der Verwitterung des hellgrau-grünlichen Sandsteins, hauptsächlich durch abgestorbene Kleinpflanzen wie Moose und Ähnliches, die sich in der rauen Oberfläche festsetzen. Dass die Porta als einziges der vier Stadttore die Zeiten überdauerte, ist dem Umstand zu verdanken, dass sie vom 11. Jh. bis zur Säkularisation als doppelstöckige Kirche für das benachbarte Simeonstift genutzt wurde. Unter Napoleon erfolgte der Rückbau auf die römische Bausubstanz und die romanische Apsis der Kirche.

„Das Stift St. Simeon war für alle Hilfsbedürftigen, die Triers nördliches Stadttor durchschritten hatten, die erste innerstädtische Station der Caritas. Gleich nach dem Dienst würden sie auf der Terrasse vor der Kirchentür und abwärts auf der breiten Freitreppe und beim Spital St. Nikolaus unten am Stadtbach anstehen (...), manchmal scharenweise (...): die täglichen Bettler, Pilger, Heimatlose, Heimkehrer, Hungernde und Kranke, Beraubte, Verfolgte um des Glaubens willen, Beisteuer Heischende: etwa zum

Porta Nigra mit ehemaligem Nikolaus-Hospital, Trier

Studium, zur Beschaffung von Medizin, zum Rück-
kauf aus türkischer Gefangenschaft. (...)

Wallfahrer nach Santiago (...) bucht der Spitals-
meister zwischen 1660 und 1716 etwa vierzehn (...).
Doch ist der Durchzug in via Jacobea (1706, ‚auf
der Jakobstraße') weit größer gewesen. Die Jakobsbrüder wandten sich in der Regel ans Bürgerspital
St. Jakob in der Fleischstraße, das offenbar als Ja-
kobsstation entstanden ist."

*(Hermann Spoo: Das Stift St. Simeon zu Trier, ein Zufluchtsort im Zeit-
alter des Barock. In: Trierisches Jahrbuch, 1952)*

Reisebrief,
Stadtarchiv
Trier

Am Stiftshof, dem ältesten auf deutschem Boden, liegt der Eingang zum Stadtmuseum, das in dem originalen Nordflügel und
dem größtenteils erhaltenen Ostflügel untergebracht ist. In ihm
erhält der Besucher mithilfe eines Modells der Stadt um 1800
und unterschiedlicher historischer Ansichten einen Einblick in
die Geschichte Triers seit dem Mittelalter. Im Erdgeschoss stehen die Originalskulpturen der vier Steipenheiligen, die um 1483
für die Steipe am Hauptmarkt aus Sandstein gearbeitet wurden
(→ Abb. S. 196). Im Besitz des Stadtarchivs befindet sich ein inte-
ressanter, von Nikolaus Schütz 1793 gestochener Reisebrief
für einen Pilger: Unter den Brustbildern der Apostel Matthias und
Jakobus d. Ä. wird dem Empfänger von der Mariae-Himmelfahrts-
Bruderschaft an der Jakobsspitalkirche ein gutes Zeugnis ausgestellt und der Leser gebeten, er möge „ihm nach Vermögen
behülflich seyn". Solche Empfehlungsschreiben konnten auf dem
weiten Weg nach Santiago oder Rom wahre Wunder bewirken.

Zu dem Stift gehörte früher das sich anschließende Nikolaus-
Hospital, dessen Überreste noch im Gebäude einer Bank erhalten sind. In der ehemaligen, dem hl. Nikolaus geweihten Hospitals-
kapelle besteht die Möglichkeit, unter der barocken Stuckdecke
einen Kaffee zu trinken.

2 *Steipe am Hauptmarkt, Trier*

Mit Verleihung des Marktrechtes und der Errichtung des Markt-
kreuzes im Jahre 958 wurde dieser Platz zum Kristallisations-
punkt Triers im Mittelalter. Spiegelbild des bürgerlichen Selbst-
bewusstseins ist daher auch die Steipe, das Festhaus der Trierer

Die St. Jakobusbruderschaft Trier

Als sich am 24. Juli 2003 die Trierer St. Jakobusbruderschaft e. V. neu gründete, formierte sich nach einer 200-jährigen Ruhephase erneut eine Helferstruktur für Santiago-Pilger auf ihrem Weg durch Trier. Gastfreundlich begleitet und fachlich angeleitet nehmen jährlich nun über 1.000 Frauen und Männer die Dienste der St. Jakobusbruderschaft und ihrer wirkkräftigsten Kooperationspartnerin, der Dominformation, an: persönliche Betreuung, Quartiervermittlung, Beratung bei der Planung von Pilgerstrecken, Service der Pilgerausweise und Pilgerstempel, geistliche Anleitung und Hilfestellung, ein- und mehrtägige Pilgeretappen nach Trier und Richtung Metz.

Die Wiedergründung war eine Antwort auf das seit Mitte der 80er-Jahre stark gestiegene und hohe Interesse am Pilgern nach Santiago. Deshalb gibt es von Beginn an die „Jakobusabende" als Forum für Gottesdienst, Begegnung, Beratung, Planung und Service: geistlich, praktisch und bürgernah für alle. Anlass zur Teilnahme ist sicher für viele der am Schluss der Heiligen Messe erteilte Einzel-Pilgersegen. Dem Gottesdienst folgt das zweistündige Pilgerforum. Es ist der Ort für praktische und inhaltliche Fragen und Themenstellungen, die den individuellen und gemeinschaftlichen Pilgern nützlich sind. Die Bruderschaft sieht sich dem Dienst an den Pilgern ehrenamtlich verbunden und bietet ihre Hilfen dennoch professionell an. Viele Mitarbeitende bringen ihre Fähigkeiten und Fertigkeiten je nach ihren individuellen Kenntnissen ein. Weitere Informationen über das Wirken der St. Jakobusbruderschaft sind erhältlich im Pilgerbüro in der Trierer Dominformation (gegenüber Dom- und Liebfrauenkirche) und unter **www.sjb-trier.de**.

Johannes Rau, Mitglied im Bruderrat

Jakobusstatue an der Steipe,
Hauptmarkt Trier

Ratsherren, aus dem 15. Jh. Seinen Namen hat es von den Pfeilern oder Stützen (Steipen), auf denen das Gebäude steht und die früher eine offene Laube für das Marktgericht bildeten. Die Front darüber schmücken – unter zwei überlebensgroßen Rittergestalten – die farblich gefassten Repliken der Heiligen Paulus, Petrus, Helena und Jakobus. Letzterer weist mit einer leichten Wendung in Richtung Fleischstraße, in der sich „sein" Jakobsspital befand. Seine Bruderschaft hatte einen erheblichen Teil der Baukosten der Steipe übernommen.

3 *Dom und Diözesanmuseum, Trier*

Die beiden heutigen Kirchen am Dom-
freihof nehmen die halbe Fläche einer ursprünglichen Vierkirchenanlage ein, deren
Umrisse im Pflaster des Platzes nachge-
zeichnet sind. Im Jahre 326 begann Kaiser
Konstantin der Große (306–37) in Trier mit
dem Bau einer gewaltigen Doppelkirchenanlage. Die Südkirche wurde im 13. Jh.
durch den gotischen Neubau der heutigen
Liebfrauenkirche (→ Punkt 4) ersetzt. Vom
Nordbau, dem Dom, hat sich der sogenannte Quadratbau im Osten erhalten. Der
umfangreiche Umbau des Domes ist Erzbischof Poppo (1016–47) zu verdanken. Im

Trierer Dom

Osten wurden eine große Krypta angelegt, der Quadratbau restauriert und die Westpartie des Domes in romanischen Formen
erneuert. Im gewaltigen Westchor wurde nach 1100 eine Krypta
eingebaut und um 1160 mit der Erweiterung des Ostchors begonnen, der 1196 eingeweiht wurde. Erst zu Beginn des 13. Jh.
traute man sich zu, den ganzen Kirchenbau einzuwölben. Zeugnisse der Gotik gibt es nur wenige am Bau, am auffälligsten ist die
Erhöhung des südlichen Westturms (um 1515). Nach einem Brand
im Jahre 1717 wurde der Dombau barock überformt.

Die Weiträumigkeit, die Helligkeit und die ruhige Farbgebung
verleihen dem Domineren majestätische Würde. Die Architektur
lenkt die Aufmerksamkeit des Besuchers über verschiedene Zwi-
schenstufen in die Höhe des Altarraumes. Von hier führen Treppen-
aufgänge, an deren Fuß die Figuren von Kaiser Konstantin und
seiner Mutter Helena stehen, auf ein erhöhtes Podest, über dem
Engel einen großen Vorhang beiseite ziehen und den Blick durch
ein Fenster auf die 1687 erbaute Heiltumskammer freigeben. In
ihr befindet sich die kostbarste Reliquie des Trierer Domes, das
Gewand Christi. Diesen aus einem Stück genähten Leibrock
Christi, um den nach dem Johannesevangelium die Soldaten unter dem Kreuz gelost hatten, weil sie ihn nicht zerschneiden wollten, soll die hl. Helena der Überlieferung zufolge nach Trier gebracht und der Domkirche geschenkt haben. Im Jahre 1196 hat

Jesus in Emmaus (Perikopenbuch des Erzbischofs Kuno von Falkenstein, 1380, Domschatz Trier)

man diesen „Heiligen Rock" in den Hochaltar der neu erbauten Ostapsis eingemauert. Erst 1512 wurde er auf Bitten Kaiser Maximilians erstmals den Gläubigen gezeigt. Es folgten in unregelmäßigen Abständen „Ausstellungen" und Wallfahrten, im vorigen Jahrhundert, 1933, 1959 und 1996. Die Präsentation der Christusreliquie vom 13. April bis 13. Mai 2012 – 500 Jahre nach der ersten Zeigung – stand unter dem Leitwort „... und führe zusammen, was getrennt ist".

Zwischen den einzelnen Ausstellungen wird der Heilige Rock in einem Holzschrein unter einem klimatisierten Glaszelt aufbewahrt. Die Heilig-Rock-Kapelle ist nur während der Heilig-Rock-Tage geöffnet, die jährlich ab Freitag nach dem Weißen Sonntag zehn Tage lang stattfinden.

Heute herrschen in der Ausstattung des Domes die neuzeitlichen Grabaltäre vor, in denen Grab, Grabdenkmal und Altar eine Einheit bilden. Die kunsthistorisch zwischen Renaissance und Barock stehenden Werke des Trierer Bildhauers Hans Rupprecht Hoffmann verdienen besonders hervorgehoben zu werden. Sein erstes Werk im Trierer Dom war wohl die Kanzel (1570–72), deren Reliefplatten die Sieben Werke der Barmherzigkeit zeigen. In der Darstellung des Werks „Fremde beherbergen" ist ein Jakobspilger zu sehen (→ Abb. S. 12). Der Bildhauer schuf auch den Dreifaltigkeitsaltar (1597), der heute in der Sakramentskapelle links vom Hauptaltar steht. Dies war der Grabaltar des Erzbischofs Jakob von Eltz, der 1581 starb. Die Reliefs verbinden in einem ikonografischen Konglomerat den Jakob des Alten mit dem des Neuen Testaments: Am Fuße der Leiter, über die der Engel in Jakobs Traum hinabsteigt, liegt der alttestamentarische Jakob im Pilgergewand. Hut und Stab des Santiago-Pilgers mit zwei Knäufen hat er neben sich abgelegt. Die lebensgroßen Bildnisstatuen des Jakob von Eltz und seines Patrons Jakobus d. Ä. befinden sich heute im benachbarten Bischöflichen Dom- und Diözesanmuseum. Der Weg dorthin führt durch den Kreuzgang, wo Jakobus in einer Ölbergszene der Jünger auf der linken Seite ist.

Detail der Statue des Jakobus d. Ä. (Diözesanmuseum Trier)

Auf dem Weg zurück zur Domfreiheit ist von der Windstraße aus der römische Kern des Domes an dem Mauerwerk aus Rotsandstein mit doppelten Ziegelreihen deutlich zu erkennen. Eine der 12 m langen Granitsäulen vom Felsberg im Odenwald, aus der Vierung des spätantiken Quadratbaus, liegt als sagenumwobener „Domstein" vor dem heutigen Eingangsportal.

4 Liebfrauenkirche, Trier

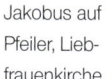

Lebensgroße Jakobusfigur im Kreuzgang des Trierer Domes

Gegen 1230/35 begann man unter Erzbischof Theoderich von Wied (1212–42) mit dem Bau einer Kirche auf den Fundamenten der Südkirche der antiken Doppelkirchenanlage. Die hier entstandene Liebfrauenkirche ist eines der frühesten Bauwerke der Gotik auf deutschem Boden. Am Figurenschmuck der Westfassade wird der Einfluss der französischen Gotik, vor allem der Kathedrale von Reims, besonders deutlich. Die Eigenart dieses Sakralbaus ist ihre Zentralbauweise, deren Aufbau sich von den Seitenkapellen über die Schiffe bis zur Turmspitze staffelt. Der Mittelraum wird von vier Säulen getragen, in deren Achsen acht weitere Säulen stehen. Auf den zwölf Stützen, die das Gewölbe tragen, sind auf Gemälden des 15. Jh. die Apostel wiedergegeben. Einer mittelalterlichen Tradition folgend, steht unter jedem von ih-

Jakobus auf Pfeiler, Liebfrauenkirche

nen ein Artikel des apostolischen Glaubensbekenntnisses geschrieben. Beim hl. Jakobus ist dies in der Regel der Satz: qui conceptus est de spiritu sancto, natus ex Maria virgine (= der empfangen ist vom Heiligen Geist, geboren aus der Jungfrau Maria). In der nordöstlichen Kapelle befindet sich ein Wandgemälde aus der zweiten Hälfte des 15. Jh. mit drei Heiligen. In der Mitte steht der mit „S.IAKOBUS" bezeichnete Apostel, der in der linken Hand einen Pilgerstab hält und seinen Pilgerhut an einer Schnur auf dem Rücken trägt. Links neben ihm breitet die hl. Ursula ihren Mantel schützend um die von beiden Seiten andrängende Schar von Jungfrauen, so wie man sie aus vielen Kölner Darstellungen kennt.

Die 1303 in Trier gegründete Küferzunft feiert alljährlich in der Liebfrauenkirche ihr Fest. Dabei wird ein Jakobusbild aufgestellt, das – im jährlichen Wechsel – mit Trauben der Saar und der Mosel bekränzt ist. Heute noch bringen die Vertreter der Zunft neben ihrer Fahne mit dem Bild ihres Patrons Jakobus auch Wein für das gemeinsame Abendmahl mit in die Messe.

Brotsegnung

Jakobusbrot

Neben dem Brot der Kommunion sind seit dem frühen Mittelalter Brotweihen und -austeilungen im kirchlichen Leben bekannt. Für das Prümer Kloster ist dies für das 14. Jh. bezeugt. Besonders an Wallfahrts- und Pfarrkirchen waren Brotweihen zu Ehren von Heiligen keine Seltenheit. In der Kirche zu Lüftelberg befand sich beispielsweise ein großer Kasten vor dem Bild der Heiligen, in dem von den Pilgern Korn für die Armen geopfert wurde. Aus dieser Spende hat sich dann mit der Zeit wohl die Segnung und Verteilung der sogenannten Lüftildisbrötchen entwickelt, die bei inneren Erkrankungen helfen sollten. Durch die Korngabe, die Gläubige der hl. Gertrud in Ödingen bei Ahrweiler für die Armenspeisung brachten, hoffte man, die Felder vor Mäusen bewahren zu können. In Miel wurde am Hubertustag Brot in der Kirche gesegnet und verteilt; wer es in die Kleider einnähte, wähnte sich gegen den Biss tollwütiger Hunde gefeit. Die Prozession am 1. Mai zur hl. Walburga in Walberberg war um 1880 von einem zweispännigen Wagen begleitet, auf dem Schwarzbrote lagen, die am Ziel gesegnet und verteilt wurden. Es wurde als Schutz gegen Blitze verwahrt.

Jakobusbrot ist im Rheinland für Aachen und Trier belegt. Trierer Quellen des 15. Jh. berichten von der Bewirtung der Priester am Patronatsfest mit Fladen, Weißbrot und Wein. 1562 wurde erstmals ein eigenes „Jacob broyt" für das Jakobushospital gebacken. Im Zeitalter des Barock kam es zu einer Neubelebung des Jakobuskults mit prozessionsartigen Umzügen an seinem Festtag und der Jacobi-Kirmes. Die „Himmelträger" erhielten eine Entlohnung in Form von Brot und Wein. Im Rahmen der jährlichen Kirmes wurden auch die Stadtarmen zumindest mit Brot und Wein verköstigt. In den Rechnungen des Jakobusspitals des 18. Jh. taucht im Zusammenhang mit dem Jakobusfest immer wieder der Begriff „Bolchen" für die Brotgaben auf. Vorstellbar ist, dass es sich wie beim Martinsbrot um ein sogenanntes Gebildbrot handelte, zum Beispiel in Form einer Jakobsmuschel, zumal es oft zusammen mit diesem erwähnt wird.

5 Jesuitenkirche, Trier

Von der Weberstraße führt die Jesuitenstraße wieder ins Zentrum. An ihr liegt der ausgedehnte Komplex des Priesterseminars mit der Jesuitenkirche. Der einzige äußere Schmuck der ursprünglichen Franziskaner- und späteren Jesuitenkirche ist das hochgotische Westportal mit Spitzgiebel, in dessen Fries Jakobus unter den Aposteln zu erkennen ist. Zur Zeit der Franziskaner, die vom 13. Jh. bis zur Übernahme durch die Jesuiten 1570 währte, bestand hier die eingangs erwähnte, 1460 gegründete Jakobusbruderschaft. Der lichte gotische Hallenbau dient heute als Kirche des angrenzenden Priesterseminars. Über dessen Hof gelangt man zur Gruft des Jesuiten Friedrich Spee. Spee wurde 1591 in Kaiserswerth am Niederrhein geboren, besuchte das Jesuitengymnasium in Köln und weilte zunächst während seines Noviziats 1610–12 und dann wieder von 1632 bis zu seinem Tod 1635 im Trierer Jesuitenkolleg. Als Bekämpfer der Hexenverfolgungen und Dichter der Liedersammlung „Trutznachtigall", einer Sammlung von 51 kunstvollen Gedichten, ging er in die Geschichte ein. Jeder Deutsche kennt die von ihm verfassten Lieder „Zu Bethlehem geboren" und „Oh Heiland reiß die Himmel auf", und die Kölner meist das Lied „Es führt drei König Gottes Hand". Im Renaissancegebäude des Jesuitenkollegs befand sich von 1773–98 die Trierer Universität und bis zur Mitte des 20. Jh. das Kaiser-Wilhelm-Gymnasium, an dem unter anderem auch Karl Marx die Reifeprüfung ablegte. Heute ist hier die Theologische Fakultät beherbergt.

Jakobus im Portal der Dreifaltigkeitskirche

Innenraum der Dreifaltigkeitskirche, Trier

6 *Ehemaliges Bürgerspital St. Jakob, Trier*

Jakobs-
spitälchen,
Trier

Die früheste Erwähnung eines dem heiligen Jakobus geweihten Gotteshauses in Trier geht auf ein Testament aus dem Jahre 1185 zurück, in dem der Erblasser vermerkt, dass er „bei dem heiligen Jakobus" wohne. Bereits 1186 ist ein bei dieser Jakobskapelle bestehendes Hospital bezeugt. Die älteste Urkunde des Hospitalarchivs stammt aus dem Jahre 1239, als Papst Gregor IX. die Meister und Brüder des St. Jakobs-Hospitals unter seinen Schutz gestellt hat. Träger des Hospitals „in der Fleischgasse" war also offenbar bereits eine Jakobsbruderschaft. 1364 schloss sie sich mit der Bürgerbruderschaft zusammen. Aus Notizen des Hauses geht hervor, dass im 15. und 16. Jh. jährlich bis zu 900, später noch an die 400 „Jakobsbrüder" verpflegt wurden.

Sie durften sich auf ihrer Reise nach Spanien zwei Nächte, auf der Rückreise drei Nächte hier aufhalten. Später ging die Trägerschaft des Hospitals in die Hände der Stadt über. Mit der französischen Herrschaft kam es 1794 zur Einstellung der Arbeit im Hospital. Auf Veranlassung Kaiser Napoleons wurden sämtliche Trierer Hospitäler in den „Vereinigten Hospitien" im ehemaligen St. Irminen-Kloster zusammengefasst. Die Tradition lebt in der 2003 neu gegründeten St. Jakobusbruderschaft in Trier fort.

Von der um 1360 erbauten Jakobskapelle des hiesigen Hospitals sind zwei Joche vorhanden, die in das Haus der Galerie Kaschenbach integriert sind.

In den Häusern der Straße „Jakobsspitälchen" Nr. 2 und Nr. 3 stecken noch Reste von Hospitalgebäuden aus der Mitte des 18. Jh.

7 St. Irminen und die Vereinigten Hospitien, Trier

Auf dem Gelände des ehemaligen Benediktine-
rinnenklosters St. Irminen-Oeren hatten die Römer um 330 n. Chr. zwei Speicherhallen (horrea)
errichtet. Nach Zerstörung der römischen Stadt
wurden diese in eine fränkische Königspfalz
umgewandelt. Später gründete hier der Trierer
Bischof Modoald das Kloster St. Maria ad horrea ("Oerenkloster"). Schon im 8. Jh. entstand
dort ein Weinkeller, der mit seinen Rundstützen
noch heute erhalten ist und als ältester Weinkeller Deutschlands gilt. 1768 wurde mit dem
Bau der heutigen Barockkirche St. Irminen begonnen. Zur Ausstattung dieser Kirche gehört
auch eine Jakobusstatue mit wehendem Umhang. Vom einstigen barocken Klostergebäude
(1726–44) hat nur der Moseltrakt den Zweiten
Weltkrieg überdauert.

Jakobus,
St. Irminen
Trier

Nach Auflösung des Klosters 1802 ließ Na-
poleon in den Gebäuden ein großes Hospital einrichten. Durch
kaiserlichen Beschluss wurde der gesamte Klosterbereich 1805
den Vereinigten Hospitien zugeschlagen, deren Verwaltung noch
heute hier beheimatet ist. Der Komplex umfasst ein Altenheim, ein
Krankenhaus, andere soziale Einrichtungen und die Weinkellerei.
Weil zu den Vereinigten Hospitien auch das Bürgerhospital St. Jakob gehörte, das Herberge für Jakobspilger war, tragen alle Wei-
ne der Hospitien den hl. Jakobus mit Wanderstab und Muschel
im Etikett. In Bronze ziert Jakobus wunderschön den Eingang
zur Weinkellerei am Krahnenufer (→ Abb. S. 193).

8 Benediktinerabtei St. Matthias, Trier

Die benediktinische Abtei besteht bereits seit 978. Nach einem
Brand der Vorgängerkirche wurde 1127 mit dem Bau der heutigen Basilika begonnen, die Papst Eugen III. 1148 in Anwesenheit
Bernhards von Clairvaux 1148 weihte. Um 1500 wurden neue
gotische Gewölbe eingebaut und Chor und Krypta nach Osten
verlängert. Gegen Ende des 17. Jh. und 1719/20 entstanden die

Jakobus auf
Schlussstein,
St. Matthias,
Trier

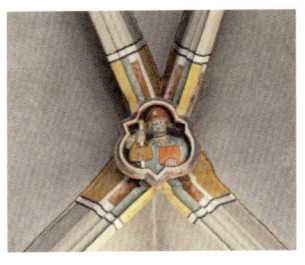

barocken Portalvorbauten am Westbau. Nach dem Dachbrand von 1783 erhielt der Westturm seine klassizistische Bekrönung.

Für die Abtei war und ist der Besitz der Gebeine des Apostels Matthias von fundamentaler Bedeutung. Der Überlieferung nach sind seine Reliquien als Geschenk der Kaiserin Helena (um 255–330) nach Trier gekommen. Vor dem Normannensturm 882 wurden sie vergraben, gegen 1050 wieder aufgefunden und in einem Altar der St.-Eucharius-Kirche beigesetzt. Erst 1127, beim Abriss der alten Abteikirche, wurden sie wiederentdeckt. Mit diesem Jahr begann die Verehrung des hl. Matthias, die bis in unsere Tage anhält.

Von den südlich der Kirche befindlichen Klostergebäuden, die 1210–87 in frühgotischen Formen errichtet wurden, sind noch der Kreuzgang und der Ostflügel mit dem Kapitelsaal, dem Refektorium und dem inzwischen als Bibliothek genutzten ehe-

St. Matthias,
Trier

maligen Dormitorium erhalten geblieben. Im Nordwesten des Abteiplatzes steht das heutige Pfarrhaus, das 1638 als Pilgerherberge erbaut wurde.

Bei der Weihe der heutigen Basilika 1148 wurde der Hochaltar zu Ehren des hl. Eucharius, der Volksaltar (der zweitwichtigste Altar der Kirche) zu Ehren des hl. Kreuzes und der hll. Apostel Matthias und Jakobus geweiht. Später bekam der hl. Jakobus einen eigenen Altar am fünften Pfeiler der Südreihe. Diese Altäre sind heute nicht mehr vorhanden. Vor ein paar Jahrzehnten wurde auf dem Abteiplatz ein Brunnen errichtet, der die zwei großen Wallfahrtsziele Europas in Erinnerung ruft: Rom und Santiago de Compostela (→ Abb. S. 208).

Die Matthiaswallfahrt

Die Wallfahrt zum Grab des hl. Matthias nach Trier, dem einzigen Apostelgrab nördlich der Alpen, verfügt seit ihrem Beginn im 12. Jh. über eine ungebrochene Kontinuität.

Nach der Apostelgeschichte im Neuen Testament (Apg 1, 15–26) wurde Matthias zwischen Christi Himmelfahrt und dem Pfingstereignis als Nachfolger für den Verräter Judas zum zwölften Apostel gewählt. Geschichtlich ist weiter nichts über ihn überliefert. Legenden-Schriften erzählen, dass er in Äthiopien missionierte und dort das Martyrium durch Enthauptung erlitt, weshalb er meist mit einem Beil als Attribut dargestellt wird. Seine Reliquien sollen auf Betreiben des Trierer Bischofs Agritius (gest. um 332) durch Kaiserin Helena nach Trier gekommen sein. Die Verehrung des Apostels und die Wallfahrt setzten mit dem Jahr 1127 ein, als sich auch der Name St. Matthias für die Kirche und das Benediktinerkloster durchsetzte. Während der deutsche Regionalkalender den 24. Februar als seinen Festtag beibehält, legte der neue römische Kalender das Fest auf den 14. Mai. Seit dem 17. Jh. ist er Patron des Trierer Bistums und des Trierer Landes.

Eine Besonderheit der alljährlich stattfindenden Fußwallfahrten zum Grab des Apostels ist, dass sie zum großen Teil von Bruderschaften durchgeführt werden, die deren organisatorisches Rückgrat bilden. Die etwa 80 Sankt-Matthias-Bruderschaften, die vor allem im linksrheinischen Gebiet zwischen der Ahr im Süden und der Linie Kempen-Krefeld im Norden sowie einem Teil des Westerwaldes angesiedelt sind und die Männern und Frauen gleich zugänglich sind, haben sich in der „Erzbruderschaft des Heiligen Matthias" zusammengeschlossen, die ihren Sitz in der Abtei St. Matthias hat.

Obwohl die Begriffe „pilgern" und „wallfahren" im Rheinland oft synonym gebraucht werden, kann man gerade am Beispiel der beiden Fahrten zu den Apostelgräbern des Matthias und des Jakobus die Unterscheidung verdeutlichen: Während Wallfahrten meist in einer Gemeinschaft und an einem traditionellen Termin zu einer nahe gelegenen Verehrungsstätte durchgeführt werden, handelt es sich bei Pilgerreisen um individuelle, jahreszeitlich ungebundene Reisen zu fernen Kultorten. Die Hauptzeit der Matthias-Wallfahrt ist um das Fest der Wahl des Apostels, den Samstag nach Christi Himmelfahrt, herum und findet im Herbst eine kleine Fortsetzung. Eine reiche Quelle zu Bräuchen und Riten sind die Wallfahrtsbücher der Bruderschaften, denen zufolge es zwei Hauptrouten durch die Eifel gibt: eine westliche über Bitburg und eine östliche über Wittlich.

Matthiaspilger aus Blankenheim und Bruderschaftskreuz (Detail) in der Schönecker Schweiz

Der Weg führt aus Trier heraus an St. Matthias vorbei, verläuft bis Konz entlang der Mosel – hier Abstecher zum ehemaligen Kartäuser- kloster –, quert die Saar auf der Konzer Brücke und erreicht Tawern mit der auf dem Metzen- berg gelegenen römischen Tempelanlage. Auf dem Bergrücken zwischen Mosel und Saar – entlang der Römerstraße – wechseln Wald, Wie-

Übersichts-
tafel
Jakobsweg,
Litdorf-
Rehlingen

sen und von Streuobstwiesen umgebene Dörfer einander ab. Östlich der Ortschaft Fisch erreichen wir die idyllisch im Manne- bachtal gelegene Jakobuskirche. An Streuobstwiesen vorbei geht es durch die fruchtbare Hochfläche nach Merzkirchen mit seiner weithin sichtbaren Pfarrkirche.

Die Etappe ist in zwei Teilstrecken unterteilt: 12 A von Trier bis Mannebach und 12 B von Mannebach bis Merzkirchen.

Die Ausschilderung und Instandsetzung der Wegstrecke von Trier bis zur saarländischen Grenze ist das 1999 initiierte Projekt der Bürgerservice GmbH zur Wiederherstellung historischer Pil- gerwege im Raum Trier–Saarburg, eine gemeinnützige Einrich- tung zur Qualifizierung und Beschäftigung von benachteiligten Gruppen des Arbeitsmarktes. Finanziert wurde das Projekt durch die Bundesanstalt für Arbeit, das Land Rheinland-Pfalz und die Dorferneuerung in Zusammenarbeit mit den örtlichen Gemein- den. Seit 2010 hat die Sankt Jakobusbruderschaft Trier die Be- treuung des Jakobspilgerweges übernommen.

Pilgerspuren ...

1.395 km sind es noch bis Santiago de Compostela – so besagt es die Inschrift auf dem Sockel des Pacelli-Kreuzes (Papst Pa- celli = Papst Pius XII.) auf dem Vorplatz von St. Matthias. Die Pil- ger sollten sich nicht davon irritieren lassen, die Entfernung gibt die Luftlinie an und nicht die Wegstrecke zu Fuß, die bei etwa 2.300 km liegen dürfte. Auf ihrem weiteren Weg ans ferne Ziel zum Grab des hl. Apostels war die aus Trier herausführende Römerstraße eine willkommene Route, die dank der hervorra-

Links: Hoch-
altar, St. Jako-
bus Litdorf-
Rehlingen

Pacelli-Säule,
St. Matthias,
Trier

genden Bauweise der Straße bis über das Mittelalter hinaus benutzbar war. Kurz hinter Trier, auf der Straße nach Metz, kamen die Pilger am **Kartäuserkloster** vorbei. Wie aus Visitationsberichten bzw. aus den Annalen des Klosters hervorgeht, war hier das „Flehende Kreuz" an der Umfassungsmauer eine von Pilgern viel besuchte heilige Stätte. Und das Kloster sorgte auch für Bewirtung. Entsprechendes gilt für die wenige Kilometer entfernte Margaretenkapelle.

Einen Höhepunkt auf der Strecke nach Merzkirchen ist die Jakobuskirche Litdorf-Rehlingen. Ihr Patrozinium reicht bis ins späte Mittelalter zurück.

Unter dem Titel „Die Glockenfehde zwischen Fisch und Mannebach" hat Herr Michael Winter aus Fisch folgende Begebenheit aus der Geschichte seines Dorfes, hier stark verkürzt, zu Papier gebracht:

Im 18. Jh. trennte die Grenze zwischen dem Herzogtum Luxemburg und dem Kurfürstentum Trier die benachbarten Orte Fisch und Mannebach. Das Herzogtum Luxemburg war in kriegerische Auseinandersetzungen verwickelt und benötigte Bronze für den Guss der Kanonen. Das Schicksal der Bronzeglocken in der Litdorfer Kirche schien besiegelt. Da kamen die Fischer Bürger auf eine pfiffige Idee. Sie brachten die Glocken ins „friedliche Ausland" nach Mannebach, um sie so dem Zugriff der Landesherren zu entziehen. Die Mannebacher versprachen, die Leihgabe in Friedenszeiten wieder zurückzugeben. Wenige Jahre später war der Frieden eingekehrt, die Mannebacher jedoch wollten von dem Deal nichts mehr wissen und betrachteten die Glocken als ihr Eigentum. Ganz Fisch war in Aufregung, gegen den Wortbruch musste etwas unternommen werden. Und so geschah es. In einer Nacht- und Nebelaktion bemächtigte man sich heimlich der Glocken und brachte sie im Schutze der Dunkelheit an

Wappen
von Fisch

ihren angestammten Platz. Damit der Trupp der Männer nicht als Diebe auffiel, wurden lange Eschenstäbe verteilt, die den Wanderstäben der Apostelpilger glichen, die man das ganze Jahr hindurch auf der alten Römerstraße, dem Jakobsweg nach Santiago de Compostela im fernen Spanien, antreffen konnte. Falls man unverhofft auf einen Menschen stieße, wollte man den Eindruck erwecken, ein Pilgertrupp auf dem Heimweg in die Dörfer jenseits der unteren Saar zu sein.

Wegbeschreibung und Hinweise

22 km

Wegstrecke zu Fuß und per Rad sind identisch.
Schwierigkeitsgrad zu Fuß und per Rad: leicht bis mittel, Steigung zum Metzenberg hinauf, auf geteerten bzw. befestigten Wald- und Feldwegen

Ausgangspunkt Trierer Dom: Über den Hauptmarkt zur Fleischstraße (hier befindet sich in einer Seitengasse das Jakobsspitälchen), weiter durch die Stresemannstraße über den Viehmarkt zur Neustraße: hier entweder die viel befahrene Saarstraße oder die Südallee, Bernhardstraße und Arnulfstraße vorbei an der romanischen Kirche Heilig Kreuz nach St. Matthias nehmen, auf der Medardstraße (Pacelliuferstraße kreuzen) zum Moseluferweg nach Konz (hier Abstecher zum ehemaligen **Kartäuserkloster (1)**) und weiter über die Römerstraße durch privaten Hausdurchlass zur Mosel zurück, die Saar auf der Konzer Brücke queren, links am Baumarkt vorbei, den **„Fuchsgraben" (2)** entlang zur St. Margaretenkapelle von **Tawern (3)**, durch den Ort Richtung Metzenberg – hier liegt im Neubaugebiet am Fuße des Berges die Ausgrabung der **römischen Straßensiedlung (4)** – und den Metzenberg hinauf zur römischen **Tempelanlage (5)**, auf dem Höhenrücken – zunächst über die Reste der **Römerstraße (6)**, später parallel zu ihr – nach **Kümmern (7)**; hier besteht die Möglichkeit, im ca. 1 km entfernten **Mannebach (8)** zu übernachten.

Im Mannebachtal

1 Konz mit dem ehemaligen Kartäuserkloster

Die Kartause
im 18. Jh.
(Ölgemälde)

Auf einer kleinen Anhöhe mit Blick auf die Saarmündung und die Obermosel, unweit der römischen Straße von Trier nach Metz, entstand im 4. Jh. die spätrömische Villa des Kaisers Valentinian I. Dieser Standort war zugleich der Ausgangspunkt der mittelalterlichen Siedlung Konz. Im 19. Jh. wurde Konz durch den Bau verschiedener Eisenbahnstrecken zum Eisenbahnknotenpunkt, die Einwohnerzahl stieg sprunghaft an und der Ort dehnte sich am Moselufer entlang aus. Aufgrund seiner strategischen Lage und der wichtigen Bahnlinien wurde Konz im Zweiten Weltkrieg mit 39 Westwallbunkern zur Festung ausgebaut. In dem vom späten 19. und frühen 20. Jh. bestimmten Ortsbild liegt das prachtvolle, ehemalige Kartäuserkloster St. Bruno, dessen Ummauerung die ursprüngliche Ausdehnung erkennen lässt. Es ersetzte das St. Alban geweihte Kloster (1331) südlich der Kaiserthermen, das während des Holländischen Krieges 1674 von französischen Truppen zerstört wurde. Ab 1680 erfolgte nach Plänen des Mainzer Baumeisters Vitus Schneider in Merzlich, heute Konz-Karthaus, der Neubau des Klosters. Im Zuge der Säkularisation wurde dieses aufgehoben und zum Teil abgebrochen. Die in der Folgezeit zusehends verfallene Anlage wurde 1855 von Franziskanerinnen erworben, die die Kirchenruine 1885/86 wieder aufbauten und sich in dem erhaltenen Südflügel einrichteten (bis 1963). Heute gehört die ehemalige Klosterkirche der Pfarrei St. Johann Konz-Karthaus; das ehemalige Kloster ist im Eigentum der Stadt und dient als Bürgerhaus und Kulturzentrum. Die wuchtige Kirchenfassade im Stil des Hochbarock ist aus roten Sandsteinquadern von portalartigem Aufbau. Bei der grundlegenden Renovierung 1965 wurde die Kirche mit barocken liturgischen Einrichtungen ausgestattet, wie zum Beispiel dem

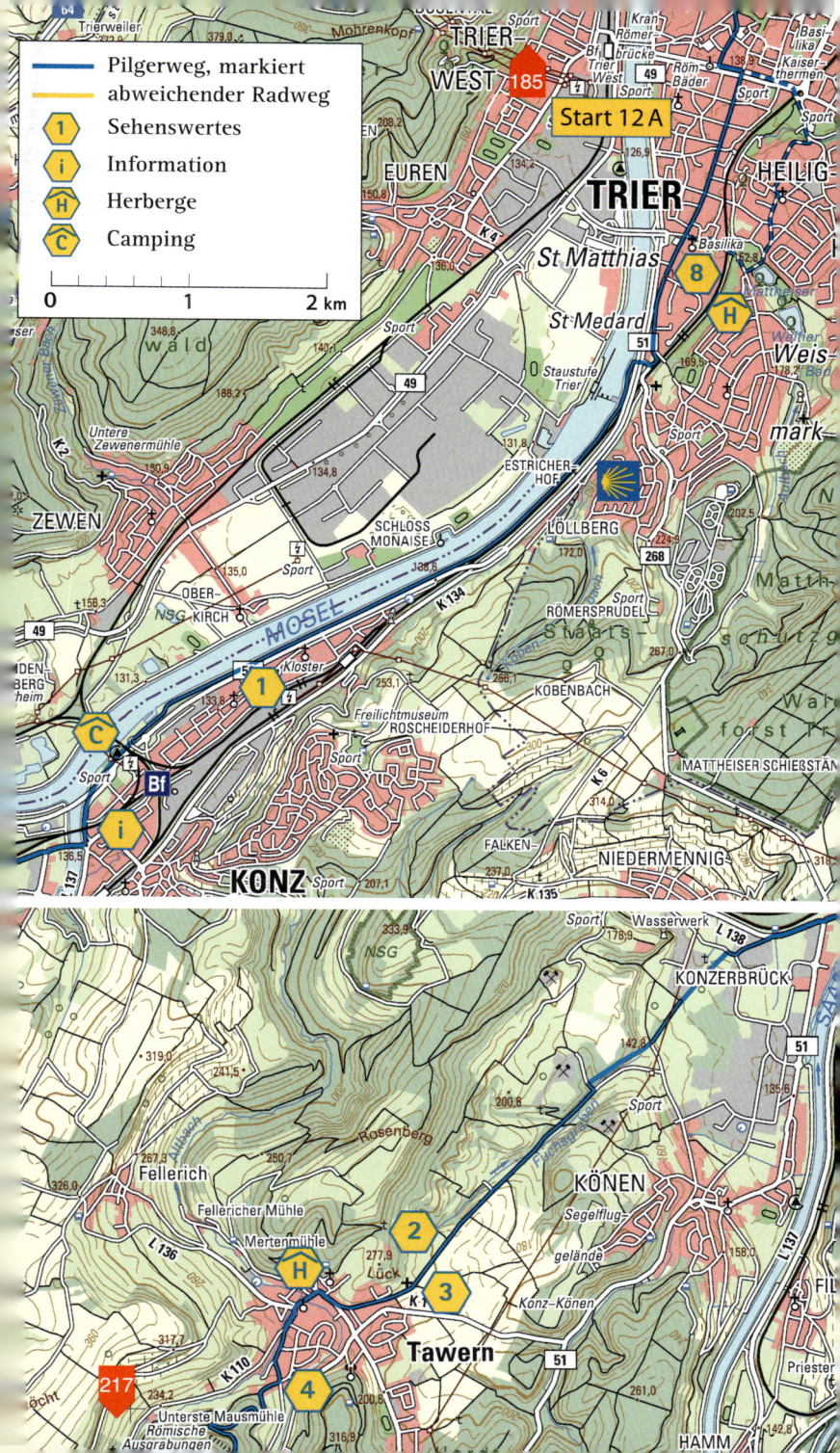

Hochaltar und der Kanzel. Das Klostergebäude erstrahlt in zart roséfarbenem Putz mit sandsteinroten Fenster- und Türgewänden. Im Inneren sind die üppigen, für Kartäuserklöster eher unüblichen Barock- und Rokokostuckaturen der Decken sehenswert.

2 Weidenkulturen am Fuchsgraben und im Mannebachtal

Ein selten gewordener Anblick sind die Korbweidenkulturen in den Bachtälern. Viele Weidenarten lieben diese feuchten Auenstandorte und begleiten von Natur aus Bäche und Flüsse. Die Weide hat die Eigenschaft, bei Rückschnitt immer wieder auszuschlagen, und so hat der Mensch sich ihre Austriebsfreudigkeit zunutze gemacht, indem er sie in Hüfthöhe stutzte und die alljährlich austreibenden, biegsamen Ruten als Material zum Flechten von Körben oder zum Bau von Lehmwänden verwendete. Hier in der Nähe der Weinbaugebiete erfüllen die Weidenruten eine weitere Aufgabe: Sie dienen − wie der Wanderer überall noch beobachten kann − dem Anbinden der Weinstöcke. Aus der Römerzeit weiß man von niedrigstämmigen, ca. 60−90 cm hoch werdenden Kopfweidenkulturen, die zu diesem Zweck angelegt wurden und mit dem Weinbau vermutlich auch nach Germanien gelangten. In Rom rechnete man für 25 Morgen Weinberge einen Morgen Kopfweidenkultur (ein preußischer Morgen umfasst 0,25 ha). Dieser jahrtausendealte Brauch hat sich bis in die heutige Zeit erhalten. Die Weidenkulturen sind „landschaftlich sichtbare Kulturgeschichte" und Elemente der gewachsenen Kulturlandschaft, die es zu pflegen und zu erhalten gilt.

Weidenbindung an einem Rebstock und Weidenkulturen am Fuchsgraben

3 St. Margaretenkapelle, Tawern

St. Margareten-
kapelle, Tawern

Die leicht erhöht stehende, von einer efeuum-
rankten Friedhofsmauer umgebene Kapelle
verdankt ihre Entstehung der volkstümlichen
Verehrung der hl. Margareta im Spätmittelalter,
worauf die Inschrift: „Sent Margret heisen ich"
auf der 1572 datierten Glocke hinweist. Nach
Visitationsberichten war sie eine von Pilgern
viel besuchte heilige Stätte. Die 1628 durch
einen Neubau ersetzte Kapelle wurde immer
wieder durch Ausstattungsstücke der Pfarrkirche bei deren Umbau verschönert. So er-
hielt sie zum Beispiel 1744 deren Portal, dann 1892 den in Elfen-
bein und Gold gehaltenen Altar und 1910 die außen angebrachte
achteckige Kanzel aus rotem Sandstein.

In der Nische über der Tür wacht seit 1985 die Patronin der
Kirche mit Krone, Palme und angekettetem Drachen. Die hl. Margareta, eine Märtyrerin aus Antiochien, gehört zu den 14 Nothel-
fern und wurde besonders in Geburtsnöten angerufen.

Im Garten vor dem ersten Haus auf der linken Seite steht ein
steinernes Nischenkreuz (um 1500). Vieles spricht dafür, dass es
sich um ein Wetterkreuz handelt. Bei sogenannten Wetterpro-
zessionen wurde, um mit der Kraft Christi Unwetter zu bannen,
die heilige Eucharistie in einem Kelch oder einem Leinentuch in
die Nische des Kreuzes gelegt und verehrt. Inzwischen schmückt
die Nische eine Pietà. Im Dorf führt der Weg am denkmalge-
schützten romanischen Turm der alten Kirche (13. Jh.) vorbei.

4 Römischer Ort (Vicus) in Tawern

Am Fuße des Metzenberges liegen linker Hand in einem Neubaugebiet die seit 1994 ausgegrabenen Überreste einer um die
Zeitenwende an der Römerstraße entstandenen Straßensiedlung
namens „Tabernae". Dieser Vicus, eine Straßenstation beiderseits
der römischen Straße, ist der Ursprung des heutigen Tawern. Er
umfasste Handwerksbetriebe und Läden mit Wohnungen, Beherbergungsmöglichkeiten und einen Markt. Die Ausgrabungs-
stätte ist frei zugänglich.

5 Gallo-römischer Tempelbezirk oberhalb Tawerns

Tempelbezirk, Tawern

Von hohem Buchenwald umgeben liegt die 1986/87 unter der Leitung des Rheinischen Landesmuseums Trier ausgegrabene römische Tempelanlage. Sie ist heute zum großen Teil rekonstruiert und als Freilichtmuseum der Öffentlichkeit zugänglich. Der ca. 48 x 38 m große, von Mauern umgrenzte heilige Bezirk diente der Verehrung der Götter, unter ihnen Merkur, der Schutzgott des Handels, und Epona, die keltische Göttin der Fuhrleute und Pferde. Erstgenannter war der Hauptgott des Tempelbezirks, ihm war wohl der größte Tempel geweiht. In den Tempeln pflegten die Römer nach einem strengen Ritual den Göttern Opfergaben darzureichen als Dank für von ihnen erbetene und in Erfüllung gegangene Bitten. Die Opfergaben reichten von kleinen Gegenständen wie Münzen und Götterbildern bis zu großen wie einem Altar oder einem Tempel. Ab den 340er-Jahren wurde der heidnische Kult durch das Christentum mehr und mehr zurückgedrängt. Nach 392 wurden die Tempel des heiligen Bezirks zerstört.

Ehemalige Römerstraße auf der Kim

6 Römerstraße

Von Trier nach Perl führt der Wanderweg teilweise auf bzw. parallel zur ehemaligen Römerstraße, die als Fernstraße auf einer Länge von ca. 1.800 km Rom mit Trier verband.

Alle Römerstraßen waren zwar primär zu militärischen Zwecken erbaut, dienten gleichzeitig aber dem wirtschaftlichen und kulturellen Austausch zwischen den durch sie verbundenen Provinzen. Diese Straßen wurden von Ingenieuren fachgerecht angelegt. Ein Profil bei Bilzingen zeigt den hervorragenden Aufbau der ehemaligen Römerstraße. Diese Straße, im Volksmund nach dem Bergrücken „Kim" genannt, lässt sich heute zum Teil noch gut im Gelände verfolgen, zum Beispiel oberhalb des Ortes Fisch.

7 *Kümmern*

Der Weiler etwas unterhalb der auf dem Höhenrücken verlaufenden ehemaligen Römerstraße weist, wie die meisten Orte des Mosel-Saargaus, noch Spuren römischer und fränkischer Besiedlung auf. Kümmern gehörte im Mittelalter zusammen mit Mannebach zu dem umfangreichen Besitz des Trierer Frauenklosters St. Irminen-Oeren.

Ein idyllisches Eckchen befindet sich am Ende der Brunnenstraße, wo die gefasste Quelle des Kaltenborn in eine Brunnenanlage aus Steintrögen fließt, an die sich südlich eine Hofanlage aus Quereinhaus mit Hofraum anschließt. In einer Wandnische am Eckgebäude von Nitteler- und Brunnenstraße befindet sich ein Bildstock. Sein reich verzierter Schaft ist auf 1653 datiert, die Inschrift benennt den Stifter, der im Relief der Kreuzigungsszene kniend dargestellt ist.

8 *Mannebach*

Der Ort im Seitental des Mannebachtales weist Spuren römischer und steinzeitlicher Besiedlung auf. Einen Blickfang stellt das etwa 1850 erbaute und zum Streckhof erweiterte Gebäude am Kümmener Weg dar, das, schön renoviert, heute als Gasthaus dient. Am südlichen Dorfrand steht leicht erhöht die von einem Friedhof umgebene, aus grob behauenen Rotsandsteinquadern errichtete Pfarrkirche St. Anna. Etwas ungewöhnlich ist die Fassade, die nach oben in einen turmartigen Giebelreiter übergeht, in dem in offenen Nischen die beiden Glocken hängen. Im Inneren besticht der von reichen Ranken ge-

St. Anna-Altar, Mannebach

schmückte, kreuzrippengewölbte Chor mit einem herrlichen hölzernen Hochaltar, der der Schutzpatronin gewidmet ist (um 1680); seitlich daneben befinden sich die Hll. Hubertus und Nikolaus, darunter die Hll. Perpetua und Felicitas.

10 km

Wegbeschreibung und Hinweise

12 km

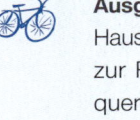

Wegstrecke zu Fuß und per Rad sind weitgehend identisch.
Schwierigkeitsgrad zu Fuß und per Rad: leicht bis mittel, auf befestigten, z. T. asphaltierten Wegen

Ausgangspunkt Mannebach: Zurück nach Kümmern, am letzten Haus auf scheinbar privatem Grund führt links der Weg − parallel zur Römerstraße − nach Fisch, am Ortsende die Kreisstraße queren und auf dem Waldweg zur **Jakobuskirche (9)** im Mannebachtal, in südwestlicher Richtung an Streuobstwiesen vorbei zur Maklich, dort links nach **Körrig (10)**, hinter der Kirche rechts durch die offene Feldflur nach **Merzkirchen (11)**.

9 *St. Jakobus, Litdorf-Rehlingen*

Unweit von Fisch lagen in fränkischer Zeit die Ortschaften Litdorf und Rehlingen. Sie sind vermutlich 1555 durch die Pest untergegangen, überdauert haben nur der Rehlinger Hof und die Kirche, heute St. Jakobus Litdorf-Rehlingen. Vor dem Portal ist auf Initiative des Bürgerservices im Wegepflaster eine Bronzeplatte eingelassen worden. Abstrahiert wird darauf der Jakobsweg von Köln nach Santiago de Compostela gezeigt. In dem 1997 angefertigten schmiedeeisernen Türgitter ist eine moderne Jakobusdarstellung eingearbeitet.

St. Jakobus,
Litdorf-
Rehlingen

Ältestes Bauteil der Kirche ist der massige romanische Turm mit einem niedrigen Pyramidenhelm. Im Turm schwingen zwei Glocken, von denen die größere von 1594 dem hl. Jakobus geweiht ist.

In der sich aus mehreren Bauepochen zusammensetzenden Kirche stammt auch die reiche, überwiegend barocke Innenausstattung aus verschiedenen Zeiten. Die Altäre und die Kanzel sind aus der Mitte des 18. Jh. Im Hochaltar steht in der Mittelnische Jakobus in wallendem Reisegewand mit Stab und Trinkbeutel.

10 *Körrig*

Das seit Mitte des 19. Jh. sich entlang der Kreisstraßen ausdehnende Dorf lässt mit seinen zahlreichen locker gereihten und freistehenden Quereinhäusern noch gut die regionaltypische Form dieser Höfe ablesen.

Inmitten des ummauerten Friedhofes liegt leicht erhöht die Kirche St. Lukas und St. Arnold. Die gequaderten Ecken

Hofanlage in Körrig

aus Buntsandstein verleihen der kleinen Kirche eine kompakte Baugestalt. Unter dem Turm von 1220 befindet sich der spätgotische, kreuzrippengewölbte Chorraum. Als Mittelpunkt steht hier der Kreuzaltar (1736), ein barocker Säulenaltar mit dem Gekreuzigten sowie Maria und Johannes. Vom oberen, überstehenden Abschluss blickt das Auge Gottes.

11 *St. Martin, Merzkirchen*

Der Kirchturm von St. Martin ist inmitten der fruchtbaren, aus Muschelkalkböden gebildeten Hochfläche schon von weitem zu erblicken. Der kleine Ort liegt an der Römerstraße Trier–Metz und im Schnittpunkt der Straßen, die als Kirchwege von den umliegenden Gemeinden hier sternförmig zusammenlaufen. Grundherr war die Abtei St. Maximin in Trier, die das Kollator-Zehntrecht und das Gerichtsrecht besaß. Die Pfarrei Merzkirchen führte deshalb im Mittelalter jährlich zwei Pflichtprozessionen durch: eine nach

St. Martin, Merzkirchen

Taben (ab dem 11. Jh.) zur Verehrung des hl. Quiriacus und um den Geld-Zehnt abzuliefern, die andere nach Mettlach (ab dem 12. Jh.) zum Grab des hl. Liutwin.

Anstelle des romanischen Vorgängerbaus wurde 1848/49 die Pfarrkirche St. Martin errichtet, die mit ihren dem viereckigen Kirchturm aufgesetzten Ecktürmchen (sogenannte Fialen) unterhalb der Glockenstube frühe neugotische Stilformen aufweist. Das Kircheninnere ist durch Klarheit und Weiträumigkeit gekennzeichnet. Die Ausstattung stammt vorwiegend aus dem 18. Jh. Der 1907 geweihte, neugotische hölzerne Flügelaltar auf einer mit Säulen verzierten steinernen Mensa ist neben dem hl. Martin auch dem Herzen Jesu geweiht. Bis heute hochgehalten wird die Martinsverehrung, die alljährlich am 11. November begangen wird. Sie geht auf die Reisen des hl. Martin zurück, der im 4. Jh. Merzkirchen auf der Römerstraße passierte. Außen vor der Westseite der Friedhofsmauer steht ein Altarkreuz in Form eines Obelisken, dessen Abschlusskreuz fehlt. Das am Fuß auf 1833 datierte Kreuz ist mit Blütendekor, Herz, Christusmonogramm und drei Nägeln in Relieform versehen.

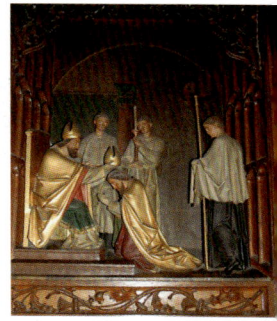

Bischofsweihe des hl. Martin, Altarbild

Der Jakobsweg als Probelauf für den Alltag

Der Pilgerweg zum Grab des Apostels Jakobus ist nicht nur in der Vergangenheit ein Träger menschlicher Hoffnungen und Wünsche gewesen, gerade in den letzten Jahren haben sich Initiativen gegründet, die durch den uralten Weg neue Chancen eröffnen wollen.

Das „Jakobusweg-Projekt" am Psychiatrischen Therapiezentrum des St. Marien-Hospitals Eickel wurde 1996 ins Leben gerufen. Jeweils im Spätsommer machte sich eine Wandergruppe der Klinik auf den Weg, die ein Stück des mittelalterlichen Jakobsweges geht. Die ersten Etappen führten sie von Köln über Trier nach Frankreich. 2010 sind die Herner in Santiago de Compostela eingetroffen. In ihre Fußstapfen ist eine Gruppe der LVR-Klinik Bedburg-Hau getreten, die 2008 am Niederrhein gestartet ist. Die zweiwöchige Pilgertour über 200 km ist keine therapeutische Trockenübung, sondern ein komplexes Projekt, an dem wichtige Strategien für die Bewältigung des Alltags erlernt werden. Viele Wanderer – sowohl in der Mitarbeiter- wie in der Patientenrolle – fühlen sich gerade von der zeitlich langen Perspektive des Jakobswegprojektes angesprochen; dementsprechend erleben sie ihre kontinuierliche Mitwirkung als erfüllende und sinnstiftende Aktivität. Gleichzeitig ist die Pilgerreise nach Santiago de Compostela auf den unterschiedlichen therapeutischen und rehabilitativen Ebenen häufig Thema und ein Medium des Kontaktes. 2015 führte die Route die Pilger durch Tschechien.

Blickwechsel

MERZKIRCHEN →
PERL/SCHENGEN

Von Merzkirchen aus führt der Weg über den landwirtschaftlich geprägten Höhenrücken des Saargaus, von dem aus sich weite Blicke ergeben. Eine Variante führt über Borg zum gleichnamigen römischen Gutshof. An Windrädern vorbei und durch kleine Wälder erreichen wir das Moseltal und gelangen an Weinhängen entlang durch das hübsche Winzerörtchen Sehndorf nach Perl im Dreiländereck Deutschland, Frankreich und Luxemburg, wo der Lothringer Weg anschließt.

Links: Jakobusfigur über dem Westportal von St. Gervasius und St. Protasius, Perl

Pilgerspuren ...

Auf der Etappe nach Perl liegt etwas abseits der Strecke in dem Perler Ortsteil **Kesslingen** die katholische Kapelle St. Jakobus. Sie beherbergt in dem mit reicher Gewölbemalerei ausgestatteten, spätgotischen Chor (15. Jh.) einen wunderbaren Barockaltar, in dessen Mittelnische Jakobus als Pilger in Sandalen mit Stab und muschelbesetztem Umhang dargestellt ist (1724). Eine erste Erwähnung der Kapelle geht auf das Jahr 1569 zurück. Unweit der Kapelle befindet sich der neue, 1994 dem Jakobus geweihte Brunnen.

Pilgerweg

Am Etappenziel in **Perl** erwartet den Wanderer über dem Westportal der Pfarrkirche St. Gervasius und Protasius ein im Jahr 2000 in eine Nische eingesetzter Jakobus aus rotem Sandstein. Er ist als Zeichen der hier verlaufenden Wanderstrecke angebracht und verabschiedet als Patron sozusagen die Pilger, die Deutschland verlassen und auf ihrer weiteren Pilgerfahrt nach Santiago de Compostela durch Luxemburg und Frankreich nach Spanien ziehen.

Wappen Perl

Altar St. Jakobus, Kesslingen

Wegbeschreibung und Hinweise

Fuß- und Radwegstrecke sind weitgehend identisch.
Schwierigkeitsgrad zu Fuß und per Rad: leicht bis mittel, überwiegend auf befestigten, zum Teil asphaltierten Wegen
Ausgangspunkt Merzkirchen: Ca. 500 m in südöstlicher Richtung, an der Straßengabel rechts auf der über den Bergrücken führenden alten Römerstraße an den Windrädern vorbei über den

Ehringer Berg, nach ca. 1,5 km an den Obstwiesen links, hier trennen sich Fuß- und Radweg ein kurzes Stück bis zum **Friedensdenkmal (1)**: Der Radfahrer fährt geradeaus bis zum Weilerhof, folgt links der Ortsstraße, quert die B 406 und gelangt links zum Friedensdenkmal. Der Wanderer geht nach ca. einem weiteren Kilometer rechts am Wald entlang, biegt kurz vor dem Waldende links ab bis zur Landstraße, hier rechts über den Renglischberg zum Friedensdenkmal, in südlicher Richtung bis zum Wald, hier rechts am Waldrand entlang, nach ca. 250 m links durch den Wald, die Landstraße queren, am Wegekreuz (Variante durch **Borg (2)** links) geradeaus und bis zur Autobahnüberführung, hinter der Autobahn am Waldrand entlang und durch die **Weinhänge (3)** hinab nach Sehndorf und **Perl (5)** mit dem jenseits der Mosel liegenden Grenzort **Schengen (6)**.

Hochfläche
im Saargau

1 Friedensdenkmal, Perl

Südlich des Renglischberges befindet sich das Monument of Peace, eine Gedächtnisstätte für die im Zweiten Weltkrieg gefallenen amerikanischen und deutschen Soldaten. An dem 1991 eingeweihten Ehrenmal findet alljährlich zusammen mit den Amerikanern ein militärisches Zeremoniell statt.

2 Perl-Borg (Abstecher)

Zu den zahlreichen Spuren, die die Römer in dieser Region hinterlassen haben, gehört die Villa Borg (→ S. 179). In der Mitte des Örtchens Borg steht etwas erhöht die Pfarrkirche Johannes der Täufer. Besonders eindrucksvoll sind die alten Grabsteine auf dem Kirchvorplatz und die in eine Mauer eingelassenen zehn Kreuzwegstationen aus dem Jahr 1819. Im Inneren des Neubaus von 1921 sind neben den barocken Seitenaltären, die der Muttergottes bzw. den hl. Johannes von Nepomuk und Wendelinus geweiht sind, eine lebensgroße Steinfigur des Schutzpatrons und die Darstellung der zwölf Sternzeichen im Stuckfries bemerkenswert.

Kreuzweg-
station,
Kirchenmauer
Johannes der
Täufer, Borg

3 Der Elbling – Renaissance einer alten Weinrebe

Die letzten Kilometer des deutschen Weges führen durchs Moseltal. Der Weinbau ist hier dank der günstigen klimatischen Verhältnisse landschaftsbestimmend. An der Obermosel, von Trier flussaufwärts bis Perl, wächst auf mineralreichen Muschelkalkböden eine der ältesten kultivierten Weißweinreben Europas: der Elbling. Römische Legionäre hatten sie einst mitgebracht, um ihre Weinversorgung zu sichern. Die Elblingrebe war vom Mittelalter bis ins 19. Jh. überall in Europa verbreitet, wurde in der Folgezeit aber von anderen Rebsorten zunehmend verdrängt. Nur im

Bereich der Obermosel – auf der deutschen und der luxemburgischen Seite – hat er sich behauptet. Bundespräsident Walter Scheel (1974–79) verhalf der Rebe wieder zu Ansehen, und so erlebt der Elbling eine Renaissance, wie auch das Elblingfest in Trier, eine Elblingkönigin und die Elblingroute beweisen.

Der leicht bekömmliche Wein ist anregend frisch und säurebetont, sein Alkoholgehalt relativ gering. Er ist ein idealer Begleiter zu Fisch- und Fleischgerichten.

4 *Perl*

Auf der Anhöhe, dem sogenannten Zuckerknupp, an der einst die Kelten, die Römer und schließlich die Franken ihren Göttern opferten, wurde wahrscheinlich nach 800 die Pfarrkirche von Perl erbaut, von der heute noch der frühromanische Turm (12. Jh.) steht. An seiner Südseite entstand der herrliche spätgotische Chor mit einem westlich angefügten gotischen Schiff, das Anfang des 19. Jh. erneuert und 1928 nach Norden erweitert wurde. Aus dem von den Kelten als „Peierle" bezeichneten Götterhain hat sich der Name Perl entwickelt.

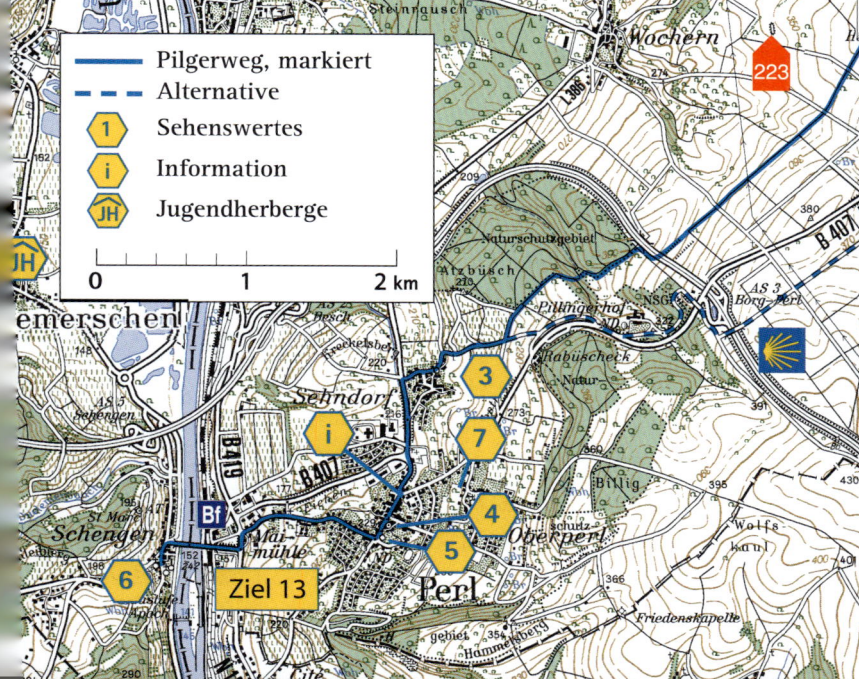

Den historischen Mittelpunkt des kleinen Weinortes am Dreilän-dereck bildet das Ensemble aus der Pfarrkirche St. Gervasius und St. Protasius, dem Palais von Nell mit dem Barockgarten und der Quirinuskapelle. In der Nische über dem Westportal der heutigen Pfarrkirche blickt Jakobus als Pilger mit Stab und Kalebasse auf die Kirchgänger hinab. Die aus rotem Sandstein gehauene Figur wurde aus Anlass des hier vorbeiführenden Jakobsweges im Jahr 2000 in die bis dato leere Nische eingesetzt. Besondere Blickfänge im Inneren sind die drei Altäre aus dem 18. Jh.

Die beiden Patrone der Pfarrkirche starben während der Chris-tenverfolgung den Märtyrertod. Als der hl. Ambrosius, Bischof von Mailand, ihre sterblichen Überreste fand, ließ er 386 vor den Toren Mailands eine Basilika errichten. Die Verehrung der beiden ver-breitete sich daraufhin sehr rasch im ganzen Abendland. Darge-stellt werden sie mit den Marterwerkzeugen: der hl. Protasius mit Bleiklötzen, der hl. Gervasius mit Schwert. Die Zwillingsbrüder sind die Patrone der Heumacher und Kinder sowie Helfer gegen Harn- und Blutfluss.

Der erhöht liegende Barockgarten in Perl wurde nach alten Gemälden rekonstruiert. Die Buchsbaumhecke, die Ordnung in die wilde Natur bringen sollte, wurde in dieser Epoche zum Ein-fassungselement schlechthin. Zu Füßen des Barockgartens er-strahlt in kräftigem Gelb das Palais von Nell, das ehemalige Hofgut „Perle" des Trierer Domkapitels. Hier herrschten die Rittergeschlechter Johann und Gerardus de Pirla vom 12. bis 18. Jh. Da-nach bereiteten die Franzosen der Perler Herrschaft ein Ende.

Barockgarten in Perl mit Quirinuska-pelle (links) und Palais von Nell (rechts)

5 *Quirinuskapelle, Perl*

An dem vermutlich dem hl. Quirinus geweihten Brunnen entstand um 1700 eine kleine Kapelle, an die 1712 die größere angebaut wurde. Der Überlieferung nach wurden 1050 die Gebeine des 130 ermordeten heiligen Quirinus von Rom nach Neuss übertragen, wobei am Brunnen in Perl eine Tagesrast eingelegt wurde. Schon bald pilgerten die Gläubigen hierher um Hilfe gegen Halsleiden, Ausschlag und sonstige Gebrechen zu erflehen. Der Brunnen wurde zum Mittelpunkt der Perler Wallfahrt, die alljährlich am 1. Mai, dem „Pirler Dag", zusammen mit der Kirmes und dem Reitertreff, der in großem Rahmen abgehalten wird.

Quirinus als Reitersoldat, Perl

Quirinus war römischer Offizier und Wache des gefangenen Papstes Alexander I., von dem er zum Glauben bekehrt und getauft wurde. 130 n. Chr. ließ Ambrosius, der Statthalter Kaiser Hadrians, den freimütigen Bekenner des christlichen Glaubens ermorden. Das Attribut des Heiligen ist die Lanze mit der Fahne. Er gilt auch als Schutzpatron der Pferde; deshalb wurde 1951 am „Pirler Dag" der Quirinusritt mit der Pferdesegnung eingeführt.

Über dem Portal der ihm geweihten Kapelle ist Quirinus als Reitersoldat zu sehen. Seit dem 1. Mai 2001 befindet sich eine aus Neuss hierher überführte Kopfreliquie im Altar der Pfarrkirche.

6 *Schengen*

1985 erwachte der kleine Ort an der Obermosel auf einen Schlag aus dem Dornröschenschlaf. Nur die wenigsten hatten Schengen zuvor gekannt, aber mit dem Schengener Abkommen war es in aller Munde. Damals trafen sich die Vertreter der Benelux-Länder sowie Frankreichs und Deutschlands hier und besiegelten den dauerhaften Wegfall der Grenzkontrollen. Heute erinnern ein Denkmal am „Place de l'Accord" und das Europa Museum Schengen an diesen historischen Augenblick.

Schengener Abkommen

Allerdings hat das großherzogliche Winzerörtchen noch mehr zu bieten, zum Beispiel das von dem herrlichen Barockgarten umgebene Schengener Schloss, heute ein Hotel.

Informationen und Unterkünfte

Die Angaben zu den Unterkünften beziehen sich nur auf Herbergen, Campingplätze und eine Auswahl an pilgergerechten Unterkünften. Eine telefonische Voranmeldung ist in der Regel erwünscht und notwendig. Den Pilgerpass erhalten Sie über die Jakobusvereinigungen (siehe dort).
Infos zum Pilgerstempel stehen – sofern nicht hier – meist in den Schaukästen der Kirchen/Gemeinden.
Während der Gottesdienste (Zeiten im Internet) bitte nicht in den Kirchen umherwandern.
Fernglas zur Betrachtung der Details in Kirchen ratsam.

Wege der Jakobspilger in Nordrhein-Westfalen

Landschaftsverband Rheinland / LVR-Fachbereich Regionale Kulturarbeit / Tel.: 0221-809-0
www.jakobspilger.lvr.de
Landschaftsverband Westfalen-Lippe / Altertumskommission für Westfalen
Tel.: 0251-591-8990 / www.jakobspilger.lwl.org

Jakobusgesellschaften und Pilgerinitiativen am Weg

Deutsche St. Jakobus-Gesellschaft e. V. / Tempelhofer Str. 21 / 52068 Aachen
Tel.: 0241-5100062 (9-12 Uhr) / www.deutsche-jakobus-gesellschaft.de / Pilgerpass
Santiago-Freunde Köln / Norbert Wallrath / Knapsackstr. 2 / 50354 Hürth
Tel.: 02233-75488 / www.santiagofreunde.de / Pilgerpass
Freundeskreis der Jakobuspilger in Euskirchen / Jürgen Sauer / Wißkirchener Str. 45
53881 Euskirchen / Tel.: 02251-4208 o. 0171-2656740
www.jakobusfreunde-euskirchen.de
St. Jakobusbruderschaft Trier e. V. / Krahnenufer 19 / 54290 Trier / sjb-trier.de
Luxemburg: Frënn vum Camino de Santiago de Compostela asbl
www.caminosantiago.lu

Anschlusswege in Frankreich:
www.chemins-compostelle.com
Lothringen: www.st-jacques-lorraine.fr

Weitere Adressen und Auskünfte

Informationen für Jakobspilger im Internet:
Deutschsprachiges Portal: www.jakobus-info.de
Internationales Portal: www.xacobeo.es
Praktische Hinweise: www.pilger-faq.blogspot.com
Kirchen: www.oekumene-ack.de / Tel: Das Örtliche unter „Kirchen"
Fahrplanauskünfte: Bus und Bahn in NRW / Tel.: 0180-3504030 / www.schlaue-nummer.de
Führer für die Fortsetzung des Weges:
über Le Puy: Wipper, H.: Der Jakobsweg von Köln nach Santiago de Compostela
Verlag U. Nink 2014, ISBN 978-3-934159-29-7
Wipper, H.: Auf dem Jakobsweg von Trier nach Le Puy / DuMont Reiseverlag 2010,
ISBN 978-3-933507-03-7
Wipper, H.: Wandern auf dem Französischen Jakobsweg. Via Podiensis
DuMont Reiseverlag 2008, ISBN 978-3-770180-09-7
über Vezélay: Steffen, W.: Von Apostelgrab zu Apostelgrab / Gall-Verlag 2009,
ISBN 978-3-936990-49-2

Etappe 1: Köln → Brühl

Touristeninformation:

Köln: gegenüber dem Dom / Mo-Sa 9-20 Uhr, So u. Feiertage 10-17 Uhr
Tel.: 0221-346430 / www.koelntourismus.de

Brühl: Uhlstr. 1 / Tel.: 02232-79-345 / Mo-Fr 9-19 Uhr, Sa 9-13 Uhr,
1.5.-31.10. zusätzlich: Sa 9-16 Uhr, So 13-17 Uhr / www.bruehl.de

Unterkünfte:

Köln: Jugendherberge Pathpoint Cologne Backpacker Hostel / Allerheiligenstr. 15
Tel.: 0221-13056860 / www.pathpoint-cologne.de
- Jugendherberge Köln-Deutz City-Hostel / Siegesstr. 5 / Tel.: 0221-814711
  www.koeln-deutz.jugendherberge.de
- Gästehaus St. Georg / Rolandstr. 61 / Tel.: 0221-93702020
  www.gaestehaus-st-georg.de
- Station-Hostel for Backpackers / Marzellenstr. 44-56 / Tel.: 0221-9125301
  www.hostel-cologne.de
- A&O Hostel am Dom / Komödienstr. 19-21 / Tel.: 030-809474500 / www.aohostels.com
- A&O Hostel am Neumarkt / Mauritiuswall 64-66 / Tel.: 030-809474500
  www.aohostels.com
- Hostel Köln / Marsilstein 29 / Tel.: 0221-9987760 / www.hostel.ag
- Black Sheep Hostel / Barbarossaplatz 1 / Tel.: 0221-30290960
  www.blacksheephostel.de

Brühl: Pilgerherberge St. Margareta / Wallstr. 96 / Voranmeldung: Tel.: 0157-52819184 (17-20 Uhr) / gegenüber Gaststätte „Margaretenklause": Pilgerstempel und 10 % Rabatt für Pilger
- Brühl-Zimmerfrei / Römerstr. 339 / Tel.: 02232-925383 / www.bruehl-zimmerfrei.de
- Hotel Kurfürst / Kölnstr. 40 / Tel.: 02232-42239 / hotel-kurfuerst-bruehl.de.tl
- Campingplatz Heider Bergsee (1,5 km vom Weg) / Tel.: 02232-27040
  www.heiderbergsee.de
- Privatzimmer Pinell / Am Ringofen 33 / Tel.: 02232-211804 o. 0171-4213362
  www.zimmer-pinell.com

Brühl-Badorf: Fam. Heinol / Auf dem Kamm 34 / Tel.: 02232-506957 o. 0177-6876457

bei Brühl: Jugendherberge Hürth / Adolf-Dasbach-Weg 5 / Tel.: 02233-42463
www.villehaus.de

Hinweise / Öffnungszeiten zu Besonderheiten

Pilgerspuren: Faltblatt „Jakobusspuren in Köln" im Domforum erhältlich (s. u.) oder unter
www.jakobspilger.lvr.de unter Infomaterial ausdrucken
- Elendskirche St. Gregor, Köln / Arnold-von-Siegen-Str. 3 / Di 12.30 Uhr Messe
  www.st-gregorius.koeln
1 Kölner Dom / Nov.-Apr. 6-19.30 Uhr, Mai-Okt. 6-21 Uhr, Führungen: Mo-Sa 11, 12.30, 14, 15.30 Uhr mit Chorumgang und Binnenchor, So 14, 15.30 Uhr, Treffpunkt: Hauptportal innen / Tel.: 0221-92584730 / www.koelner-dom.de
  Domschatzkammer tägl. 10-18 Uhr, Führungen: Di 11 Uhr, Do 15 Uhr, Treffpunkt: Kasse
  Tel.: 0221-17940-300
  Turmbesteigung Okt.-Febr. 9-16 Uhr, März-Apr. 9-17 Uhr, Mai-Sept. 9-18 Uhr
  Thematische Führungen „Der Dom als Pilgerkirche", „Reliquienverehrung" und „Auf den Spuren der Jakobspilger" für Gruppen n. V. / Pilgerstempel: Eingang Turmbesteigung, Domforum

Stichwort Jakobspilgerzeichen in Kölner Museen:

www.museenkoeln.de Wallraf-Richartz-Museum / Di-So 10-18 Uhr

- Kölnisches Stadtmuseum / Di 10-20 Uhr, Mi-So 10-17 Uhr, 1. Do i. M. 10-22 Uhr
- Museum für Angewandte Kunst / Di-So 11-17 Uhr
2 St. Georg / Waidmarkt / Mo-So 8-18 Uhr / Pilgerstempel: Pfarrbüro, Tel.: 0221-8888130
  www.georg-koeln.de
3 St. Pantaleon / Am Pantaleonsberg 6 / Di, Mi, Fr 8.15-18 Uhr,
  sonst 9-18 Uhr / Tel.: 0221-316655 / www.pantaleon-koeln.de
6 Hermülheim, St. Severin / tagsüber bis Gitter / Pilgerstempel im Blumenladen neben der
  Kirche / Tel.: 02233-978630 / www.zudenheiligen.de
- Kendenich, St. Johann-Baptist / n. V. / Tel.: 02233-42828
- Fischenich, St. Martinus / n. V. / Tel.: 02233-942370, Pilgerstempel im Pfarrbüro o. bei
  Fr. Schäfer, An St. Martin 22
- Vochem, St. Matthäus / n. V. / Tel.: 02232-27162 bzw. Fr. Malzkorn, Tel.: 02232-22249
  www.pv-huertherville.de
7 Kaiserbahnhof, Brühl-Kierberg, Gaststätte / Mo-Fr ab 17 Uhr, So ab 10 Uhr,
  im Winter Mo geschlossen / Tel.: 02232-25581 / www.kaiserbahnhof-bruehl.de
8 St. Servatius, Kierberg / n. V. / Tel.: 02232-27433 / www.pfarrverband-ville.de
9 St. Margareta, Brühl / Di-So 10-17 Uhr / Pfarrbüro: Pastoratstr. 20 / Tel.: 02232-501610
  www.st-margareta-bruehl.de / Pilgerstempel: Gaststätte „Margaretenklause" gegenüber
  der Kirche
10 Schloss Augustusburg, Brühl / Di-Fr 9-12, 13.30-16 Uhr, Sa, So 10-17 Uhr, Parkanlage frei
  Tel.: 02232-44000 / www.schloss-bruehl.de
11 Schlosskirche, Brühl / Di-So 10-17 Uhr / Tel.: 02232-501610

Etappe 2: Brühl → Euskirchen

Touristeninformation:
Euskirchen: Rathaus / Kölner Str. 75 / Tel.: 02251-14226 / www.euskirchen.de
Weilerswist: Bonner Str. 29 / Tel.: 02254-9600-160 / www.weilerswist.de

Unterkünfte:
Walberberg: Gästehaus Ruth / Frongasse 30 / Tel.: 02227-8199944
  www.gaestehausruth.de
- Landhaus Wieler / Hauptstr. 94-96 / Tel.: 02227-252122
- Jugendakademie (Gruppen ab 5 Personen nach Voranmeldung) / Wingert
  Tel.: 02227-909020 / www.jugendakademie.de
Weilerswist: Hotel Zum Schwan / Kölner Str. 99-101 / Tel.: 02254-82363
  www.hotel-zum-schwan.com
Euskirchen: Hotel Restaurant Bei Rothkopf's / Kommerner Str. 76 / Tel.: 02251-55611
  www.rothkopf.de

Hinweise / Öffnungszeiten zu Besonderheiten:
Pilgerspuren: St. Georg, Frauenberg / n. V. Fr. Freund, Tel.: 02251-625354
- St. Peter, Zülpich / Tel.: 02252-2322
www.st-peter-zuelpich.de
1 St. Pantaleon, Badorf / Badorfer Str. 117 / Tel.: 02232-31732 / tagsüber geöffnet
  Pilgerstempel: Pfarrbüro Badorf Str.119a / www.katholischekirchebruehl.de
2 Jakobuskirche, Badorf / Unter Eschen 24 / Anmeldung und Pilgerstempel: Fam.
  Wackernagel / Tel.: 02232-34289 o. 0163-7207499 / www.kirche-bruehl.de

3 St. Walburga / Walberberg / 9-17 Uhr / Tel.: 02227-3337 / Pilgerstempel im
Seitenschiff / www.kath-kirchen-bornheim.de
4 Verein Swister Turm e. V. / www.swister-turm.de
6 St. Mauritius / Weilerswist / 9-17 Uhr / Pilgerstempel außen am Pfarrbüro (Mauritiusgasse 6) / Tel.: 02254-2304 / www.pfarrverband-weilerswist.de
7 Heilig Kreuz, Groß-Vernich / 9-17 Uhr (bis Gitter) / Tel.: 02254-3169
www.pfarrverband-weilerswist.de
8 St. Martin, Euskirchen / Tel.: 02251-776260 / Pilgerstempel im Pfarramt
www.st-martin-euskirchen.de

Etappe 3: Euskirchen → Bad Münstereifel

Touristeninformation:
Bad Münstereifel: Im Bahnhof / Tel.: 02253-542244 / Mo-Fr 10-14.30 Uhr
www.bad-muenstereifel.de

Unterkünfte:
Kreuzweingarten: Heilig Kreuz / Antweiler Str. 4 / 9-17 Uhr / Pastor Prümm
Tel.: 02251-61603
- Bildungsstätte Haus Maria Rast / Josef-Kentenich-Weg 1 / Sr. M. Manuele Kaum
Tel.: 02256-9587-0 / www.haus-maria-rast.de
Bad Münstereifel: Jugendherberge Bad Münstereifel / Herbergsweg 1-5
Tel.: 02253-7438 / www.bad-muenstereifel.jugendherberge.de / wichtig: NICHT der
Autobeschilderung folgen, von Jesuitenkirche direkter Aufstieg gekennzeichnet
- Seniorenhaus Marienheim (Gästezimmer) / Langenhecke 24 / Tel.: 02253-54260
www.sh-marienheim.de
- Bildungsstätte Haus des Jugendrotkreuzes (Gästezimmer) / 2 km hinter Ort am Weg
Heimstr. 22 / Tel.: 02253-92320 / www.jrk-nordrhein.de unter Veranstaltungen

Hinweise / Öffnungszeiten zu Besonderheiten:
2 St. Martin, Stotzheim / bis Gitter geöffnet, n. V. / Tel.: 02251-776260
www.st-martin-euskirchen.de
5 St. Bartholomäus, Kirspenich / n. V. / Tel.: 02253-180360
www.kirche-muenstereifel.de
6 St. Hubertus, Arloff / n. V. / Tel.: 0177-930703 (Fr. Bresgen)
9 St. Donatus, Bad Münstereifel / 7.30-18.30 Uhr / Tel.: 02253-180360
www.kirche-muenstereifel.de (zurzeit wegen Sanierung geschlossen)
10 Stiftskirche, Bad Münstereifel / 7.30-18.30 Uhr / Pilgerstempel: Pfarrbüro
Langenhecke 3 / Tel.: 02253-180360 / www.kirche-muenstereifel.de
Hürten-Heimatmuseum / Winter Sa, So 11-16 Uhr, Sommer zusätzlich Mi 14-17 Uhr
Tel.: 02253-542244 / www.huertenmuseum.de

Etappe E 1A: Bonn → Rheinbach

Touristeninformation:
Bonn: Windeckstr. 1 / Tel.: 0228-7750-00 u. -19433 / Mo-Fr 10-18 Uhr, Sa 10-16 Uhr,
So und Feiertage 10-14 Uhr / www.bonn.de
Rheinbach: Tel.: 02226-917-454 / www.rheinbach.de
Rhein-Voreifel Touristik e. V. / Tel.: 0228-9544-100
www.rhein-voreifel-touristik.de

Unterkünfte:

Bonn: max HOSTEL / Maxstr. 7 / Tel.: 0228-82345780 / www.max-hostel.de
- Haus Venusberg / Haager Weg 28-30 / Tel.: 0228-28991-0 (Pilgerherberge)
  www.haus-venusberg.de
- Jugendherberge Bonn / Haager Weg 42 / Tel.: 0228-289970
  www.bonn.jugendherberge.de
- Haus Müllestumpe / An der Rheindorfer Burg 22 / Tel.: 0228-2499090 / barrierefrei
  www.hotelmuellestumpe.de
- Christliches Jugenddorfwerk Deutschland (CJD) / Graurheindorfer Str. 149
  Tel.: 0228-98960 / www.cjd-bonn.de
- Hotel Deutsches Haus / Kasernenstr. 19-21 / Tel.: 0228-633777 / mit Pilgerausweis
  Rabatt und/oder Zusatzleistung / www.deutscheshaus-bonn.de

Buschhoven: Gasthof „Zum Römerkanal" / Alte Poststr. 77 / Tel.: 02226-4442

Lüftelberg: Pension „Tante Lotti" / Petrusstr. 3 / Tel.: 02225-12563

Rheinbach: Kloster Haus Heisterbach / Rheinbach-Flerzheim / tel. Voranmeldung 1 Woche
  vorher / Tel.: 02225-5424 (Bürvenich) / Schlafsack und Isomatten nötig (mit Pilgerpass)
- Jugendwohnheim Haus Rheinbach GmbH (mit Pilgerausweis) / An der Glasfachschule 4
  nur nach tel. Voranmeldung / Tel.: 02226-925812 / www.haus-rheinbach.de

Merzbach: Ev. Jugendbildungsstätte Merzbach / Weidenstr. 18 / 4 km südlich von Rheinbach
  Tel.: 02226-1576610 (H. Werner) / www.jugendbildungsstaette-merzbach.de

Hinweise / Öffnungszeiten zu Besonderheiten:

Der Pilgerpass für die Strecke Köln/Bonn-Trier sowie das Informationsblatt „Auf dem
Jakobusweg durch Bonn" sind im Münster-Laden Bonn erhältlich (Gebühr 1,- €).
Einrichtung der Citypastoral Mo-Fr 10-19 Uhr, Sa 10-16 Uhr / Gerhard-von-Are-Str. 1
Tel.: 0228-2808899 / www.muensterladen.de
Pilgerspuren: St. Peter, Windeck-Herchen / Tel.: 02292-4046
- La Cigale im Weinhaus Jacobs, Bonn / Friedrichstraße 18 / Tel.: 0228-1841250
- Begegnungsstätte St. Ägidius und St. Jakob, Bonn / Breite Str. 107-113
  Tel.: 0228-963150
1 Bonner Münster St. Martin / 7-19 Uhr (2016-17 wg. Renovierung nicht zugänglich)
2 LVR-LandesMuseum Bonn / Colmantstraße 14-16 / Tel.: 0228-20700 / Di-Fr, So 11-18 Uhr,
  Sa 13-18 Uhr / www.landesmuseum-bonn.lvr.de
3 St. Laurentius, Lessenich / Tel.: 0228-647769 / Pilgerstempel und Schlüssel bei Fam.
  Knoblauch, Roncallistr. 27 / Tel.: 0228-7483014 o. Fr. Malberg, Tel.: 0228-640892
4 St. Jakobus, Gielsdorf / Vorraum Sa u. So zugänglich / Pilgerstempel: siehe
  Schaukasten Tel.: 0228-641354 / Führung: Dr. Paleczek, Tel.: 0228-641565, o. Peter
  Simon, Tel.: 02222-1377
8 Versöhnungskirche, Buschhoven / Di-So ab 8 Uhr / Pilgerstempel im Pfarrhaus
  (Tel.: 02226-7448) / www.ekir.de/swisttal
- St. Katharina, Buschhoven / tagsüber offen / Tel.: 02226-2700 / Pilgerstempel am
  Haupteingang / auf Voranfrage Übernachtung im Pfarrheim
9 St. Peter, Meckenheim-Lüftelberg, Pastoralbüro Meckenheim / Tel.: 02225-5067
  www.katholische-kirche-meckenheim.de
10 St. Martin, Rheinbach / 7.30-19 Uhr / Tel.: 02226-2167 / www.st-martin-rheinbach.de
  Pilgerstempel im Pastoralbüro, Kriegerstr. 23 / Mo-Mi 8-12 u. 14-16 Uhr,
  Fr 8-12 Uhr

- „Himmeroder Hof" / Himmeroder Wall 6 / Naturparkzentrum Di-Fr 10-12, 14-17 Uhr,
  Sa 14-17 Uhr, So und Feiertage 11-17 Uhr / Tel.: 02226-2343
  www.naturpark-rheinland.de
- Glasmuseum Rheinbach / Di-Fr 10-12, 14-17 Uhr, Sa, So 11-17 Uhr / Tel.: 02226-917500
  www.glasmuseum-rheinbach.de

Etappe E2: Rheinbach → Bad Münstereifel

Touristeninformation und Unterkünfte:
Siehe Etappe E1 und 3

Euskirchen-Queckenberg: Seminarhaus Kloster Schweinheim / vorherige Anm.:
loeb@zurawski.info o. Tel.: 02255-948227 / www.kloster-schweinheim.de

Hinweise / Öffnungszeiten zu Besonderheiten:
Pilgerspuren: St. Jakobus, Meckenheim-Ersdorf / tagsüber geöffnet
Pastoralbüro Meckenheim: Tel.: 02225-5067 / www.katholische-kirche-meckenheim.de
- Jakobus-Kapelle Wachtberg-Werthoven / tagsüber bis Gitter / Besichtigung n. V.
  Tel.: 0228-342730 / www.kath-wachtberg.de
2 Schulkapelle St. Josef-Gymnasium Rheinbach / Stadtpark 31 / Tel.: 02226-9224-0
  Mo-Fr 9-13 Uhr außer Schulferien / www.sjg-rheinbach.de
5 St. Joseph, Queckenberg / Tel.: 02255-8760
7 Waldgasthaus Steinbach / Talsperrenstr. 105 / 11-21 Uhr,
  Nov.-März Mo, Di geschlossen / Tel.: 02255-958300 / www.waldgasthaus-steinbach.de

Etappe 4: Bad Münstereifel → Blankenheim

Touristeninformation:
Nettersheim: Im Naturzentrum Eifel / Tel.: 02486-1246 / www.naturzentrum-eifel.de
Blankenheim (Stempelstelle): Im Eifelmuseum / Ahrstr. 55-57 / Apr.-Okt. 10-16 Uhr,
Nov.-März 10-14 Uhr / Tel.: 02449-87-222 / www.blankenheim.de

Unterkünfte:
Nettersheim-Engelgau: Zum Genfbachtal / W. Schruff / Dürener Str. 20
  Tel.: 02486-802578 / www.genfbachtal.de
Blankenheim: Jugendherberge / Burg 1 / Tel.: 02449-95090
  www.burg-blankenheim.jugendherberge.de
- Brüsseler Höfchen / Am Hirtenturm 7 / Tel.: 02449-1025 / www.bruesseler-hoefchen.de
- Burghaus Quellenhof / Am Hirtenturm 9 / Tel.: 0163-7323312
  www.quellenhof-blankenheim.de
- Hotel Schlossblick / Nonnenbacher Weg 4-6 / Tel. 02449-95500
  www.hotel-schlossblick.de
- Jugendhof Finkenberg / Finkenberg 20 / Tel.: 02449-228
  www.jugendhof-finkenberg.de
- Alter Bahnhof Mülheim / (Selbstversorgerhaus für Gruppen ab 15 Personen)
  tel. Anfr.: (Do) 0221-410508 (Fr. Ollig) o. Bahnhof@ksj-koeln.de / www.ksj-koeln.de

Hinweise / Öffnungszeiten zu Besonderheiten:
1 St. Antonius, Roderath / tagsüber geöffnet / Pilgerstempel in der Kirche
  Tel. 02440-1541 (Fr. Hermeling)
2 St. Margareta, Frohngau / 8-18 Uhr / Tel.: 02441-779212 / www.gdg-steinfeld.de
3 Ahekapelle, Engelgau / tagsüber bis Gitter / Pilgerstempel in der Kapelle

5 Mariä Himmelfahrt, Blankenheim / 9.30-17 Uhr / Tel.: 02449-95140
  Pilgerstempel: Info im Schaukasten
- Eifelmuseum: s. o. / www.eifelmuseum-blankenheim.de / Pilgerstempel
- Kapelle Hülchrath: Besichtigung über St.-Josefs-Stift / Tel.: 02449-917200

Etappe 5: Blankenheim → Kronenburg

Touristeninformation:
Oberes Kylltal: Tel.: 06597-2878 / www.obereskylltal.de

Unterkünfte:
Dahlem: Pension Ulrich / Mühlenstr. 45 / Tel.: 0151-10636195
  www.pension-ulrich-dahlem.de
- Landgasthof Em Lade / Trierer Str. 40-42 / Tel.: 02447-8092000 / www.emlade.de
Baasem: Familienferienstätte St. Ludger (Pilgerherberge) / Auf der Hardt 40
  Tel.: 06557-551 (Schwimmzeug mitbringen) / www.st-ludger-baasem.de
Kronenburg: Haus für Lehrerfortbildungen / M. Schöddert / Burgstr. 20 / Tel.: 06557-92070
  o. 0178-3501046 / www.fortbildung-kronenburg.nrw.de
- Fam. Peiker / Steinertstr. 17 / Tel.: 06557-9009549
- Haus am Burgturm / Burgbering 16 / Tel.: 06557-432

Hinweise / Öffnungszeiten zu Besonderheiten:
1 St. Brigida, Nonnenbach / Tel.: 02449-8381 (Fr. Held) o. 02449-8494 (Schwarz)
2 St. Dionysius, Waldorf / tagsüber geöffnet / Pilgerstempel / nebenan Charlys Hütte
  Sa 11-15 Uhr, So 10-22 Uhr / Wanderertränke auf Terrasse (immer)
- St. Hieronymus, Dahlem: Pilgerstempel am Schriftenstand
4 St. Mariä Geburt, Baasem / 8-18 Uhr / Pilgerstempel in der Kirche / Tel.: 02447-422
5 St. Johann Baptist, Kronenburg / 8-18 Uhr / Tel.: 02447-422 / Pilgerstempel bei
  Fam. Rader, Burgstr. 12 (am Ortseingang)

Etappe 6: Kronenburg → Prüm

Touristeninformation:
Prümer Land: Hahnplatz 1 / Mo-Fr 9-17 Uhr, Sa 10-13 Uhr, So 10-12 Uhr (Jun.-Okt.)
  Tel.: 06551-505 / www.ferienregion-pruem.de

Unterkünfte:
Ormont: Pension Bei Lonnen / Kirchweg 2 / Tel: 06557-301 / www.bei-lonnen.de
Gondenbrett: Zimmer bei M. Schreiber / Schneifelweg 4 / Tel.: 06551-3813
Prüm: Eifel-Jugendherberge Prüm / Kalvarienbergstr. 5 / Tel.: 06551-2500
  www.diejugendherberge.de
- Hotel „Zum Goldenen Stern" (Pilgerzimmer) / Hahnplatz 29 / Tel.: 06551-95170
  www.goldenerstern-eifel.de
- Waldcampingplatz Prüm / Prümtalstr. 33 / Tel.: 06551-2481 / www.waldcamping-pruem.de

Hinweise / Öffnungszeiten zu Besonderheiten:
5 St. Dionysius, Gondenbrett / nur So o. Tel.: 06551-2651 (Fr. Weyandt)
8 St. Salvator, Prüm / 8-19 Uhr / Pilgerstempel im Pfarramt und am Schriftentisch in der
  Kirche / Führung Tel.: 06551-2841 (Fr. Rolefs) / www.basilika-pruem.de
- Museum Prüm / Tiergartenstr. 54 / Tel.: 06551-9430 o. -505 / www.pruem.de
- Naturpark-Infostätte / Tiergartenstr. 70 / Tel.: 06551-985755
  www.naturpark-eifel.de

Etappe 7: Prüm → Waxweiler

Touristeninformation:
Islek: Tel.: 06550-961080 / www.islek.info
Waxweiler: Haus des Gastes / Hauptstr. 28 / Tel.: 06554-811 / www.waxweiler.com

Unterkünfte:
Schönecken: Vogtshof von Wetteldorf / Nimstalstr. 1 / Tel.: 06553-961373
   www.vogtshof-eifel.de
- Pension Steevens / Schlenckerstr. 3 / Tel.: 06553-92720
- Haus Schönecken (nur Gruppen nach Voranm.) / Von-Hersel-Str. 8 / Tel.: 02202-84295
   www.hausschoenecken.de
- Jugendlager (ab 15 Personen) / Ansprechpartner: P. Spoo / Tel.: 06553-3273
   www.schoenecken.de
Waxweiler: Hotel am Schwimmbad / Bahnhofstr. 8 / Tel.: 06554-389
   www.hotel-cafe-irsch.de
- Hotel Haus Irsfeld / Hauptstr. 30 / Tel.: 06554-314
- Privatzimmer S. Pauls / Trierer Str. 8 / Tel.: 06554-216
- Fam. Hönigmann / Gerhard-Faber-Str. 14 / Tel.: 06554-1215
- P. Pauly / Scheuerweg 17 / Tel.: 06554-934088
- K. Steffen / In der Gauch 7 / Tel.: 06554-517
- Campingplatz Eifel Ferienpark Prümtal / Schwimmbadstr. 7 / Tel.: 06554-9200
   www.ferienpark-waxweiler.de
- Campingplatz Heilhauser Mühle / Tel.: 06554-805 (Tautges)
   www.campingplatz-heilhauser-muehle.de

Hinweise / Öffnungszeiten zu Besonderheiten:
Pilgerspuren: St. Jakobus, Niederhersdorf / Küsterin Fr. Kremer / Tel.: 06551-4353 o. -853
1 St. Maximin, Rommersheim / 9-18 Uhr / Tel.: 06551-4353 o. -852
3 Burgkapelle Schönecken / Führungen / Tel.: 06553-810 o. -900599
- Kulturkreis Altes Amt / Führungen durch Ausstellungen und die Burgkapelle
   Infos unter Tel.: 06553-3389 / www.schoenecken-eifel.de
- Handwerker-Museum im Alten Amt Schönecken / Alter Markt 1
   So 14-16 Uhr und n. V. / Tel.: 0173-3007407 (Floss) / www.schoenecken-eifel.de
- St. Leodegar, Schönecken / 8-20 Uhr / Pilgerstempel in der Kirche
   Schlüssel im Pfarrbüro: 06553-2289 o. bei der Küsterin Fr. Schmidt / Tel.: 06553-1309
5 St. Johannes, Waxweiler / Tel.: 06554-313 / Pilgerstempel im Pfarramt sowie in den
   Unterkünften, denen die Pfarrei ein Exemplar zur Verfügung stellt (Hotel Hoss, Hotel Irsch,
   Haus des Gastes, Anbieter von Privatzimmern)
- „Devonium Waxweiler" / Geol. Museum beim Haus des Gastes s. o. / www.devonium.de

Etappe 8: Waxweiler → Mettendorf

Touristeninformation:
Neuerburg: Herrenstr. 18 / Tel.: 06564-19433 / www.neuerburgerland.de
Mettendorf: Im Fronhof 18 / Tel.: 06564-19433 / www.neuerburgerland.de

Unterkünfte:
Krautscheid: Pension Islekhöhe / Bitburger Str. 1 / Tel.: 06554-431 / www.islekhoehe.de
Neuerburg: Jugendburg / Tel.: 06564-2187 (Pilgerherberge)
   www.jugendburg-neuerburg.de

- „Zum Burgfried" / Hospitalgasse 3 / Tel.: 06564-930020 / www.zum-burgfried.de
- Pension Mechthild Dhur / Auf Steffelsen 6 / Tel.: 06564-2484 / dhurt@t-online.de
- Hotel EUVEA (Pilgerzimmer) / Bitburger Str. 21 / Tel.: 06564-96090 / www.euvea.de
- Camping In der Enz / In der Enz 25 / Tel.: 06564-2660 / www.camping-inderenz.com

Sinspelt: Heyenhof / In der Gracht 4 / Tel.: 06522-512 / www.heyenhof.de
- Auberge Altringer / Neuerburger Str. 4 / Tel.: 06522-712 / www.auberge-altringer.de
- Pension Magret / Hauptstr. 2 / Tel.: 06522-344 / www.pension-margret.de

Mettendorf: Hotel Im Fronhof / Im Fronhof 12 / Tel.: 06522-932023
- Hotel Kickert / Enztalstr. 15 / Tel.: 06522-341 / www.hotel-kickert.de

Hinweise / Öffnungszeiten zu Besonderheiten:
1 Vierzehn-Nothelfer-Kapelle, Bellscheid / tagsüber geöffnet / Pilgerstempel im Gehöft gegenüber
2 Valentinus-Kapelle, Krautscheid / 8-18 Uhr / Pilgerstempel in der Kapelle
3 St. Isidor / tagsüber geöffnet / Tel.: 06564-2135
4 St. Nikolaus, Neuerburg / 8-17 Uhr / Tel.: 06564-2135 / Pilgerstempel am Schriftenstand
8 St. Margareta, Mettendorf / 9-18 Uhr / Tel.: 06522-251 / Pilgerstempel am Schriftenstand

Etappe 9: Mettendorf → Echternach

Touristeninformation:
Bollendorf: Neuerburger Str. 6 / Tel.: 06526-933930 / www.bollendorf.de / Pilgerstempel
Echternach: gegenüber der Basilika / Tel.: +352-720230 / Mo-Fr 10-18 Uhr, So 10-12 Uhr
   www.echternach-tourist.lu / Pilgerstempel und Jakobsweg-Prospekt
Luxemburg: www.ont.lu

Unterkünfte:
Nusbaum: Gasthof Burelbach / Hauptstr. 3 / Tel.: 06522-336
- Laaschhof / Fam. Spartz-Ledo / Kreuzstr. 4 / Tel.: 06522-319 / www.laaschhof.de
- Privatunterkunft Fam. Ziwes / Rohrbacherstr. 3 / Nusbaumerhöhe / Tel.: 06522-826
Bollendorf: Jugendgästehaus / Auf der Ritschlay 1 / Tel.: 06526-200
   www.diejugendherbergen.de
- Camping Altschmiede / Tel.: 06526-375 / www.camping-altschmiede.de
Echternacherbrück-Fölkenbach: Gästezimmer Erwin Bourscheidt / Fölkenbacher Str. 3
   Tel.: 06525-7216 / vor Echternach über die Fußgängerbrücke über die Sauer
Echternach: Jugendherberge / Chemin vers Rodenhof / Tel.: +352-720158
   www.youthhostels.lu
- Camping Echternach / 17 Route de Diekirch / Tel.: +352-720272 / www.echternach-tourist.l
- Hôtel „Le Petit Poète" / 13 place du Marché / Tel.: +352-720072-1 / www.lepetitpoete.lu
- Hôtel „Bon Accueil" / 3 rue des Merciers / Tel.: +352-720052
- Pièrre Wohl / 4 Montée de Trooskneppchen / Tel.: +352-729220
Echternacherbrück: Gasthof Pension Zum Golfstübchen / Bitburger Str. 1 / Tel.: 06525-210
   www.zum-golfstuebchen.de
- Gästezimmer bei Hedy / Hedy Heinz / Mindener Str. 16 / Tel.: 06525-339
- Campingpark Echternacherbrück / Mindener Str. 18 / Tel.: 06525-340
   www.echternacherbrueck.de

Hinweise / Öffnungszeiten zu Besonderheiten:
1 St. Petrus / Nusbaum / 9-18 Uhr, Pilgerstempel: Roderich, Petrusstr. 6 und bei den Unterkünften

6 St. Michael, Bollendorf / 9-18 Uhr / Tel.: 06526-328 / www.pg-irrel.de
8 Schloss Weilerbach / Museumscafé „Remise" / Ostern-Okt. 11-18 Uhr
  Tel.: 06526-1333 / www.roemerbetriebe.de
9 Basilika St. Peter und Paul, Echternach / 10-18 Uhr / Tel.: +352-720149
  Pilgerstempel im Dokumentationszentrum Springprozession
- Abteimuseum / Parvis de la Basilique 11 / Führungen, Tel.: +352-720457
  Tel.: +352-727472 / www.willibrord.lu

Etappe 10: Echternach → Welschbillig

Touristeninformation:
Verbandsgemeinde Irrel: Tel.: 06525-79115 / www.irrel.de

Unterkünfte:
Minden: Gasthaus Ferring / Hauptstr. 7 / Tel.: 06525-260 / www.gasthaus-ferring.de
- Gästehaus Neises / Hauptstr. 20 / Tel.: 06525-7172 / www.pension-neises.de
Welschbillig: Helenenberg Don Bosco (Pilgerherberge) / Puricellistr. 1 / Tel.: 06506-899-115 (Pater Steenken) / www.helenenberg.de / Pilgerstempel an der Pforte
- Gasthaus Dahm (3 km südwestlich) / Windmühle 16 / Tel.: 06506-8404
- Pension/Jugendgästehaus/Zeltplatz Eifelblick / (Apr.-Okt.) Trägerberg 20
  Tel.: 06506-99026 / www.jgh-eifelblick.de

Hinweise / Öffnungszeiten zu Besonderheiten:
Pilgerspuren: St. Jakobus, Wintersdorf / Tel.: 06585-1265 (Fr. Peters)
  www.wintersdorf-sauer.de
- Kloster Helenenberg, Welschbillig, s. o.
- Kapelle Hohensonne / Gemeinde Aach / Schlüssel bei Feltes / Kapellenstr. 3 o. Fam.
  Reh / Tel.: 0651-88238
2 St. Silvester, Minden / So geöffnet / Schlüssel und Pilgerstempel gegenüber im
  Gasthaus Ferring / Tel.: 06525-260
5 St. Petrus, Welschbillig, Turmhaus / 8-19 Uhr bis Gitter geöffnet / Pilgerstempel
  am Schriftenstand / Tel.: 06506-219 / www.kirchenmaus-online.de

Etappe 11: Welschbillig → Trier

Touristeninformation:
Trier: An der Porta Nigra / Tel.: 0651-978080 / www.trier-info.de

Unterkünfte:
Trier-Biewer: Gasthaus Crames / Biewerer Str. 70 / Tel.: 0651-9952048 / Angebot für
  Pilger mit Pilgerpass / www.gasthaus-crames.de
Trier: Vermittlung privater Unterkünfte für Pilger mit Pilgerpass in der Dominformation
  (siehe Pilgerweg durch Trier)
- Jugendgästehaus Trier / An der Jugendherberge 4 / Tel.: 0651-146620
  www.diejugendherbergen.de
- St. Josefsstift - Gästehaus (Pilgerpass) / Franz-Ludwig-Str. 7 / Tel.: 0651-9769-300
  www.josefsschwestern-trier.de
- Gästehaus der Barmherzigen Brüder / Nordallee 1 / Tel.: 0651-208-1026 (ermäßigter
  Preis mit Pilgerpass) / www.bb-gaestehaus.de
- Warsberger Hof: Kolpinghaus / Dietrichstr. 42 / Tel.: 0651-97525–0
  www.warsberger-hof.de

- Abtei St. Matthias / Matthiasstr. 85 / Tel.: 0651-17090 (nur für angemeldete und vor 17.30 Uhr ankommende Pilger) / www.abteistmatthias.de
- Hilles Hostel / Gartenfeldstr. 7 / Tel.: 0651-699-870-26 / www.hilles-hostel-trier.de

Hinweise / Öffnungszeiten zu Besonderheiten:

3 St. Remigius, Butzweiler / Di-Fr 9-17 Uhr / Tel.: 06505-1761
6 St. Jakobus, Biewer / Schlüssel bei Fr. Loskill / Tel.: 0651-67459
7 St. Jost Kapelle, Biewer / Tel.: 0651-968000 (Herr Biedinger) oder am Nachbarhaus (Fam. Breitenbach) klopfen

Pilgerweg durch Trier

- Pilgerbüro der St. Jakobusbruderschaft Trier / Pilgerinformation, Pilgerpass und -stempel, Literatur, Quartiervermittlung in der Dom-Information (gegenüber Dom) Tel.: 0651-9790790 / www.dominformation.de
1 Stadtmuseum / Simeonstr. 60 (neben der Porta Nigra) / Tel.: 0651-7181459 Di-So 10-17 Uhr / www.museum-trier.de
3 Domkirche / Apr.-Okt. 6.30-18 Uhr (Führungen 14 Uhr), Nov.-März 6.30-17.30 Uhr Pilgerstempel in der Sakristei oder Dom-Information (s. o.)
- Bischöfliches Dom- und Diözesanmuseum / Windstr. 6-8 / Tel.: 0651-7105255 Mo-Sa 9-17 Uhr, So 13-17 Uhr, Nov.-März Mo geschlossen www.museum.bistum-trier.de
4 Liebfrauenkirche / Apr.-Okt. So 10, werktags 8-19 Uhr, Nov.-März 8-17 Uhr Tel.: 0651-170790
5 Jesuitenkirche (Dreifaltigkeitskirche) / tägl. 9-17 Uhr / Tel.: 0651-94840 www.ps-trier.de
7 Vereinigte Hospitien / Kranenufer 19 / Weinkeller: Mo-Do 8-12.30, 13-17 Uhr, Fr. 8-12.30, 13.30-16 Uhr, Sa 10-14 Uhr / Tel.: 0651-945-1210 o. -1211 / www.vereinigtehospitien.de
- St. Irminen / tagsüber geöffnet / Messen: werktags 9 Uhr, So 9.30 Uhr
8 St. Matthias / tagsüber geöffnet / Pilgerstempel 14-18 Uhr im Klosterladen Tel.: 0651-17090 / www.abteistmatthias.de

Etappe 12: Trier → Merzkirchen

Touristeninformation:

Konz: Granastr. 22 / Tel.: 06501-6018040 / www.saar-obermosel.de
Deutsch-Luxemburgische Tourist-Information / www.lux-trier.info

Unterkünfte:

Karthaus: Hotel Schons / Merzlicher Str. 6-8 / Tel.: 06501-92960
Konz: Haus am Saarufer (Zimmer) / Saarstr. 12 / Tel.: 06501-600449 o. 0179-4838873
- Pension Weiss / Wiltinger Str. 102 / Tel.: 06501-7260
- Campingplatz Saarmündung / Tel.: 06501-2577 / www.campingplatz-konz.de
Tawern: Pfarrsaal St. Peter und Paul / (Pilgerpass, Isomatte und Schlafsack erforderlich) Tel.: 06501-17746 o. -9181874 (Pastor Dunsbach) o. 06501-93790 (Küsterin) / 9-17 Uhr
- M. Scheidt (Gästezimmer) / Römerstr. 40 / Tel.: 06501-17824 / Pilgerstempel
- Rosi Kuss (Gästezimmer) / Auf der Hardt 41 / Tel.: 06501-17518
Mannebach: Mannebacher Landhotel / Hauptstr. 1 / Tel.: 06581-99277 o. -99580 www.mannebacher.de
- Moreth / Nittelerstr. 5 / Tel.: 06581-2595

Merzkirchen: Die Herberge / M. Hemmerling / Raiffeisenstr. 8a / Tel.: 06581-4174
www.marys-destille.de (Abendessen auf Anfrage)
Merzkirchen-Kelsen (1,5 km vom Weg): Bornhofen / Kelsen 2 / Tel.: 06582-806
www.kelsen-urlaub.de
- Kremer / Kelsen 23 / Tel.: 06582-7162 / www.urlaub-kelsen.de
- Philippi / Kelsen 12 / Tel.: 06582-7156

Hinweise / Öffnungszeiten zu Besonderheiten:
1 Karthaus Kirche / tagsüber geöffnet / Tel.: 06501-3854 (Hr. Bast) o. 06501-3784 (Hr. G. Feltes) / ehem. Kloster n. V. unter Tel.: 06501-5760
5 Tempelbezirk Tawern / Führungen n. V. / Tel.: 06501-16661 (Fr. Greif)
8 St. Anna, Mannebach / Sommer tägl., Winter Sa, So geöffnet, in der Woche: Schlüssel bei Lehnert / Wiesenweg 15 / tel. Anm. erwünscht: 06581-3185
9 St. Jakobus, Litdorf-Rehlingen / Mai-Okt. bis Gitter geöffnet, Pilgerstempel am Schriftenstand, sonst n. V. / Tel.: 06581-1351 (Fr. Clemens)
10 Filialkirche St. Lukas und St. Arnold, Körrig / tagsüber geöffnet
11 St. Martin, Merzkirchen / tagsüber geöffnet / Schlüssel: Körrig 13
 Tel.: 06581-95501 / www.pfarreiengemeinschaft-wincheringen.de
- Brennerei Hemmerling / Raiffeisenstr. 8 / 54439 Merzkirchen
 n. V. Tel.: 06581-4174 (Pilgerstempel)

Etappe 13: Merzkirchen → Perl/Schengen

Touristeninformation:
Perl: Trierer Str. 28 / Tel.: 06867-660 / www.perl-mosel.de
Nennig: Bübinger Str. 5 / Tel.: 06866-1439 / www.nennig.de
Schengen: Rue Robert Goebbels / Tel.: +352-26665810 / tägl. 10-17 Uhr
www.schengen-tourist.lu

Unterkünfte:
Perl: Pension Anna Klein / Trierer Str. 13 / Tel.: 06867-5205 o. 0162-5245690 / Pilgerstempel
- Pension H. Sinnwell / Bergstr. 40 / Tel.: 06867-420
- Haus Margret / Kirschenstr. 33 / Tel.: 06867-5147 o. 0175-8066725 / Pilgerstempel
- Alte Maimühle / Bahnhofstr. 100 / Tel.: 06867-9113170 / www.maimuehle.de
Schengen: Jugendherberge Schengen-Remerschen / 31 Wäistross / (2 km nördlich)
 Tel.: +352-2666731 / www.youthhostels.lu

Hinweise / Öffnungszeiten zu Besonderheiten:
Pilgerspuren: St. Jakobus-Kapelle Kesslingen / im Sommer geöffnet, sonst Schlüssel bei Fam. Hein gegenüber Kapelle
2 St. Johannes der Täufer, Borg / geöffnet zu Gottesdiensten
4 St. Gervasius und Protasius, Perl / Schlüssel bei Pastor Jansen im Pfarrhaus nebenan / Pilgerstempel im Holzkasten an Pfarrmauer / Tel.: 06867-560102 o. bei Burg Tel.: 06867-407
6 Europa Museum Schengen / Rue Robert Goebbels / Tel.: +352-26665810
 zwei verschiedene Pilgerstempel bei der Museumsaufsicht und im Museumsladen am Moselufer

Bildnachweis

Blenker, W., Bedburg-Hau: 219 u.

Böhne, T., Quadrat-Ichendorf: 17

Bohr, A., Welschbillig: 187

Bürgerservice GmbH, Saarburg, Dietz, K.: Umschlag vorne oben, 23, 213

CEB-Fortbildungswerk, Merzig-Hilbingen: 226

Diözesanbibliothek Köln: 10 o.

Dombauarchiv Köln, Matz und Schenk: Klappe hinten innen (Jakobus d. Ä., Dreikönigsschrein)

Ehlen, H. E., Trier: 199 u.

George, W., Köln: 90 r.

Grimbach, J., Trier: 14

Harzheim, G., Simmerath: 90 2. v. l., 134 o. r., 136 u. r., 137, 138 o., 150, 154, 158, 162, 172, 180, 181 u., 182, 188 u. l.

Hein, G., Perl: 220, 227 o.

Joist, C.-P., Euskirchen: 151;

Kühn, C., Köln: 12, 37 u., 38 u., 39 u., 65, 69, 119, 123 u.

Langini, A., Luxemburg: 170

Lürtzener, R., Prüm: 118

LVR-Fachbereich Umwelt / Flinspach, K.: Umschlag vorne unten, 16, 18-22, 34 o., 39 o., 40 o., 48, 52, 67 u., 87 o., 88, 90-93, 95 u., 101, 106, 111 u., 116, 120, 124, 128, 131, 134 o. l., 135, 140 o., 141 o., 147 u., 162, 167o., 169, 171, 175 o., 176, 178, 181 o., 187 o., 188 u. r., 189, 204 u., 206-208 u., 210, 212, 214-216, 218, 219 o., 221, 222, 227

LVR-Fachbereich Umwelt / Heusch-Altenstein, A.: Umschlag hinten außen, 10 u., 25, 29, 32 u., 33, 34 M., 34 u., 36, 42, 46, 47, 49, 50, 53-59, 63-67 o., 68, 86, 87 u., 89, 91 o., 94, 95 o., 96, 98, 100, 103-105, 107-111 o., 112, 115, 120, 123 o., 125, 130, 132, 134 u., 140 u., 141 u., 142-147 o., 148, 149, 152, 155-157, 160, 166, 173-175 u., 179-183, 186, 187 u., 190 o., 191, 196 u., 197, 198 u., 199 o., 200-204 o., 205, 208 o., 209, 224

LVR-LandesMuseum Bonn / Taubmann, St.: 61 o.

Rheinisches Bildarchiv Köln: 8, 9, 25, 30, 31, 32 o.

Ronig, F., Trier: 198 o.

Stadtarchiv Trier: 190 u.

Trimborn, K., Gielsdorf: 62

Verlag + Medien@gentur Weyand, Trier (Stadtplan Trier): 192

Vielhauer, H. L., Düren: 11